영화미술감독이 생각하는 프로덕션 디자인

프로덕션 디자이너

1판 1쇄 발행 2018년 3월 15일
1판 2쇄 발행 2022년 7월 1일

지은이 강승용 김지민
펴낸곳 도서출판 비엠케이

디자인 아르떼203
제작 (주)재원프린팅

출판등록 2006년 5월 29일(제313-2006-000117호)
주소 121-841 서울시 마포구 성미산로10길 12 화이트빌 101
전화 (02) 323-4894 **팩스** (070) 4157-4893
이메일 arteahn@naver.com

값은 뒤표지에 있습니다.
ISBN 979-11-955415-8-4 13610

「이 도서의 국립중앙도서관 출판시도서목록(CIP)은 서지정보유통지원시스템 홈페이지(http://seoji.nl.go.kr)와
국가자료공동목록시스템(http://www.nl.go.kr/kolisnet)에서 이용하실 수 있습니다.(CIP제어번호: CIP2018006274)」

프로덕션 디자이너

영화미술감독이 생각하는 프로덕션 디자인

**PRODUCTION
DESIGNER**

강 승 용
김 지 민
지
음

Book
magazine&publishing

강승용 감독이 책을 낸다는 말을 듣자마자 내가 한 말은 이랬다.
"책을 썼다고? 아니 언제?"

〈프로덕션 디자이너〉라는 이렇게 멋진 책을 보고 나니 나의 의구심
은 더욱 커질 수밖에 없었다.

강승용 감독과 나는 그동안 〈황산벌〉, 〈왕의 남자〉, 〈님은 먼 곳에〉,
〈구르믈 버서난 달처럼〉, 〈평양성〉, 〈사도〉 등의 작품을 같이 했다. 내가 알
기로 강 감독은 매년 한 편 내지 두 편씩 영화 작업을 한다. 준비 과정부터
촬영까지 짧게 해도 6개월씩은 걸리는 작업을 그렇게 하면서 책을 준비하
고 낸다는 건, 상식적으로는 말이 안 되는 일인 것이다. 그런데 언제 이런
일을 했다는 것인가?

하지만 한편으로 생각해 보면 강승용이라면 그럴 수도 있겠다는 생
각이 든다. 강 감독은 철저하고 집요한 사람이다. 겉으로만 보자면 말도 크
게 안 하고 조용조용하며 웃는 모습이 매우 선해 보이지만 영화 작업을 할
때 강 감독은 무서워진다.

자칫 하면 생길 수 있는 흠이나 실수, 사소한 오류에도 매우 민감
하고 그것을 방지하기 위해 때로는 너무 한다 싶을 정도로 집중하는 사람
이다. 화면에 비치는 형태와 빛깔뿐만 아니라 질감, 여백까지도 계산하고
그것이 가장 표시나지 않게 자연스럽게 보일 수 있는 방법을 끝까지 조사
하고 연구하는 사람이다.

그런 그가 척박한 영화 미술계를 위해 무언가를 해야겠다고 맘먹
었다면, 영화 작업에서만큼이나 철저하고 집요하게 준비했을 것이고 그렇

게 하고 나서야 세상에 보여 주겠다고 내놓았을 것이다.

　　프로덕션 디자이너는 단지 예술적 영감을 가진 창작 활동에 머물러
서는 안 되며 경영과 소통의 역할까지도 책임져야 한다는 강 감독의 전제
에 대해 나는 전적으로 동감한다. 이것은 영화 작업에서 미술팀에게만 적
용되어야 할 원칙이 아니다. 영화란 수백 명의 팀원들이 하나의 목표점을
향해 가는 복잡하고도 거대한 프로젝트다.

　　여기서 중요한 것은 각자가 맡은 전문 영역의 지식과 기술, 예술성
뿐만이 아니다. 어쩌면 그런 것은 다들 전문가이니만큼 차고 넘칠 만큼씩
준비되어 있다. 경영 마인드와 소통의 기술이야말로 쉽게들 생각하지만
정작 더욱 중요하고 필요한 자질이 아닐까 싶다.

　　강승용 감독이 이렇게 먼저 팔 걷어붙이고 나서서 영화인들을 위해
중요한 정리를 해 준 데 대해 고마움을 표한다. 강 감독의 바람처럼 많은
영화인 후배들이 이 책을 계단 삼아 더 쉽게 더 빨리 더 훌륭하게 선배들을
능가해 주기를 바라마지 않는다.

2018년 3월 영화감독 이준익

강승용 감독님의 책 〈프로덕션 디자이너〉의 출간을 진심으로 축하드립니다.

오랜 시간 동안 여러 작품을 통해 강승용 감독님과 함께 일해 왔지만 이렇게 책을 내신다니 정말로 뜻밖이고 또 놀랍습니다. 평소에 말수도 무척 적고 목소리 높이는 일도 통 없는 분이, 어딘가에 비장의 카드를 숨겨 두었다가 꺼내는 느낌이랄까요?

제작자로서, 프로듀서로서, 또 작가로서 제가 보아 온 강승용 감독님은 빈틈없는 분이었습니다. 물론 영화라는 작업이 늘 시간에 쫓기고 여건에 쫓기는 일 천지이다 보니 결과물에 대해서야 어떻게 아쉬움이 없겠습니까? 하지만 준비 과정에서나 현장에서나 강 감독님은 항상 다시 보고, 둘러보고, 또다시 생각해 보며 일하는 분입니다.

게다가 강 감독님은 세트에 대해서나 의상이나 분장에 대해서나 늘 자료와 사료를 찾아서 읽고 연구하는 데 익숙한 분입니다. 〈왕의 남자〉나 〈사도〉 같은 시대물 작업을 하려면 작가가 각본이나 각색 작업을 위해서 사료를 찾아 보는 것은 당연한 일입니다. 그러나 강 감독님은 세트를 짓고 소품을 준비하는 미술 작업에서도 사료 연구가 반드시 필요하다고 강조하는 분입니다.

한국 영화계가 지난 20여 년간 이룬 성장과 발전은 참으로 놀랍습니다. 저도 그 한가운데를 같이 걸어 왔지만 어떤 노하우나 비결을 움켜쥐고 온 길이 아니라, 그야말로 어쩌다 보니 여기 있게 되었네요.

그 과정에서 영화인들이 부딪쳤던 난관, 장애물, 혼란을 어떻게 말로 다 설명할 수 있을까요? 연출은 연출대로, 미술은 미술대로, 조명은 조명대로, 그야말로 모든 스태프들이 다 자신들의 영역이 척박함을 온몸으로 느껴 왔을 것입니다.

이론적으로 정리된 무엇이 있으면 좋으련만 그런 것은 언감생심 꿈도 못 꿀 일이고, 혹시 이전 영화 작업들에 관련된 자료가 있다면 찾아보고 도움을 받으려 해도 자취가 없습니다. 다음 작업이나 후배들을 위해 지금의 작업을 기록으로 남기고 정리를 해 두면 좋겠다는 생각은 현장에서 작업해 본 사람이라면 누구나 한번쯤은 했을 것입니다. 하지만 상황이나 사람이나 그것을 실천하기가 또 쉽지는 않은 일이죠.

그 가운데 강승용 감독님이 이렇게 한국 영화미술을 위해 훌륭한 일을 하신 것 같습니다. 같은 영화인으로서 저는 촬영, 조명, 녹음, 편집을 하시는 현장의 감독님들이 다 자신의 분야를 이렇게 정리해 주신다면 한국 영화에 이보다 더한 축복이 없을 것 같다는 생각도 해 봅니다.

좋은 책을 내 주신 데 대해 축하와 함께 감사의 인사도 아울러 드립니다.

2018년 3월 영화사 두둥 대표 오승현

영화 현장에서 미술감독으로 일한 지 20년에 이른 2014년, 그간의 경험을 정리하고 싶다는 생각을 처음 했다. 현장에서만 잔뼈가 굵은 영화인인 내가 굳이 책으로 무언가를 남길 것이라고는 생각해 본 적이 없다. 하지만 영화 미술에 대해 현실과 이론을 접목하여 체계적으로 정리한 한국의 책이 너무 부족하다는 현실에 나름 20년 이 길을 걸어 온 사람으로서 책임감을 느꼈다.

처음 내가 이 일을 시작할 때는 황무지였다. 이곳 저곳 다른 나라 이론서의 도움을 받아 독학으로 이론의 체계를 잡았고, 현장에서 경험을 쌓으면서 한국 영화 현장에 적용할 수 있는 형태로 수정과 진화의 과정을 거쳤다. 그러나 지금은 상황이 많이 다르다. 한국 영화의 규모와 위상도 바뀌었고 그동안 쌓인 선배들의 노하우도 많다. 후배들이 그것을 좋은 밑거름으로 삼을 수 있다면 좀더 효율적으로 더 많이 나아갈 수 있을 것이다. 특히 현재 미술감독의 길을 걷고 있거나, 앞으로 걸으려고 하는 사람들이 믿고 의지하며 현실에 바로 적용할 수 있는 매뉴얼이 있다면 정말 좋을 것이다.

과거의 시행착오를 줄이고 더 나은 인재들이 미술감독을 열정적인 천직으로 삼을 수 있으려면 누군가 그 일을 해 주어야 한다. 그 작업을 굳이 내가 자처한 것은 한국에서 현재 활동하고 있는 미술감독, 미술감독의 길을 공부하는 학생과 이 길을 평생 직업으로 택하여 나와 경험을 공유할 나의 후배들이 지금까지 우리가 해 왔던 것보다 더 많이 한국 영화를 빛내주기를 바라는 열망 때문이다.

미술감독은 영원한 조연이다. 미술감독의 일이란 그 영화가 만들어지는 기간에 한정되며, 영화가 후반 작업까지 마무리되면 미술감독은 그동안의 모든 작업을 허물고 원점으로, 빈손으로 돌아가는 사람이다. 그래서 미술감독은 늘 새로운 영화에 빙의되는 존재이다. 어찌 보면 제 인생이 없는 유랑민의 삶이어서 허무하고, 먼지처럼 형태 없는 존재로 보이고, 그래서 나 스스로도 떠돌이로 생각하고 느끼며 살았다. 그러나 이 영원한 조연의 작업, 빙의의 작업은 20년 이상 내가 모든 것을 걸고 몰입할 만큼 매력적이고 의미 있는 일이기도 했다. 그렇지 않았다면 나는 조각가라는 본래의 전공으로 돌아갔거나 다른 일을 찾았을 것이다. 이 일을 하는 내내 인간 강승용으로서 내 삶에 매 순간 충실히 접속되어 있었다는 것을 20년이 훨씬 지난 지금에서야 깨닫게 되었다. 그러니 평생 영원한 조연자의 일을 했으면서도 오히려 내 삶을 돌아보고 살아갈 수 있게 되었다는 점은 아이러니다. 주어진 내 삶의 배역을 충실히 해 나가고 있는 동안 나는 내 삶의 주연배우로서 의미를 찾는 여정을 걷고 있었다니 뜻밖의 선물이다.

　　영화 〈사도〉 같은 경우, 다들 사도의 궁궐이 실재하는 것으로 생각한다. "궁궐이 닫는 날 촬영하셨나요?"라고 묻는 사람에게 아니라고 얘기하면 "궁궐에서 찍은 게 아니라고요?"라며 황당해하기도 한다. 궁궐은 문화재여서 당연히 촬영이 안 된다고 하면 "그럼 어떻게 촬영을 합니까?"라고 되묻는다. 이 '어떻게'가 내가 20년 넘게 생업으로 해 온 일이다. 영화 제작을 조금 아는 사람이라면 세트냐고 물을 것이다. 궁궐을 세트로 제작한다는 것이 일반인들에게는 엄두가 나지 않는 일이지만 미술감독인 나에게는 많은 세트 중 하나에 지나지 않는다.

궁궐을 어떻게 지을까? 물론 기존의 궁을 참고로 본떠서 만든다. 기존의 궁궐들도 있고, 지금은 형태가 사라졌지만 자료로 남아 있는 궁에 대한 기록들도 많다. 기존의 자료를 보고 궁을 짓는다? 자료가 있다 하니 간단해 보일지 모르지만 그도 그렇지 않다. 궁은 모두 다르다. 원형이 있고, 복원된 것이 다르며 궁마다 역사와 이야기가 다르다. 비운의 궁이 있고 번성했던 궁이 있다. 효심으로 지은 궁이 있고 외세에 휘둘린 말년의 궁도 있다. 그러니 영화의 스토리에 맞춰 나는 내 머릿속으로 그에 맞는 궁을 새로 지어야 한다. 조금 겁 없이 말하자면 이 궁은 내가 지었으니 내 궁이다.

세트에 대해서 사람들이 가장 많이 묻는 질문이 제작 기간인데, 보통 3개월 정도면 궁을 지을 수 있다. 짓는 데 석 달, 영화 찍는 데 석 달, 그리고 부순다. 영화 속의 궁을 다시 보려면 그 영화를 다시 봐야만 한다. 지은 사람 입장에서는 이보다 허무한 일이 없다. 짓고 부수고, 짓고 부수고, 나의 모든 미술 작업은 이런 과정을 밟아 왔다.

그렇게 〈효자동 이발사〉의 집도 지었다. 마을을 만들고 사람들을 채워 넣고 가게를 열었다. 그리고 다시 부수었다. 공터였다가 세트였다가 지금은 공단이다. 아까우니 세트 일부를 보존하거나 세트를 채운 소품들을 보존하거나 해야겠다는 생각은 하지 않는다. 물론 영화 스태프나 출연 배우들이 원하면 소품을 기념으로 주기도 하지만 정작 내가 가지고 있는 것은 없다.

간혹 내 사무실을 찾아오는 사람들 가운데 사무실에 영화 소품이나 물건들, 심지어 사진조차 거의 없는 것을 보고 의아해하는 사람들이 있다. 그리고 내게 허전하지 않은가 묻기도 하지만 무엇인가를 남겨야겠다는 생각은 점점 더 사라진다.

뼈대만 유지하고 있는 빈집에서 점점 더 마음이 편안하고, 오히려 머리와 마음이 맑다. 그것은 이제까지 늘 무엇인가를 만들고 허무는 것을 반복하는 작업을 통해 배운 경험적 허무일 수도 있겠지만, 그보다는 오히려 다시 무엇인가를 채워 넣으려는 생동감을 제외하고는 제거된 명징함을 더욱 갈구하는 마음 상태로 진입하고 있다는 뜻이라 여기려 한다. 오히려 반가운 일이다.

작업을 하고 나서 남기는 것은 제작 당시 자료이다. 영화 촬영 회차에 따라 꼼꼼하게 준비한 자료들을 모아 둔 바인더가 영화별로 나란히 꽂혀 있다. 내 아이들과 같은 바인더 곁에 절실히 남기고 싶었던 것이 바로 이 책이다. 아까운 나무로 누군가가 곱게 만든 종이이니 의미없는 것을 적어서는 안 된다고 생각하며 정리해 왔다.

날것 그대로의 원고가 독자의 눈높이로 채우고 다듬어지는 과정을 함께한 김지민 작가님께 감사드린다. 표현이 서툰 사람에게 말을 걸고, 이야기 실타래를 풀어 책에 담아 주신 분이다. 영화인으로서뿐 아니라 한 사람으로 시간의 기록을 남길 수 있어 기쁘다. 안광욱 대표님과 상현숙 편집자님의 한결같은 이해와 격려 덕분에 책을 만드는 모든 과정이 또 하나의 귀한 추억으로 남았다.

2018년 3월 강승용

가끔은 해를 등질 필요가 있다. 겨울 성에를 역광으로 카메라에 담을 때 얼어붙은 물에 볕이 들면 평소에 주인공이 되어 본 적 없는 고요한 사물들이 비로소 색과 형체를 드러낸다. 빛을 받은 성에는 프리즘을 통과하며 평소에 보이지 않던 다채로운 색을 드러낸다. 이 책에 참여하며 줄곧 내가 했던 일도 빛을 등지는 일이었던 것 같다. 주위를 밝히는 데 익숙한 프로덕션 디자이너가 처음으로 제 빛과 색을 드러낼 수 있도록 시간을 두고 그의 이야기를 듣고 적었다.

강승용 감독의 첫인상은 말이 없고 눈만 반짝이는 강인한 모습이었다. 20년 넘게 한국 영화 현장을 지켜 온 영화인의 마흔 편 이상의 긴 필모그래피. 대학교에서 스토리텔링을 강의하고 있으나, 영화 현장 분야 중에서도 프로덕션 디자인 분야는 내게 상대적으로 생소한 분야였기 때문에, 이 책에 참여하게 한 동인은 호기심이었다. 그러나 일 년에 두 편씩 영화 작업을 하면서 틈틈이 정리했다는 두툼한 원고를 읽으면서, 단순한 호기심은 경외심으로 바뀌었다. 한국 영화의 생생한 기록의 일부가 되고 싶었다.

지독한 독서광에 읽고 쓰기에 익숙한 그의 글은 분석적이고 전문적인 글이었다. 논리적으로 잘 정리된 지식과 경험의 기록이 어떻게 하면 읽는 이에게 편안히 전달될 수 있을지, 나는 그 접점에 대한 생각이 많았다. 그가 해 온 일 사이에 사람의 그림자를 넣고 싶었다. 그래서 글 사이를 영화, 현장, 사람의 이야기로 채우고 연결했다. 기회가 있을 때마다 개인적인 이야기뿐 아니라 현장의 에피소드를 묻곤 했는데, 워낙 말수가 적은 분이라 글로 모으기 쉽지 않았다.

　이 책은 프로덕션 디자인이라는 전문 분야를 일목요연하게 정리한 책이면서, 우직하게 외길을 걸은 프로덕션 디자이너의 이야기이기도 하다. 수많은 시네마 키즈의 요람이었던 '영화'에 대한 오마주이고, 영화를 더 재미있게 볼 수 있는 안내서이다. 이 책에 참여하면서 나는 같은 영화를 몇 번이고 되풀이해 보게 되었다. 프로덕션 디자이너들이 숨겨 둔 시각적인 장치를 발견하는 즐거움이란! 어떤 영화는 생전 아버지가 앉아 계셨던 탈색된 갈색 소파만으로도 잊히지 않는 울림이 있다.

　강승용 감독을 바라본 몇 해 동안 내 마음은 변하지 않았다. 그가 변하지 않았기 때문이다. 예나 지금이나 말수가 적다. 하나하나 다듬고 지은 영화 세트가 촬영이 끝나면 사라지는 것처럼, 그의 시간과 기억은 새 영화와 함께 시작되고 지난 영화와 함께 소멸했던 것 같다. 그래서 그와 영화에 대해 이야기한 시간을 기록으로 남기며 기쁨만큼 애틋한 감사가 크다.

　부족한 글이 이렇게 책으로 완성될 수 있었던 것은 안광욱 대표님, 상현숙 편집자님의 한결같은 신뢰 덕분이다. 두 분은 겨울 성에에 따뜻이 드리운 고마운 빛이었다.

2018년 3월 김지민

제4장 매니저 Manager

제5장 커뮤니케이터 Communicator

제 1 장

영화
Movie

영화에서 프로덕션 디자인과 그 일을 하는 프로덕션 디자이너를 구체적으로 언급하기 이전에 가장 기본적인 부분, 즉 영화가 무엇인지 짧게나마 이야기하고 싶다.

'영화란 무엇인가'라는 질문은 영화가 탄생한 이후부터 지금까지 영화를 만드는 사람들, 연구하는 사람들, 관객들이 끊임없이 서로, 그리고 스스로 던져 온 질문이기도 하다. 영화란 오락이기도 하고, 이야기이기도 하고, 테크놀로지이기도 하고, 예술이기도 하다.

'영화란 무엇인가'라는 질문에 누구나 자신이 아는 만큼 답할 수 있기에 여기서는 프로덕션 디자이너가 전제조건으로 가지고 있어야 할 '영화란 무엇인가'에 대한 개념을 짧게 언급하려 한다.

1. 영화란 무엇인가

01
영화의 시작

영화의 역사는 '영화란 무엇인가'라는 질문에 대해 영화 스스로 묻고 답하고 입증하며 진화해 온 역사라 할 수 있다. 지금 영화의 위상과 달리, 영화가 '발명'된 시기로 되돌아가면 영화는 단순히 오락과 테크놀로지의 성격으로 출발했다. '현실을 그대로 보여 주는 발명품'으로 영화가 처음 등장한 것이 1895년이다.

지금으로부터 120여 년 전의 어느 겨울날, 크리스마스 직후 프랑스 그랑 카퓌신 가에 위치한 그랑카페의 어두컴컴한 지하 살롱으로 사람들이 입장료를 내고 들어오는 장면을 떠올려 보자. 뤼미에르 형제가 '엄청난 발명', '움직이는 사진'이라고 홍보하고 신문광고를 냈지만 초청한 기자들은 한 명도 오지 않았을 정도로 당시 영화는 관심을 끌지 못했다. 열 명도 채 되지 않는 사람들이 뤼미에르 형제의 영화를 보러 온 것은, '활동사진'이라는 것이 대체 무엇일까 하는 호기심 때문이었다.

그들 앞에 놓인 것은 시네마토그라프(cinematograph)라는 낯선 이름의 큼직한 기계였는데, 뤼미에르 형제는 이 기계로 몇 분에 걸쳐 촬영한 동영상 몇 개를 보여 주었다. 특별한 이야기가 있다기보다 기계를 한 장소에 설

뤼미에르 형제, 〈기차의 도착〉

치하고 지나가는 행인, 거리 등을 담은 영상이었다. 그중 한 동영상은 기차 역 플랫폼에서 막 선로로 들어서는 기차를 촬영한 영상이었는데, 이날 손님들은 시커먼 기차가 자신을 향해 정면으로 달려오는 것으로 생각하고 놀라 밖으로 뛰쳐나갔다. 손님들은 기차가 플랫폼에 선 사람들 앞을 지나쳐 화면 밖으로 사라지는 뒷부분을 보고서야 자신들의 생각이 틀렸음을 깨닫고 놀라워했다.

"아주 진짜 같더라고!" 첫 영화를 보고 나온 사람들이 입소문을 내면서 영화를 '구경'하러 오는 사람들이 하나둘 생기기 시작했다. 당시 입장료는 1프랑이었다. 서커스 구경을 대체할 눈요기, 그렇게 탄생한 것이 영화이다.

영화가 과학 기술적인 탐구의 결과로 시작되었다는 점은 흥미롭다. 인간과 관련된 모든 대상과 세계의 운동을 분석하고 재현해 보겠다는 시도를 19세기 말 프랑스의 루이 뤼미에르와 미국의 토머스 에디슨이 동시에 생각한 점 역시 영화가 문명사의 흥미로운 발명 기술이었음을 뒷받침한다.

이것이 지금 영화의 형태로 진화하기까지, 카메라 조작, 특수효과, 미장센, 편집 등 기술적 진화를 거듭했다. 기술적 진화로 영화 속의 사물, 인물

뿐 아니라 시간, 공간이 변형되었고, 촬영하는 사람의 생각이 대상에 반영되기 시작했으며, 클로즈업, 커트백 등 변화 있는 표현 방법, 편집 기법의 등장으로 영화는 누구나 좋아하는 스토리와 엔터테인먼트 매체로 자리 잡았다.

02 영화의 본질

영화가 발명되었을 때부터 지금까지 영화의 본질은 변치 않았다. 뤼미에르 형제가 사용한 시네마토그라프라는 기계는 카메라와 영사기가 하나로 통합된 기계로, 움직이는 이미지를 촬영한 것을 그대로 사람들에게 상영하는 방식이었다.

당시 몇 분에 불과했던 동영상들은 카메라의 이동 없이 촬영되어 지금 사람들이 보면 흥미로운 요소가 없지만, 당시 영화를 처음 본 사람들이 이구동성으로 한 말은 "어떻게 이렇게 현실같이 재미있지?"였다.

여기서 사람들이 영화의 본질을 말하고 있다. '비현실을 현실처럼 살게 하는, 흥미롭게 움직이는 이미지.' 즉 영화의 가장 큰 특징은 일정 시간의 흐름을 가진 움직이는 이미지를 통해 관객이 일정 시간 동안 현실 같은 비현실을 기꺼이 살게 한다는 점이다. 영화란 무엇인가를 뒷받침할 역사적이고 이론적인 이야기를 접고, 간단하게 영화를 '시간성을 가진, 흥미롭게 움직이는 이미지'로 정의하고 나면, 프로덕션 디자인이 어디에 어떻게 자리 잡아야 하는지가 보일 것이다.

첫째, 영화의 본질은 시간성에 있다. 영화 관객은 TV 시청자와 달리 일정 시간 극장 안에 머물며 돈을 지불한 적극적인 관객이다. 관객에게 영화가 현실로 인식되려면 영화 자체가 독립적인 자기의 현실성을 가져야 한다. 그래서 영상은 현실적이다. 존재하는 사물을 카메라가 재현하여 감상자의 지각에 주어지는 매 순간이 현재의 시제를 갖는다.

이것은 시각적 연속을 가진 영상에 의해 표현되는 형상들이 관념을 통해 내적으로 구성된 것이 아니고 지금 발생하고 있는 사실로 받아들여지는 것이다. 하지만 영상의 시계가 늘 현재라는 사실이 영화가 현재 이외의 시간을 표현할 수 없다는 뜻은 물론 아니다. 영화에서 전개되는 사건은 여러 기법에 의해 자유롭게 과거 혹은 미래로 가는데, 관객은 기꺼이 사건 진행에 따라 과거든 미래든 그것들을 사실로 '여기는 것'이다. 관객이 영화가 의도하는 시간에 적극적으로 몰입하겠다는 의지가 전제가 된다.

프로덕션 디자이너의 역할은 관객이 단순한 영화의 스토리를 따라가는 것이 아니라 그 현실에 몰입되게 돕는 일이다. 그 현실이란 단순한 시대적 배경뿐 아니라 공간, 인물, 관계의 현실성이다. 이 현실성이 비현실적으로 느껴지는 순간, 관객은 자신이 어두운 공간에 갇혀 있다는 사실을 인지하게 된다. 그렇게 되면 몰입의 의지를 중단하고 영화의 현실에서 자신의 현실로 돌아가게 되는 것이다.

둘째, 영화의 본질은 움직임이다. 영상은 시각과 청각이라는 두 감각 영역에 속하지만 완전히 일치하지는 않는다. 즉 영상은 카메라에 의해 재생산된 제2의 세계를 갖는 것이다. 영화는 카메라에 비추어진 현실을 완전히 그대로 재현한다는 점에서 현실적이지만, 카메라가 보여 주는 현실은 그 카메라를 작동하고 있는 사람의 손에 의해 의도적으로 구성되어 창조된다. 사람에 의해 의도적으로 선택되어 만들어진 것이기에 창조적·미적 차원을 갖게 된다.

운동하는 대상을 현실처럼 재현하는 일은 현실과 그 현실의 표현 효과를 극대화하는 일이다. 영상은 어떤 구체적 대상의 표현에서 끝나는 것이 아니고, 이런 대상을 통해 보다 본질적, 보편적, 이념적인 것을 형상화시킨다. 영화의 기본적인 구성 요소인 영상과 현실과의 차이를 분석하여 입체의 평면, 공간적 깊이, 색채의 활용, 빛의 이용 등을 통해 영상을 가장 현실적으로 보이도록 디자인하는 일이 프로덕션 디자이너의 업무이다.

세팅은 배경 이상의 의미를 지닌다. 세팅 속에 등장하는 피사체와 소품은 자연 풍광처럼 물러나 있을 것인가? 건물들은 등장인물들이나 스토리의 의미를 주기 위해 어떻게 화면 안에서 움직일 것인가? 인물의 움직임은 인물의 이야기를 어떻게 표현할 것인가? 의상, 공간, 세트는 특정한 의미가 있는가? 밀집되어 보이게 할 것인가? 화면의 구도, 심도, 미장센 안에서 프로덕션 디자인의 모든 요소들이 어떻게 '보이게 할 것인가?'를 생각해야 한다.

마지막으로 무엇보다 영화의 본질은 볼거리로서의 즐거움이다. 영화의 즐거움은 관객의 시점에 따라 다양할 수 있다. 좋아하는 배우를 보기 위해, 필모그래피를 좋아하는 감독의 작품을 보기 위해 영화관을 찾기도 하고, 특정 분야에 관심을 가지는 관객도 많다. 편집, 특수효과, 스토리텔링, 사회적 이슈, 음악, 사운드 등 어떤 분야라 해도, 그들이 보는 것은 시각적으로 디자인된 텍스트로서의 영화이다. 그리고 이 시각적 디자이너가 프로덕션 디자이너이다.

프로덕션 디자인은 영화의 스토리에 근거하여 영화의 톤 앤 매너(tone & manner)를 결정하는 일이다. 영화의 플롯에 따라 영화 안에서 톤의 일관성과 변화를 디자인하며, 그 톤이 변한다면 어디에서 그런 변화가 일어나는지 의도를 가지고 있어야 한다.

영화에서 가장 잘 기억에 남는 것은 물론 배우, 스토리, 대사, 음악이다. 그 다음 프레임, 미장센, 공간, 심도, 촬영, 색 등이 눈에 들어온다. 끝까지 보이지 않는 것들은 카메라의 움직임, 렌즈, 음향, 편집, 시간, 감독의 뇌, 그리고 프레임 밖이다. 영화의 본질에 충실하게 시각적으로 디자인하여 두 시간, 어둠에 앉은 관객에게 현실 같은 비현실을 살게 하는 프레임 밖의 사람, 그가 바로 프로덕션 디자이너이다.

2. 영화 산업의 구조

산업 활동의 사전적 의미는 자원의 모양이나 색깔 등을 가공하거나 변형시켜 인간에게 필요한 물건을 만들어 내는, 즉 제조하는 행위이다. 그리고 이것과 관련된 수단이나 활동을 제조 기술이라고 한다. 제조는 자원이나 원료에 인위적인 가공을 하여 제품을 만들거나 공장에서 물건을 만드는 것을 말하고 이와 관련된 기술적 행위와 수단, 혹은 체제를 제조 기술이라고 하는 것이다.

그렇다면 영화 산업은 어떤 구조로 이루어져 있을까? 일반 산업이 개발-제조-유통의 구조 속에 있다면 영화 산업은 투자-제작-배급의 구조

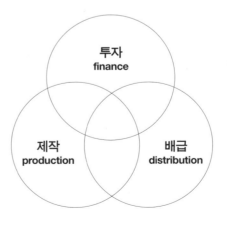

속에서 살펴볼 수 있다. 즉 영화는 무에서 유를 창작하고 제작하는 과정과 행위이며 생각이라는 무형의 형태에서 출발하여 보고, 듣고, 판단할 수 있는 영화적 작품이라는 결과물을 도출하는 산업으로서, 투자(finance) · 제작(production) · 배급(distribution)의 단계를 거친다.

01 투자

영화 투자란 영화라는 산업을 통해서 미래의 불확실한 부(富)를 얻기 위해 현재의 부를 희생시키는 것이다. 그래서 현재의 부를 희생한 대가로 이자(利子), 즉 시간적 위험에 대한 보상과 위험 프리미엄, 불확실성에 대한 보상을 받아야 한다.

영화 투자에는 일반적으로 세 가지 위험성이 있다. 첫째 과연 안정적으로 투자 원금을 회수할 수 있느냐 하는 안정성의 문제, 둘째 과연 높은 수익이 보장될 수 있느냐 하는 수익성의 문제, 셋째 과연 돈이 긴급하게 필요할 때 회수할 수 있느냐 하는 환금성의 문제이다.

따라서 영화 투자는 이런 위험성을 충분히 점검하고 이에 대비해야 하며, 영화 투자자들은 안전성을 저해하더라도 수익성을 더욱 확보하려는 공격적인 타입과 수익성은 다소 부족하더라도 안전성을 보장받으려는 방어적인 타입으로 구분할 수 있다.

영화 투자는 아이디어(idea), 시놉시스(synopsis), 트리트먼트(treatment), 시나리오(scenario) 등의 무형의 가치를 바탕으로 영화감독, 배우 캐스팅, 제작비 등의 제작 환경과 시장의 트렌드를 분석하여 투자의 수익성을 판단하며, 개인 투자, 공적 투자, 전문 투자, 펀드 등의 다양한 투자 형태를 가지고 있다.

영화 제작에는 많은 인력과 시간이 필요하며 그에 상응하는 많은 자금이 요구된다. 자금 없이는 영화를 제작할 수 없으며, 투자한 만큼의 보상이 따르는 시장 원리의 가치 보상을 받으려면 경제 원리로서 최소의 비용으로 최대의 효과를 창출해야만 성공할 수 있다. 그러나 영화는 일반적인 경제 원리와는 어긋나는 불확실한 투기(投機)의 일종이다. 투자한 만큼 수익이 돌아오는 구조가 아니라 아주 적은 투자로도 많은 이익이 생길 수 있지만 막대한 규모의 투자로도 손해를 감수해야 하는 일이 비일비재하기 때문이다.

투자 손실의 위험을 줄이기 위해서는 확고한 이야기를 바탕으로 한 시나리오와 배우 캐스팅, 영화감독의 역할이 고루 필요하다. 또한 스케일의 문제를 떠나 질적으로도 완성도 있는 작품으로, 작품성과 흥행성을 모두 갖춘 상태에서 배급의 투명성과 확고성 역시 갖추어져야만 한다.

곧 영화 투자는 시장의 트렌드 분석 위에 작가의 창의적인 스토리와 배우 캐스팅, 영화감독의 독창적인 연출력과 제작 시스템의 퀄리티가 바탕이 되어야 성공할 수 있다.

02
제작

영화는 가장 먼저 아이디어에서 시놉시스, 트리트먼트, 시나리오를 거쳐, 투자, 배우 캐스팅, 영화감독 및 스태프 구성 등 제작 관리와 운영을 거치는 사전 제작 단계인 프리 프로덕션(pre-production)을 거친다. 그리고 나면 촬영이라는 과학과 산업적 활동을 통해 재료의 다양성을 제작하는 제작 단계, 즉 프로덕션(production)에 들어간다. 그리고 제작 단계에서 제공된 재료를 혼합 가공하여 새로운 창작물로 완성하는 후반 제작 단계 즉 포스트 프로덕션(post-production) 단계를 거쳐 마케팅, 홍보, 배급을 통해 최종 소비자에게 도달한다.

영화는 복잡하고 세밀한 창작의 기술이며, 문학, 음악, 미술, 공연, 사진 등의 예술 분야가 총 동원되는 과정이다. 또한 과학, 공학적 기술 및 경제 산업 활동과 배급, 판매의 유통 구조를 아우르는 종합 예술 산업이다.

그러므로 한 국가가 영화 제작을 할 수 있느냐 없느냐는 산업적 차원뿐만 아니라 문화적인 척도까지도 판단할 수 있는 기준이 될 수 있다.

03
배급

하나의 상품이 생산자로부터 소비자에게 도달할 때까지의 과정에 대해 자본주의 경제에서는 유통이라는 말을 쓴다. 물자의 분배는 생산자로부터 최종 소비자에 이르기까지 가격 기능을 통하여 이루어지는 것이 자본주의 사회에서의 원칙이지만 전시(戰時) 경제 등 물자가 상대적으로 부족할 때에는 공적 기관이 가격과 수량을 제한하고 배급 제도를 시행하는 경우도 있으며 이 같은 내용의 배급 내지 배급 제도를 오늘날에 와서는 유통이라는 용어가 대신하게 되었다.

영화 배급은 영화 산업의 최종 상품인 영화를 최종 소비자인 관객에게 전달될 수 있도록 하는 유통 과정이다. 상품이 도매상, 소매상을 통해 백화점이나 시장에서 판매되는 것처럼 영화는 극장과 부가 산업을 통해 관객에게 판매된다.

영화의 배급은 영화 제작 활동을 가능하게 하는 바탕 또는 중심이 되는 중요한 부분으로, 현대 거대 자본의 투자 유치를 가능하게 하는 근본도 결국 배급의 확고한 시장 점유율에서 오는 것이다.

3. 영화 제작 단계

영화 제작(film production)은 넓게는 영화를 만드는 일 모두를 두루 일컫는 말이며, 좁게는 촬영 단계를 말한다. 영화 제작 과정에는 창조적 요소와 기계·기술적 요소, 그리고 경제적 요소가 모두 필요하다.

완성된 영화는 상품적 가치와 사회적 가치를 가지게 되며, 관객에게 정서적 영향을 줌으로써 예술적 또는 오락적 가치를 지닌다. 영화는 일반적으로 단편 영화와 장편 영화로 구분하며, 예술 영화, 독립 영화, 상업 영화 등 상업성의 여부를 기준점으로 나누기도 한다.

영화 제작은 특수한 경우를 제외하고 '영화 산업적 표준 방식'에 의해 이루어진다. 표준 방식이란 최소 비용으로 최대의 효율을 얻는 제작 방식을 말하며 결과적으로는 최대 이윤을 보장하기 위한 방식이다. 오늘날 영화의 제작과 상영 등 영화 생산과 소비에 이르는 과정은 미국 영화 표준 방식을 참조하고 있다. 그 방식이 많은 시행착오를 통하여 영화 제작에 따른 위험을 최소화하고 이윤을 안전하게 보장하는 데 가장 유용한 모델로 검증되었기 때문이다.

앞서 말했듯이 모든 영화 제작은 일반적으로 크게 프리 프로덕션, 프로덕션, 포스트 프로덕션 과정의 3단계 절차를 거친다. 그 과정의 전후를 좀 더 연결해서 보자면 한 편의 영화는 아이디어(idea), 시나리오(scenario),

투자(finance), 프리 프로덕션(pre-production), 프로덕션(production), 포스트 프로덕션(post-production), 마케팅(marketing), 심의(deliberation), 배급(distribution)의 단계를 거쳐 영화관(cinema)에서 관객을 만나는 것이다. 이 각각의 과정에 대해 좀 더 자세히 살펴보자.

01 아이디어

아이디어(idea)는 영화 제작의 시작인 처음 단계로 영화화에 대한 구상을 생각해 내는 것이다. 아이디어는 모방 없이 새로운 것을 처음으로 만들어 내는 순수한 구상일 수도 있지만, 연극이나 무용, 뮤지컬 같은 공연, 시, 소설, 수필, 수기, 평론과 같은 문학 작품, 인류 사회의 변천과 흥망성쇠의 과정을 기록한 역사, 노래, 멜로디 같은 음악, 웹툰, 삽화, 만화 같은 애니메이션, 체험, 경험, 사건, 사고 같은 논픽션(nonfiction), 실제로 없는 사건을 작가의 상상력으로 재창조하는 픽션(fiction), 신문, 잡지, 언론, 방송 같은 미디어 장르 등 다양한 다른 장르의 원작, 제목, 문장, 단어 등을 통해 구상할 수도 있다. 일반적으로 인지도가 있는 유명한 역사, 원작, 음악, 논픽션, 소설 등은 영화화의 가능성을 더 높게 하는데, 이는 이미 제작 단계부터 화제의 대상이 되어 영화 제작에 따른 위험을 상당히 감소시키기 때문이다.

영화 아이디어는 영화 서사의 기초를 이루는 기본 플롯과 등장인물에 대한 간략한 설명을 담은 시놉시스(synopsis)에서 트리트먼트(treatment), 시나리오(scenario)로 발전되어 영화화에 따른 자금 조달과 영화감독 및 배우 캐스팅 등 영화 제작의 가장 중요한 조건을 끌어내는 역할을 한다. 즉 아이디어는 제작자와 투자자, 주연 배우를 영화 제작에 끌어들이는 무형의 자산이다.

02 시나리오

시놉시스는 트리트먼트의 과정을 거쳐 시나리오로 완성된다. 트리트먼트는 영화의 내용과 정서적 호소력을 알 수 있도록 작성한 일종의 설명문이다. 즉 트리트먼트는 시나리오 작성에 요구되는 전문적인 설명을 피하고 등장인물, 플롯, 추정 예산을 기술한 일종의 영화 제작 기획안이다.

시나리오는 영화의 대본으로서 최종적인 영화 텍스트를 만드는 구조적 뼈대 구실을 하는데 트리트먼트를 기반으로 작성한다. 시나리오는 영화의 시작과 끝을 구성하는 동일 장소, 동일 시간 내에서 이루어지는 일련의 액션이나 대사의 단위인 각 장면, 즉 신(scene)과 하나의 이야기가 시작되고 끝나는 구성 단위인 시퀀스(sequence)를 최종적으로 정리한 것이다.

따라서 영화감독은 시나리오를 통해 이야기의 드라마와 플롯을 이해하고 제작자는 이를 보고 보다 정확한 예산을 산출할 수 있다. 시나리오는 대사와 행위를 강조하며 영화감독은 이를 토대로 촬영 대본인 스토리보드를 작성할 수 있다.

03 투자

투자란 영화 제작을 시작하기 전에 영화화에 따른 자금을 조달하는 과정이다. 시나리오 또는 트리트먼트 단계에서 주요 투자자와 계약을 하는데, 계약 내용으로는 영화 제작 및 배급, 판권 판매와 수익 배분 등에서 투자자와 제작자의 권리 및 의무를 명확히 규정하는 것이 골자이다.

또한 제작하고자 하는 영화의 개요와 투자 금액 및 이에 따른 지분율, 제작비 지출에 관해 합의하며, 제작 중 발생하는 사고에 관한 민·형사상의 책임 소지 등도 계약의 내용에 포함된다. 그 외 배급자와 영화 제작 전반의 판권에 대한 권리, 공중파와 지상파의 판권, 캐릭터 상품에 대한 권리 양도 등도 언급된다.

영화 제작자는 투자자에게 받는 투자금을 바탕으로 영화 사업을 통해 투자자에게 어떤 수익이 돌아가는지를 정확히 제시해야 하므로 작품에 관한 소개와 함께 장르별 점유율 등의 객관적인 수치를 통해 작품의 강점을 부각시키는 것이 좋다. 더불어 재무에 대한 정보와 산출 근거를 명확히 함으로써 투자자의 신뢰를 얻는 것도 중요하다.

영화화를 위한 자금이 확보된다고 하더라도 배급 관계가 불투명하면 완성 이후에 상영되지 못할 가능성이 있기 때문에 영화화 단계에서 배급자의 투자를 유도하거나 혹은 최소한의 배급 계약을 맺어야 한다. 투자자 입장에서 영화는 하나의 사업이므로 영화의 개별적 특성이나 비평적 가능성에 상관없이 이윤의 관점에서만 투자 우선 순위를 결정하므로 투자자 관점에서 이윤을 예상할 수 있는 기획안들이 실제로 영화화된다.

04 프리 프로덕션

프리 프로덕션은 프로덕션의 사전 준비 제작 단계로서, 영화의 개발 단계가 끝나고 영화화에 필요한 자금과 배급에 대한 계약이 이루어진 후 실질적인 영화 제작을 위한 물리적인 준비가 이루어지는 단계이다. 촬영하기 전 제작에 필요한 모든 것을 준비하는데 배우 캐스팅, 촬영 장소 선택, 제작진 구성, 촬영 일정 계획 등을 포함하는 전체 스케줄 작성을 한다.

영화감독의 입장에서는 시나리오를 분석하고 촬영 대본으로 발전시키는 단계이다. 이는 문자로 된 것을 영화적 형태로 바꾸는 일로서 시나리오 장면을 쇼트로 나누어 그 순서를 정하며 촬영할 때 필요한 세부, 즉 카메라 앵글, 피사체와의 거리, 연기자의 동작, 조명 계획, 미술 계획 등도 함께 구상한다. 이는 쇼트와 쇼트를 연결해 놓은 전체 스토리보드(story board)로 나타낼 수 있다.

프로덕션 디자이너는 프리 프로덕션 단계부터 참여한다. 이 단계에서 프로덕션 디자이너는 문자로 된 시나리오를 시각화시키는 작업을 시작으로 영화의 콘셉트, 톤 앤 매너, 공간과 장소, 로케이션(location), 세트(set)와 공간에 맞는 공간 연출, 등장인물의 분석과 캐릭터 만들기에 따른 의상, 분장, 헤어, 미용, 소지 도구를 연구하고, 장면 연출에 따른 공간과 소품을 계획하고 그에 적합한 미술 제작진 구성과 미술적인 인건비 등의 예산을 편성한다.

프리 프로덕션 단계는 시나리오 분석, 시나리오의 시각화, 전체 스케줄 작성, 세부 사항과 콘셉트 확정으로 함축할 수 있다.

05
프로덕션

프로덕션은 영화 제작에서 촬영 단계, 즉 프리 프로덕션 단계에서 계획했던 스케줄대로 촬영하는 본 촬영(principal photography)과 본 촬영이 끝나고 예상치 못한 일로 재촬영이 필요할 때 다시 촬영하는 보충 촬영이 이루어지는 단계이다.

영화 촬영은 연출 파트, 제작 파트, 촬영 파트, 조명 파트, 녹음 파트, 미술 파트, 주·조연 배우 파트, 무술 연기 파트, 특수효과 파트, 프로덕션 서비스 파트 등 많은 부서와 인력이 움직이는 단계이다. 그러므로 각 부서의 업무와 역할을 이해하고 상호 소통해야 하는 원활한 커뮤니케이션뿐만 아니라 약속에 대한 책임감, 최소의 소비를 지향하는 원가 절감 의식 등이 필요하다.

영화는 시나리오의 드라마적인 감정 순서나 신 순서인 연대기적 진행에 따라 촬영하는 것이 가장 바람직하지만 그렇게 촬영한다면 많은 시간과 자금이 필요하다. 그래서 영화는 일반적으로 장소와 배경, 배우의 스케줄에 따라 촬영한다. 때로는 대여한 장비로 촬영할 수 있는 모든 장면을 한 번에 촬영하기도 한다.

촬영의 표준 방식은 한 번에 촬영할 때 가능한 여러 장면을 확보하는 것이다. 한 장면을 찍을 때 소위 마스터 쇼트(master shot), 즉 행위가 이루어지는 전체 장면을 한 번에 촬영하며 다음에는 같은 연기에 대하여 미디엄 쇼트와 클로즈업을 찍는다. 또한 같은 액션에 대해 앵글을 바꾸어 다시 찍는다. 추가로 중요한 소도구를 따로 찍는다. 이것은 편집할 때 영화감독과 편집자에게 다양한 선택권을 주기 위해 가능한 한 다양하고 많은 재료를 준비해 준다는 의미이다.

촬영한 결과물을 확인하는 방법은 두 가지이다. 필름 카메라로 촬영했을 경우에는 러시(rush) 필름을 확인하고 디지털 카메라로 촬영했을 경우에는 입력된 데이터로 시사를 하고 확인하는데 이는 촬영이 실제로 제대로 이루어졌는지를 확인하는 과정이다. 만약 미진한 부분이 있었다면 장소와 공간에 미술적 작업이 원상 복구되기 전에 다시 촬영해야 한다.

프로덕션 단계에서 프로덕션 디자인 파트는 프리 프로덕션에서 사전에 확정되고 약속된 일정과 예산, 장소, 공간을 공간 연출(로케이션, 세트, 세트 데코레이션), 등장인물 연출(의상, 분장, 헤어), 장면 연출, 연출 소품 연출, 소지 도구 연출(props) 별로 제작하거나 준비한 후 촬영에 차질이 없도록 뒷받침해 주어야 한다. 프로덕션이 원활하게 진행될 수 있도록 현장 확인, 리허설 참여 후 수정 보완 등도 반드시 해야 한다. 프로덕션 디자인 파트의 책임은 촬영 완료된 미술적 모든 것을 원래의 상태로 돌려놓고 확인이 되어야 완료된다.

06 포스트 프로덕션

포스트 프로덕션이란 프로덕션의 촬영 이후 최종 제작 단계로서 후반작업을 말한다. 촬영을 끝낸 후 필름을 만드는 완성 단계로 영화가 상업용 개봉을 위해 준비하는 단계이다.

촬영 이후 러시 프린트 또는 데이터를 작성하여 편집, 녹음, 옵티컬(optical) 작업 등을 밀도 있게 하는 과정인데 상당한 시간을 투자해야 하는 과정이기도 하다.

후반작업 과정은 편집, 음향효과, 특수시각효과, 컴퓨터 그래픽, 대사 녹음, 장면 재촬영, 음악 녹음, 타이틀 및 크레딧, 음화 맞추기, 상영용 필름 프린터 등의 순서로 이루어지며, 가편집과 파인 컷(fine cut)을 거쳐 최종 상영 버전을 만들게 된다. 때로는 영화감독뿐만 아니라 제작자가 최종 편집의 권한을 갖기도 한다.

편집이 완성되면 컴퓨터 그래픽과 사운드 작업을 하는데 대사와 효과, 음악을 최종적으로 믹스하여 사운드를 트랙으로 정리한다. 최종 원본을 완성하면 여러 영화관에서 동시에 상영할 수 있도록 프린트 및 데이터를 복사하여 상영을 위한 준비를 한다. 편집과 사운드의 완성 단계로서 예고 편을 만드는 것도 이 단계이다.

07
심의

프리 프로덕션, 프로덕션, 포스트 프로덕션의 단계를 거쳐 제작 완료된 모든 영화는 시사 및 개봉 상영 전에 공식 심의기관에서 심의(deliberation)를 받아야만 상영할 수 있다. 이는 영화 내용을 검사하여 특정한 표현을 규제하거나 공개 수준을 결정하는 것으로 2018년 현재 한국에서 상영되는 영화는 문화체육관광부 산하 특수법인인 영상물등급위원회(영등위)의 심의를 마치지 못하면 상영하지 못한다.

심의 등급은 주제, 선정성, 폭력성, 대사, 공포, 약물, 모방 위험의 7가지 항목으로 분류 기준을 정해 전체 관람가, 12세 이상 관람가, 15세 이상 관람가, 청소년 관람 불가, 제한 관람가의 다섯 등급으로 나눈다.

전체 관람가 등급은 모든 연령의 관람객이 관람할 수 있는 영화로서 심의 기준은 일상적인 애정 표현 이상의 성적 묘사는 없어야 하고, 폭력, 비속어, 흡연, 음주 등도 배제되어야 한다. 간혹 이 등급의 영화가 논란이 되는 경우는 비속어 관련 문제이다.

12세 이상 관람가는 12세 미만의 관람객은 관람할 수 없는 영화로 모든 기준은 '경미하다'로 표현된다. 경미한 노출, 경미한 폭력, 경미한 욕설, 경미한 음주, 경미한 흡연이 가능하다.

15세 이상 관람가의 경우 성폭력은 전체 맥락에 따라 신중하게 표현되어야 하며, 욕설과 비속어도 사회 통념상 용인되는 수준으로 등장해야 하고 음주, 흡연, 약물을 조장하거나 미화해서는 안 된다.

청소년 관람 불가 기준은 15세 이상 관람가보다 지속적이고 구체적이며 직접적이냐 하는 것과 노골적인지의 여부이다. 15세 이상 관람가와 청소년 관람 불가의 두 등급에 대해서는 논쟁의 여지가 있는데 어떤 판정을 받느냐에 따라 시장의 규모가 달라진다는 것도 중요한 이유 가운데 하나이다. 구체적인 장면만으로는 기준에 위배되지만 주제의 측면에서 이를 상쇄하는 경우도 많다.

제한 관람가 등급 기준의 주제는 민주적인 기본 질서를 부정하며 국가 정체성을 현저히 훼손하거나 범죄 등 반사회적 행위를 조장하여 사회질서를 심각하게 문란하게 하는 것이라고 규정하고 있다. 선정성 관련 내용에서도 청소년 학대, 수음, 수간, 변태적인 성행위 묘사 등이 이 기준에 걸린다. 이 제한 관람가 등급 영화들은 지정된 전용극장에서 상영할 수 있으나 2018년 현재 국내에 제한 관람가 전용극장이 단 한 곳도 없어 사실상 상영 금지인 셈이다.

이러한 심의 등급은 2008년이 기준인데 너무 포괄적이라는 이유로 헌법재판소로부터 헌법 불합치 결정을 받았지만 여전히 유지되고 있다. 또한 심의가 표현의 자유를 구속하는 것이 아니냐 하는 문제와 심의 자체가 국가의 공적 단체에서 하는 것이니만큼 소비자, 즉 관객의 판단을 전혀 고려하지 않은 처사라는 비판적 여론도 있다.

미국과 유럽의 국가들도 심의라는 제도를 통해 영화가 배급, 상영되지만 각 나라의 문화적 성향과 민족성에 따라 조금씩 차이를 가지고 있다.

4. 마케팅, 배급, 유통

01
마케팅

영화 마케팅은 영화를 상품화하는 과정에서 영화 제작사가 영화 작품의 상영 또는 서비스를 소비자인 관객에게 유통시키는 데 관련된 모든 체계적 경영 활동을 말한다. 즉 영화의 기획 단계부터 제작 단계, 그리고 완성 후 영화의 시장성을 확대하기 위한 광고 활동 전체가 영화 마케팅이다.

영화 마케팅은 영화가 완성되기 훨씬 이전부터 이루어진다. 신문, 잡지 등의 미디어 매체의 입장에서는 영화 제작과 스타에 대한 뉴스가 유용한 정보이기 때문에 영화감독 및 배우 캐스팅 뉴스, 배우 인터뷰, 영화 제작 현장 탐방 등의 형태로 영화에 대한 정보가 사전에 널리 공표되기도 하고 이것이 사전 마케팅의 일환이 된다.

본격적인 광고와 홍보는 영화가 완성될 즈음, 대중의 관심을 끌 만한 키워드를 타겟 관객층에게 집중 노출하는 것으로 시작한다. 시사회 개최, 팬사인회, 경품 증정 등의 다양한 수단을 동원하는 프로모션 활동 역시 영화 마케팅의 주요한 방안이 된다.

영화 경쟁력의 가장 근본적인 원천은 영화 그 자체이므로 마케팅 활동이 본질적으로 흥행의 결정적 변수가 되는 경우는 별로 없다. 하지만 영화에 대한 일시적인 붐 조성을 통해 관람을 유도하는 역할로서의 마케팅 활동은 무시할 수 없는 중요한 분야이다.

02
배급

모든 산업 구조는 생산자가 상품을 생산하여 도매, 소매 등의 유통 과정을 거쳐 최종 소비자가 상품을 선택하는 구조이다. 영화 산업도 마찬가지이다. 생산자는 영화를 만든 제작사이고 도매상은 배급사, 소매상은 극장이며 관객은 소비자이다.

영화 제작에서 영화가 개봉될 시기, 규모, 지역, 마케팅 방식 등이 배급 단계에서 모두 결정되기 때문에 배급은 영화 산업의 중요한 단계이다. 미국 영화에서도 배급은 절대적인 힘이며 메이저 영화사들의 지배력은 곧 배급력에서 나왔다고 할 수 있다. 그들은 극장에서 최대한 이윤을 남길 수 있는 영화를 직접 제작하고, 직접 배급하며, 자신들이 소유한 극장 체인에서 그 영화를 상영했던 것이다. 바로 하나의 회사가 제조, 도매, 소매를 모두 하는 이른바 수직 통합(vertical integration)이라는 방식이다. 이런 상황에서는 영화의 수준과 질보다는 흥행에 따른 수익만이 중요해진다.

1948년 뉴욕 법원은 메이저 영화사 중 하나인 파라마운트가 제작, 배급, 극장 상영을 한손에 쥐고 흔들었던 상거래를 불법으로 판단하고, 극장 체인을 해체하라고 명령했다. 이렇게 만들어진 이른바 '파라마운트 판례(Paramount case)'는 모든 메이저 영화사에 적용되었다. 그래서 미국 영화 산업은 더 이상 자신들이 만든 영화의 상영을 보장받지 못하게 되었고, 소유했던 극장의 40% 이상을 팔아야 했다.

이것을 '분리(divorcement)'라고 하는데, 이로써 컨베이어 벨트에서 찍어 내듯 영화를 생산하던 시절은 끝이 난다. 그러면서 서부극이나 뮤지컬 같은 고전 장르도 위기를 맞이했으나 미국 영화는 이 시기부터 해외 시장에 본격적으로 관심을 가지게 되었다. 미국 영화의 직접 배급(direct distribution), 즉 직배가 시작되면서부터 그 어떤 나라의 그 어떤 극장이든 미국 영화의 블록버스터는 서로 상영하고 싶어 하게 되었고, 미국의 영화사들은 각국의 수입사에 단번에 판권을 매도하는 것이 아니라 직접 그 나라에 들어가 배급을 함으로써 훨씬 더 많은 이익을 창출하게 되었다.

직배를 하면서 미국 상업 영화의 성격이 조금씩 변하게 되었다. 1940년대까지의 미국 영화는 영화에 이국적인 요소를 넣어 미국 관객에게 흥미로운 볼거리를 제공했다면, 이후 미국 영화는 해외 시장을 고려해 다양한 문화권에서 통할 수 있는 보편적인 내용을 담으려 한다. 물론 이 안에 미국적 가치관이 강하게 투영되지만, 일반적으로 전 세계 남녀노소 누구라도 즐길 수 있는 내용으로 포장되기 시작했다.

03
극장과
멀티플렉스

한국의 경우, 1998년 강변역 테크노마트에 'CGV강변1'이라는 CJ E&M의 전신인 제일제당과 홍콩 골든하베스트와 호주의 빌리지 로드쇼가 합작한 멀티플렉스가 생기면서 한국 영화 극장은 일대 변혁의 시기를 마련했다. CGV강변의 성공으로 메가박스, 롯데시네마 등이 멀티플렉스를 체인화하기 시작해 지금은 전국의 452개 극장과 멀티플렉스관에서 2,766개의 스크린(2018년, 영화진흥위원회, '2017년 전국 극장 현황')에서 영화를 상영하고 이들 멀티플렉스는 단순 영화 관람뿐만 아닌 복합 문화 소비처로서 활성화되고 있다. 몇년 새 쏟아지기 시작한 한국의 천만 영화는 어떻게 보면 이제 한국 영화를 멀티플렉스 문화가 완전히 장악했다는 것을 보여 주는 증거일 수도 있다.

멀티플렉스가 등장하기 전의 이른바 단관 극장 시기에는 어떤 특정한 영화를 보기 위해서는 그 영화를 상영하는 극장에 가야만 했었다. 물론 지방 중소 도시의 일부 단매 극장에서는 2편 동시상영도 있었지만 나름 찾아가는 관람 문화가 형성되어 있었고, 극장 건물은 철저히 영화상영관 중심이었으며, 오로지 극장을 위해 건축한 영화 중심 극장 문화였다.

2개 이상의 스크린을 가진 극장, 즉 멀티플렉스의 시작은 1937년 제임스 에드워드라는 극장업자로 거슬러 올라간다. 그는 900석 규모의 엘러베머 시어터 근처에 별관격인 엘러베머 어넥스를 두었다. 같은 건물 안에 두 개의 스크린이 있었던 것은 아니지만 멀티플렉스의 효시로 언급되는 이곳은 그러나 1980년대 지진으로 사라져 버렸다.

멀티플렉스의 역사를 이야기할 때 빼놓을 수 없는 또 하나의 이름은 넷 테일러이다. 그는 1947년 캐나다의 오타와에 엘진 시어터를 운영하고 있었는데, 극장 옆에 리틀엘진이라는 이름으로 또 하나의 극장을 만들었다. 표면상으로는 제임스 에드워드의 앨러베머 어넥스와 크게 다를 바 없지만 앨러베머 시어터와 앨러베머 어넥스는 두 개의 극장에서 같은 영화를 상영했던 반면 넷 테일러의 엘진 시어터와 리틀엘진은 1957년부터 다른 영화를 상영하기 시작했다는 데에 중요한 차이점이 있다.

지금은 너무나 당연한 일처럼 여겨지지만 당시로서 그것은 혁신적인 일이었다. 넷 테일러는 1962년 몬트리올에 플레이스 빌 마리를 열었고 1964년에는 토론토에 요크레일 플라자를 열었다.

여기서 한 걸음 더 나아가 멀티플렉스의 혁신가를 꼽는다면, 즉 우리가 현재 접하고 있는 멀티플렉스를 처음으로 개척한 사람을 이야기한다면 그는 바로 유명한 멀티플렉스 체인인 AMC를 설립한 스탠리 더우드이다. 스탠리 더우드는 흔히 멀티플렉스의 아버지로 불리는데, 그는 1963년 캔자스시티에 파크웨이 트윈을 열었다. 더우드는 그 전에 캔자스시티에 록시 시어터를 열어 운영하고 있었는데 손님이 없어 텅 빈 극장의 로비에 앉아

파크웨이 트윈

두 개 이상의 스크린이 있는 극장에 대한 콘셉트를 떠올렸다고 한다.

파크웨이 트윈이 더욱 중요한 것은 이 극장 한켠에 파크웨이라는 쇼핑 공간이 함께 자리 잡고 있었다는 것인데 당시로서는 획기적인 일이었다. 게다가 두 개였던 상영관은 1966년에는 4개로 늘어났고 1969년에는 6개로 늘어났다.

1970년대에 접어들면서 그리고 1980년대로 넘어가면서 멀티플렉스는 가히 기하급수적인 양적 경쟁에 나선다. 냇 테일러가 1979년 토론토에 시네플렉스를 열었는데 스크린 수는 18개에 달했으며 1981년에는 21개로 증관했다. 1988년에는 키네폴리스 브뤼셀이 생겼다. 25개 스크린을 지닌 이곳은 최초의 메가플렉스로 불리기도 했다. 그리고 1996년에 캘리포니아의 AMC온타리오 믹스는 무려 30개의 스크린을 지니게 된다. 하지만 이러한 멀티플렉스의 확산 속에서 각 도시와 마을의 작은 상영관들은 사라지게 된다. 드라이브 극장(자동차 극장), 아트 하우스(예술 영화관), 그라인드 하우스(동시 상영관) 등도 서서히 자취를 감추게 된다.

멀티플렉스는 영화 산업에 혁명을 가져왔다. 미국의 예를 들면 1960년에는 1주일에 3,000만 명이 극장에 갔지만, 1969년에는 1,800만 명으로 그 수가 줄어든다. 하지만 멀티플렉스의 확산이 있은 후 1980년대에는 2,000만 명, 1995년에는 2,500만 명, 그리고 2002년에는 3,000만 명으로 회복세를 맞는다. 이처럼 멀티플렉스가 관객수 증가에 기여한 것은 새로운 서비스를 시도했기 때문이다. 쇼핑 센터와의 결합, 다양하고 차별화된 먹거리, 편리한 주차 시설 등이 주효했다. 그리고 교외 지역의 쇼핑 센터 안에 만들어진 멀티플렉스는 도시 이외의 지역 관객들을 끌어들였다.

흥미로운 것은 멀티플렉스 확산기와 블록버스터의 등장 시기가 정확히 겹친다는 점이다. 1975년 〈죠스〉와 1977년 〈스타워즈〉로 시작된 할리우드 블록버스터의 역사는 멀티플렉스가 없었다면 힘들었을 것이다. 이 영화들은 개봉 초에 많은 상영관을 확보함으로써 큰 흥행을 거둘 수 있었다.

관객 수를 증가시키기는 했지만 멀티플렉스가 긍정적인 역할만 한 것은 아니다. 멀티플렉스의 확산으로 개봉 첫 주에 많은 상영관을 확보하는 것이 추세가 되다 보니 마케팅 비용이 기하급수적으로 상승했고, 그러면서 영화 자체에는 그다지 신경 쓰지 않는 영화들이 등장하기 시작했다. 할리우드에서 속편과 리메이크가 급격히 늘어난 것은 분명히 멀티플렉스의 영향이다. 그리고 영화 관람에 레저의 성격이 강화되면서 할리우드는 오로지 스펙터클에 매달리게 되었고 그 결과 지나칠 정도로 컴퓨터 그래픽에 의존한 수많은 영화들이 등장하게 되었다. 관객의 입소문에 의해 그 가치를 평가받는 작품성 좋은 영화의 흥행 가능성은 점점 줄어들게 되었다.

그리고 상영관이 늘어났다고 해서 그것이 인디펜던트 영화에 혜택이 돌아간다는 의미는 아니다. 한 장소에서 좀 더 많은 상업 영화를 볼 수 있다는 의미였을 뿐, 멀티플렉스의 본질은 다양성보다는 이윤의 극대화에 있기 때문이다. 멀티플렉스가 등장한 지도 수십 년이 되었고, 이젠 그 본질에서 조금씩 벗어나 운영의 묘를 살릴 때도 된 것 같다.

최근 한국 극장가에서 불고 있는 특정 영화의 독과점 논란 중심에도 멀티플렉스에 대한 비판이 있다. 아무리 시장 논리가 가장 중요하다고 하더라도 어느 정도의 균형 감각이 필요하고 법과 제도가 강제하기 전에 객관적으로 업계나 관람자가 선진 관람 문화를 만드는 것이 중요하다.

04 한국 영화의 배급과 유통

한국 영화의 배급·유통은 2000년대를 전후로 해서 간접 배급 구조에서 직접 배급 구조로 변화한다. 간접 배급 구조는 지역별 간접 배급이라고 말하는 것이 더 정확한데, 1950년대 말 한국 영화의 산업화와 함께 성립해 1990년대 말까지 영화 시장의 유통 구조로 유지되었다.

지역별 간접 배급은 식민지시대부터 1950년대까지 유지되어 온 개인들 사이의 단순 직거래로 영화를 상영하기 어려워지자 서울의 개봉관을 제외한 서울 변두리, 부산 경남, 광주 호남, 대구 경북, 대전 충청, 경강(경기도, 강원도) 등 6개 권역으로 나눈 행정 체계에 따라 배급 체계가 정착했다.

영화의 완성 후 지역으로 배급된 프린트는 지역 개봉관에서 개봉한 후 3~5년간 시장 규모가 큰 극장 순서대로 지역을 순회 상영하였고, 제작사는 해당 지역의 배급업자와 연결해 작품 제작 전에 지역판권을 사전 판매해 제작비로 충당했다.

1990년대까지 유지되어 온 간접 배급 구조는 지역별 블록 부킹(block booking) 방식의 체제이다. 제작사는 지역 배급사라는 중간 유통업자를 통해 지역 배급을 진행했고, 지역별로 일정액을 분담한 후 선급금(advance)을 미리 받아 제작비로 사용했다.

직접 배급은 중앙 배급사가 전국을 관할하는 중앙 집중 구조이며, 흥행 수입이 투명하게 집계되고 자본 축적 및 재투자가 용이하지만, 제작, 투자사에서 흥행 실패의 위험을 전적으로 떠안아야 하는 단점이 있다.

반면 간접 배급은 위험과 수익을 공동 부담하고 분배하는 분권화된 체계이다. 제작사는 예상 수익을 미리 분할해서 지역 배급자에게 분담하고 지역 배급사는 해당 지역의 배급권을 확보한다. 배급업자에게는 상영권 확보를 위한 제작 투자이고 제작자에게는 권역별 사전판매(pre-sale)였다.

그러나 1988년 이후 UIP의 직접 배급은 배급 체계를 변화시킨 시발점이 되었다. 1990년대 미국 영화의 직접 배급이 정착하면서 중앙 배급사가 극장을 직접 연결하는 직접 배급 체제가 정착되기 시작했다. 1993년 미국 5대 메이저 직배사가 한국 지사를 설립하고, 1995년 이후 국내 배급사의 전국 배급이 실시되었으며, 1999년 UIP의 전국 직접 배급이 이루어졌다.

1990년대 한국 영화 산업은 투자, 제작, 배급, 상영의 각 영역이 뚜렷이 구분되어 있지 않았기 때문에 유통 과정이 중앙의 제작, 수입사에서 지방의 흥행사로 내려가고, 또 지역별로는 개봉관, 재개봉관, 단매극장 등으로 단계별 중층구조를 이루고 있었다. 지역 배급업자는 극장주이기도 했기 때문에 영화를 수급할 필요가 있었고, 제작자는 제작비를 조달해야 하는 서로간의 요구가 맞물렸던 것이다. 따라서 지역 배급업은 중앙과 지역을 매개하는 단순한 기능뿐만 아니라 투자, 제작과 극장을 아우르는 연결 고리의 역할을 했던 것이다.

1995년부터 시네마서비스, 일신창투, 삼성영상사업단이 전국 배급을 시작하면서 직접 배급 체계는 궤도에 오르게 되었다. 서울극장 중심의 충무로 배급 라인은 1996년 〈투캅스 2〉를 계기로 시네마서비스, 청어람, 코리아픽처스의 배급망으로 연결되었고, 2000년대 초·중반 한국 영화의 핵심 유통 라인이 되었다. 그러나 2000년대에도 지방 중소도시의 일부 상영관은 간접 배급업자가 대행하는 간접 배급 구조가 혼재되어 있었다.

2000년대 멀티플렉스가 확산되고 광역 개봉이 확산되면서 직접 배급이 가능해졌고, 대기업의 영화 투자로 본격적인 구조 변화가 이루어졌다. CJ 엔터테인먼트, 롯데엔터테인먼트, 쇼박스로 대표되는 대기업 투자 배급사는 한국 영화의 주요 투자처이며 전국 배급망으로 기능하고 있다.

배급사의 역할이 커지면서 중앙 배급사의 배급 수수료가 점차 증가했다. 2000년대 초반 배급수수료는 3~5%가 일반적이었으나, 2000년대 중·후반에는 10%로 일반화되면서 비용 증가 요인이 되었다.

2018년 한국의 영화 산업에도 미국과 유사한 수직 통합 체계가 있다. 이른바 3대 멀티플렉스 체인인 CGV, 메가박스, 롯데시네마는 투자 배급사인 CJ E&M, 쇼박스, 롯데엔터테인먼트와 관련이 있다. 물론 안 될 영화를 배급력만으로 흥행시킬 수는 없겠지만 자신들이 메인 투자로 참여한 영화인 경우 어느 정도의 어드벤티지가 작용하는 것은 사실이다. 특히 요즘처럼 첫 주 흥행 스코어가 중요한 시기에는 더욱 그렇다.

관객 점유율이 높은 영화에 극장들이 더 많은 상영관을 배정하는 것이 일반적인 상업 논리인데, 대기업이 파워를 내세워 상업 논리에 어긋나는 '힘의 배급'을 함으로써 수직 통합 체계권 이외의 시장인 독립영화, 저예산 영화 등 작은 영화들이 피해를 보고 있으며 피해 사례는 스크린 쿼터, 교차 상영 등으로 표면화되었다.

1998년 이후 멀티플렉스가 건립되고 광역 개봉이 확산되면서 투자 배급사의 역할이 커지고 있다. 또한 1980년대 말부터 비디오 시장을 시작으

로 케이블TV, 온라인, 뉴미디어 등의 부가 시장이 형성되었고 영화의 유통, 즉 배급이 다변화되었다

한국 영화의 부가 시장은 1990년대 비디오 시장과 함께 새로운 유통 창구로 형성되었다. 1988년 서울올림픽을 계기로 VTR의 가구당 보급률이 50%를 넘으면서, 미국 직배사와 국내 대기업 계열사의 영화 산업 진출에 따라 비디오 판권 구매 형식의 투자가 활발하게 이루어졌다. 1996년 전국 비디오 대여점은 2만 5천 개, 시장 규모는 약 1조 원으로 최고조에 달했다. 극장시장의 5배에 달하는 규모였다.

2002년을 기점으로 DVD가 비디오를 대체하는 매체로 부상하였으나 이는 곧 온라인 불법 다운로드에서 비롯된 문제로 시장이 형성되기도 전에 쇠퇴의 길을 걷게 되었다.

지상파의 영화 방영과 함께 1995년 케이블TV 방송이 종합유선방송을 시작하면서 캐치원, OCN 등의 영화 전문 채널이 형성되었다. 또한 인터넷의 발달과 보급으로 2005년 이후에는 온라인 창구가 DMB, IP TV 등의 뉴미디어로도 확대되었다.

영화의 유통 구조는 극장 – 비디오, DVD – 인터넷 – 유료 케이블 TV – 지상파 TV – 무료 케이블 TV – 기타·해외 등으로 형성되었으나, 2010년 이후 IP TV와 온라인 프리미엄 서비스 등이 극장 이후 첫 방영되는 부가 창구로 부상하고 있다. 그러나 2000년대 중반 이후 영화 산업 수익 구조에서 부가 시장이 차지하는 비율은 20% 이하로 감소되어 있어 활성화 대책이 시급하다.

2013년 10월 한국 영화 제작자협회는 한 가지 발표를 했다. 직접 배급을 위한 배급사를 설립하여 연 10편을 투자 배급하기로 한 것이다. 이것은 대기업의 수직 계열에 대한 반감이자 자유시장의 다변화와 자구책에 대한 모색으로 생각되며, 향후 어떤 긍정적 역할을 할지 기대가 된다.

5. 영화를 만드는 사람들

극장에서 영화를 보고 마지막에 화면에 등장하는 긴 엔딩 크레딧을 보고 있노라면 영화 한 편을 위해 이렇게 많은 사람들이 대체 무슨 일을 하는지 문득 궁금해질 때가 있다. 한 편의 영화가 완성되기까지 이 생소한 직업들은 구체적으로 무슨 일을 하는 것일까? 영화가 끝나고 화면에 등장하는 엔딩 크레딧은 영화가 끝나 무심히 일어나는 관객들에게 의외로 많은 이야기를 건넨다. 그것은 이 영화를 만든 사람들과, 그들이 각자 나누어 한 일에 대한 기록이자 그 영화가 만들어진 과정을 순서대로 정리한 것이기 때문이다. 엔딩 크레딧을 살펴보는 것만으로도 많은 정보를 얻을 수 있다.

장르에 따라 특정 분야의 스태프가 강화된 경우가 있고, 시대물의 경우에는 별도의 고증이나 자료의 전문가가 추가되기도 한다. 영화를 보고 난 뒤 관객의 입장에서 엔딩 크레딧 기준으로 영화 제작 현장을 되짚어 상상해 보는 것도 흥미로운 일이다.

다만 여기서 언급한 구분과 명칭은 일반적인 것이며, 영화에 따라 특수한 조직과 명칭을 사용하기도 한다는 점을 먼저 밝혀 두기로 하자. 변치 않는 것은 영화가 만들어지는 순서, 즉 투자-제작(연출, 촬영, 조명, 미술, 녹음, 편집, 음악/후보정)-마케팅과 배급이라는 순서이다.

01
투자자와
프로듀서

영화의 출발은 투자다. 돈이 있어야 영화를 만든다. 제공(투자), 공동투자가 제일 먼저 크레딧에 등장하는 까닭이다. 그 다음 투자와 투자자를 만족시킬 성공적인 영화를 완성하기 위하여 처음부터 끝까지 총괄하는 사람이 프로듀서이다. 투자자 다음에 프로듀서의 이름이 등장하는 이유이다.

프로듀서의 일은 좋은 시나리오의 발굴, 투자 유치, 배우, 스태프를 정하고 촬영이 시작될 수 있도록 근간을 준비하는 모든 일을 포함한다. 시대와 대중의 기호에 맞는 시나리오를 어떻게 개발할 것인가, 자금은 어떻게 끌어올 것인가, 자금으로 어떻게 잘 살림을 꾸려 성공적인 영화를 만들 것인가가 모두 프로듀서의 첫 단추에 달렸다.

새 영화에 대한 기획 의도, 시놉시스, 트리트먼트에 따라 시나리오 초고를 준비해서 투자자와 미팅을 한다. 투자자를 설득하여 투자가 성사되면, 영화감독과 스태프를 구성하며 배우 캐스팅을 진행하고, 보다 구체적인 진행은 라인 프로듀서, 즉 제작팀으로 넘어가게 된다. 전 과정에 관여해야 하니 전 과정을 알아야 한다. 여기서 말하는 관여란 제작비의 운용과 스태프의 운용을 통해 영화가 끝까지 완결되는 책임을 지고 있다는 뜻이다.

또한 각 파트의 담당자들과 소통하려면 편안하면서도 전략적인 소통 능력이 있어야 한다. 서로 다른 요구가 충돌할 때의 중재 능력도 필요하다. 제작비에 관한 한 좋은 작품을 위해 서로 많은 예산을 필요로 하므로, 한 목표를 향해 같이 가는 팀원으로서의 시너지와 함께 냉철한 현실적 판단을 유지해야 마지막 투자자에게 영화의 결과를 제시할 수 있다. 기획안을 가지고 투자를 받을 때, 투자자의 계약 주체는 프로듀서이기 때문이다.

02
감독·연출
파트

연출 파트는 영화 시나리오의 영상화를 담당하는, 실제 관객이 보는 영화를 만들어 내는 사람들이다. 영화감독, 조감독, 제2조감독 이하 연출부, 스크립트 수퍼바이저 외에 보조 출연 지원이나 기술 자문들이 있다. 영화 제작 회차별 계획표가 나오면 본격적으로 영화 촬영, 즉 제작에 들어가는데,

크랭크 인 순간부터 바로 이 연출부가 꽃이다.

감독은 시나리오를 시각적으로 어떻게 영상화할 것인가에 몰두하며 조감독은 가장 중요한 스케줄을 관리한다. 투자 유치 후 제작부와의 미팅을 거쳐 회차와 예산이 구체적으로 나오면 조감독이 감독과 밀접히 조율하며 촬영을 진행한다. 앞서 언급한 것처럼 영화에 따라 제1, 제2 등 조감독의 수는 유동적이다. 조감독의 가장 중요한 임무는 감독이 연출에 몰입할 수 있도록 효율적인 보좌와 현장 관리, 무엇보다 감독과 현장 스태프 사이의 소통과 조율이다.

연출부에서는 공간 분석표, 장면 분석표, 미술 분석표, 소품 분석표 등의 양식을 통해 소통한다. 장면 분석표에는 각 신이 밤인지 낮인지, 어떤 인물이 나오는지, 어떤 보조 출연진이 나오는지 적어 둔다. 공간 분석표는 시나리오의 신을 공간별로 모아 둔 것이다. 한 집이 여러 신에 나오는 경우 모아 정리해 두었다가 효율적인 촬영 회차 계획에 사용한다. 촬영 회차라는 것은 일단 계획했다가 당일의 날씨라든가 배우의 일정에 따라 변경될 수 있기 때문에 그때그때 순발력이 필요하다. 촬영 전날 미팅을 통해 신 별로 촬영 계획을 세우고 당일에는 이젤에 놓고 모든 스태프가 볼 수 있도록 한다.

연출부 스태프는 예술적인 부분에 몰입하고 있는 영화감독과 그날그날 일정을 완수해야 하는 현장 사이에서 감독의 입장을 설명하고 다른 스태프들의 고민을 절충하는 중간자 역할을 한다. 그런 점에서 다른 파트와 연출부 스태프의 협업은 매우 중요하다. 많은 유능한 감독들이 조감독 수련을 거쳐 자신의 영화로 입봉을 한다. 현장을 배우기에 연출부에서의 경험만한 것이 없기 때문이다.

03 제작 파트

투자를 효율적으로 계획하여 살림을 꾸리는 부서가 제작 파트이다. 프로듀서 이하 프로덕션 매니저, 프로덕션 코디네이터, 로케이션 매니저, 헌팅 매니저, 회계 담당 등이 한 팀으로 일한다.

04
촬영 파트

촬영 파트는 촬영감독과 제1촬영조수, 제2촬영조수 이하 촬영부로 이루어진다. 실제 카메라 촬영을 하는 사람과, 달리(dolly)나 이동차를 운용하는 팀이 같이 촬영 파트에 속한다. 촬영감독은 말 그대로 영화 촬영의 책임자로 카메라의 움직임, 카메라 장비들에 대한 지식을 바탕으로 카메라 장비와 렌즈를 스토리에 맞게 운용한다. 조명과 기타 촬영 관련 장비에 대해서도 충분한 지식을 가지고 있어 프리 프로덕션 단계부터 참여하며 각 신의 촬영에 감독과 협의를 거친다.

촬영감독 밑에 제1촬영조수가 있어서 노출, 카메라, 촬영, 팀, 장비 등을 관리한다. 제2촬 조수는 달리나 이동차를 움직이거나 테이프나 필름을 관리한다. 예산에 따라 서드(제3)와 포스(제4)가 있는 경우도 있으며 촬영부 한 팀으로 일한다.

촬영감독과 영화감독은 각 영역에 대해 독립적이므로 서로의 영역에 간섭하거나 월권을 하지 않는 것이 관례지만 최종 결정은 감독이 한다. 기술적인 문제에 대한 조언을 받아들일지의 여부도 감독의 권한이다. 그렇다고 촬영감독이 감독으로부터 지시를 받지도 않는다. 최악의 상황은 촬영감독과 영화감독의 의견이 대립할 경우인데 그래서인지 감독과 촬영감독은 한번 스타일이 맞으면 계속 작업하는 경우가 많다. 촬영감독은 감독과 작업을 할 때 콘티를 바탕으로 논의하는데 촬영 현장에서 미리 기술적인 문제를 의논할 수 있어서 편리하다.

05
조명 파트

조명 파트는 조명감독, 제1조명조수, 제2조명조수 및 조명부, 발전차, 조명크레인, 조명 지원팀으로 이루어진다. 제1조명조수는 조명감독이 조명을 잘 '칠' 수 있도록 돕고, 제2조명조수는 조명을 직접 설치한다. 제1조명조수가 세팅을 해 놓고 조명감독이 노출이나 색을 맞추는데 다양한 현장 상황에 따라 조명감독은 미리 기본 세팅을 지시해 놓는다.

조명감독은 영화의 주조(主照)를 시나리오 단계에서 가늠하는데, 밝은 영화인지 어두운 영화인지에 대한 감을 잡고 장르에 따라서도 구체적인 이미지를 가지고 출발한다. 시나리오를 보면 촬영감독이 카메라 움직임을 머릿속에서 바로 그릴 수 있듯이 조명감독도 조명 디자인이 나온다. 구체적으로 로케이션에 들어가면 그곳에서 '그림'을 만들어야 하기 때문에 이미지와 관련된 미술감독, 촬영감독, 조명감독이 수시로 미팅을 한다.

현장을 통제할 수 없는 로케이션의 경우는 외부의 요소가 많아서 세트에 비해 조명 디자인이 어려울 수밖에 없다. 조명감독의 조명 디자인은 크게 촬영 시간, 동선 등에 근거하는데, 촬영이 이루어지는 모든 현장을 프리프로덕션 단계부터 세트, 의상 등이 완료된 순간까지 수시로 점검하는 것이 조명감독의 책임이다.

시나리오의 스토리에 따라 사용할 조명 장비, 빛의 부드러운 사용을 위한 추가 장비는 물론이고 인공 빛이 없는 사극의 경우 특수한 조명이 필요하다. 주제에 따라 같은 빛이어도 다르게 내야 하고, 인물의 심리에 따라 고유한 저마다의 빛을 비추는 일이 조명감독의 영역이다. 주조가 촛불인지 형광등인지, 촛불이 있다면 전면의 사람과 후면의 배경을 어떻게 비출 것인지도 모두 섬세한 디자인의 결과이다. 급박하게 돌아가는 현장 상황에서 조명 세팅에 걸리는 시간을 최소화하거나, 이동 신의 경우의 조명 장비를 따라 움직이게 하면서 전체의 균형을 유지하는 일, 쇼트 사이즈에 따른 조명의 이동 등은 꽤 복잡하고 시간이 소요되는 전문적인 작업이다.

06 미술 파트

미술 파트의 책임자가 프로덕션 디자이너이다. 현장에서는 미술감독이라 부른다. 프로덕션 디자이너 이하 디자인, 세트, 세트 데코레이션, 의상, 분장, 소품이 미술 파트에 속하며 프로덕션 디자이너가 이를 총괄한다. 앞으로 3장 이하에서 프로덕션 디자이너와 프로덕션 디자인 파트의 일거수일투족을 자세히 설명할 것이다.

07
녹음 파트

영화 촬영이 끝나고 후반 작업에 들어가면 사운드가 얼마나 중요한지 알게 된다. 현장의 소음, 배우들의 전달력 등에 따라 동시녹음은 배우의 감정, 생생한 현장 음을 통해 영화의 생동감과 울림을 전해 줄 수 있기 때문이다. 현장에서 동시녹음은 기술적으로 배우의 목소리를 녹음하는 일이지만 생각보다 순발력이 필요한 전문 영역이다. 녹음 파트는 동시녹음기사, 붐 오퍼레이터, 붐 어시스턴트 등으로 구성되는데, 고난도의 기술과 집중을 요한다.

영화는 등장인물의 수에 따라 모두 각각의 마이크를 사용한다. 후반 편집 작업에 편리하기 때문이다. 녹음에서 중요한 것이 붐 마이크의 방향이다. 이 마이크가 최대한 배우 가까이 있어야 하는데 동시에 화면 안에 보여서도 안 되고 그림자가 져서도 안 되며 소음이 섞여서도 안 된다. 녹음 파트는 시나리오를 보고 사용 장비를 구성한 다음 장소 헌팅에 참여하여 공간을 확인한다. 촬영 장소를 둘러보고 소음이 강한 곳이 어디인지 살피는데, 소음을 조절할 수 있는 곳은 개선 방법을 알아보고, 지속적으로 사운드가 문제가 되는 장소인 경우에는 다른 방법을 논의한다.

영화 촬영을 한다고 하면 기본 소음에 구경꾼까지 현장 주변이 항상 시끄럽기 마련이다. 그래서 초지향성 마이크를 사용하여 마이크가 향하는 곳의 소리만 크게 들어오게 하는 방식으로 녹음하는데, 자칫 방향이 틀어지면 원치 않았던 소음이 가장 크게 녹음되므로 사용할 수가 없다. 녹음 파트에서는 사전에 대본을 외우고 촬영에 임한다. 대사에 따라서, 혹은 카메라 프레임이나 앵글에 따라서 어떻게 마이크를 대야 하는지 유연하게 움직여야 하기 때문이다. 녹음 파트에서는 좋은 소리를 받아내는 것이 목표이니만큼 카메라 워크나 프레임에 당연히 관심을 갖게 된다. 이렇게 녹음한 사운드는 신, 컷, 테이크 넘버, 날짜, 회차를 적어 두고 후반 작업에 사용한다. 촬영 전 5분간 모든 사람들을 조용히 시킨 후, 야외의 경우 앰비언스(ambiance)를, 실내의 경우 룸톤(room tone)을 녹음해 두었다가 후반 작업에 깔아 주는 것도 녹음 파트의 몫이다. 이 앰비언스와 룸톤이 없이 편집은 불가능하다. 컷이 튈 때 영상보다 사운드의 연결이 더욱 거슬리기 때문이다.

이상의 파트 이외에 영화의 성격에 따라 추가되기도 하는 파트로 특수효과 파트, 액션 파트 등이 있다.

08
편집 파트

영화에서의 중요성에 비하여 단출한 구성으로 보이는 편집 파트는 절대적으로 편집자의 개인 역량이 발휘되는 부서이다. 편집 파트는 편집 감독인 필름 에디터와 네거 편집, 네거 커팅 담당자로 구성된다. 편집감독은 촬영된 영상의 재배열을 통해 전체 영화를 구성한다. 어떻게 하면 감독의 생각과 작품의 이야기가 가장 효과적으로 관객에게 전달될 것인가 고민하여 편집하는데, 촬영 후 영화의 완성도가 편집감독에게 달렸다 해도 과언이 아니다. 편집감독은 작품이 가는 방향을 정확히 알고 있으며 감독이 어떤 생각으로 연출했는가도 정확히 알고 있어야 하기 때문에 수시로 감독과 스태프와의 소통과 대화를 통해 후반 작업 단계에서 그에게 도착할 촬영 소스를 어떻게 효율적으로 시간에 맞춰 배열할 것인가 미리 머릿속에 디자인한다.

사실 영화 관객들은 편집자의 능력을 잘 모른다. 편집이 잘되었는지 아닌지 잘 모르기 때문이다. 그러나 영화가 재미있었다면 편집이 잘되었다는 뜻이고, 가장 잘된 편집은 편집이 안 보이는 편집이다. 촬영 원본에서 버릴 것은 과감히 버리고 필요한 것을 취해 이야기를 재구성하는 편집자의 역할은 영화 촬영이 끝난 후 후반 작업에 본격적으로 시작된다. 가장 시간이 소요되는 작업이면서도 늘 막바지에 시간의 압박 속에 일한다.

편집자는 보통 촬영본을 받아 1차 순서 편집을 다음 촬영분이 오기 전에 끝낸다. 전체 작업은 두 달 정도의 시간을 잡고 작업하는데 최소 6개월의 편집 기간을 갖는 할리우드와 비교한다면 한국의 편집감독들은 늘 시간 스트레스와 싸운다. 편집이 끝나면 사운드를 넣고 큰 화면으로 확인한 후, 세부적으로 다시 프레임 조정을 해야 하므로 편집자는 미리 이 시간을 고려하여 스케줄을 잡아야 한다.

편집자는 시나리오를 보고 프리 프로덕션 단계에서 참여를 하지만 주된 작업은 촬영이 끝난 후에 시작된다. 촬영 현장은 촬영감독이 있고, 촬영이 끝나서 편집할 소스가 오면 그때부터 편집자의 작업이 시작되기 때문이다. 편집을 하다가 필요한 소스가 있으면 보충 촬영을 요구하기도 한다. 편집자는 영화의 구조를 세우고 신 별로 정리를 한 후 각 시퀀스, 각 신의 연결의 자연스러움을 점검하면서 추후 세부 작업을 하기 때문에 현장에서 컷이나 신이 바뀌는지 여부를 알고 있어야 한다. 감독에 따라 현장에서 편집을 하기도 하는데 액션 영화의 경우 컷 연결을 위해 현장 편집을 하는 경우가 많다.

요즘은 프로듀서가 편집권을 갖기도 하는데, 감독이 편집에 관여하는 경우가 일반적이다. 감독이 혼자 편집을 할 경우 객관적인 편집이 어려울 수도 있기 때문에 전문 편집감독이 독립적으로 작업하는 경우가 많다.

09 음악 파트

음악 파트에는 음악감독과 음악 프로듀서가 있어서 새로운 오리지널 스코어를 작곡하거나, 기존의 음악을 영화에 맞게 사용하거나, 영화 신에 따라 적절한 음악 요소를 삽입하는 일을 한다. 음악 코디네이션, 엔지니어, 필요에 따라 메인 연주자나 세션 연주자로 구성된 연주 팀을 운영한다.

10 사운드 파트

현장의 소리와 동시녹음을 책임지는 파트가 녹음 파트라면 사운드 파트는 현장 촬영 이후의 작업을 하는 파트이다. 영화의 영상 편집본에 최적의 소리를 입히는 사운드, 대사, 사운드 효과를 담당하는 스태프들로 현장 음을 살리는 폴리 아티스트, 폴리 에디터, 사운드 에디터, 돌비 컨설턴트, 광학 녹음 스태프도 같이 한 팀을 이룬다.

이상 순서대로 영화의 본 제작에 들어가기 전의 투자 및 준비, 본 제작,

편집에서 음악, 사운드까지의 후반작업 순서로 영화를 만드는 사람들을 개략적으로 살펴보았다. 이렇게 후반작업까지 마치면 영화는 현상부서로 넘어가 네거 현상, 프린트 현상, 사우드 현상, 검사, 인화, 디지털 색 보정, 디지털 옵티컬, 필름 레코딩, 필름 스캐닝 등을 거쳐 운송된다. 이제 마지막 마케팅과 배급이 남았다.

11 마케팅 파트

영화의 완성도가 반드시 영화의 성패를 보장하지는 못하는 시대이다. 마케팅의 성공 여부가 영화의 성패에 주요 변수가 되기도 하기 때문이다. 마케팅 파트에서는 마케팅 책임, 마케팅 진행, 마케팅 대행, 홍보 사진, 메이킹 필름, 포스터 사진, 광고 디자인, 예고편 제작, 예고편 종편, 온라인 마케팅, 홈페이지 제작, 광고 대행 등을 관할한다.

12 배급 파트

배급에는 배급 책임, 배급 진행, 해외 배급 책임, 해외 배급 진행, 배우 매니지먼트가 포함된다.

이렇게 엔딩 크레딧의 순서로 영화를 만드는 사람들을 매우 개괄적으로 정리했다. 이 책을 이해하는 데 상대적으로 연관이 많은 영역에 별도의 부가 설명을 하였을 뿐, 영화를 만드는 모든 일은 전문성과 책임감, 한 편의 영화를 완성하는 공동의 목표를 위해 달리는 팀 스피릿을 요하는 일이다. 영화 〈명량〉의 경우처럼, 함께 치열하게 영화를 만들었으나 안타깝게 영화의 완성을 보지 못하고 먼저 세상을 떠난 동료의 이름은 엔딩 크레딧 마지막에 나온다. 영화 현장을 사랑하는 사람들이 엔딩 크레딧을 마지막까지 지켜보고 나서야 영화관을 떠나게 되는 이유다.

척박한 시기에는 멘토가 있다

시네마키드였던 나에게 영화 일을 하고 싶다는 열망을 심어 준 영화는 프랜시스 포드 코폴라 감독의 1972년 영화 〈대부〉였다. 프로덕션 디자이너인 딘 타불러리스는 디테일이 뛰어나다. 디테일이 뛰어나다는 것은 시대상과 암흑가의 세계를 아무런 거리낌 없이 자연스럽게 전달해 준다는 뜻이다.

죽음과 가족애라는 어울리지 않는 이중적 주제는 모순적인 삶을 사는 마피아의 숙명적 역설을 잘 보여 준다. 내가 특히 매혹된 것은 1940~50년대의 미국 뉴욕을 충실히 재현한 공간들이었다. 권위적인 마피아인 대부 돈 콜레오네(말론 브랜도)의 이미지를 강조하기 위해 다소 어두운 실내 장식과 조명으로 어둠 속에서 일하는 마피아의 삶을 잘 표현했다. 성당 유아 세례 장면에서 정적들을 죽이는 장면은 성당이 아니었다면 그 대비를 살릴 수 없었을 것이다. 옐로 톤의 황금 같은 느낌, 하늘을 향한 고딕 양식 건축, 신부가 유아 세례에 쓰는 성수가 가지는 의미들과 대비를 이루는 피는 몇 번을 거듭 보아도 전율을 느끼게 한다.

아버지 돈 콜레오네를 이어 대부가 되는 알 파치노가 아버지가 앉았던 낡은 소파에 앉는 장면은 소박한 공간임에도 불구하고 권위와 위엄이 있다. 치장이나 화려함을 주지 않고도 그 스토리가 가지고 있는 의미를 전달한다. 짙은 톤의 소파에 비해 팔걸이와 등에 있던 나무 조각, 패브릭은 소박하다. 화려하지 않아야 할 장면은 화려하지 않은 훌륭한 미술감독의 솜씨다.

프랑스 영화 〈불을 찾아서〉는 1981년 장 자크 아노 감독의 영화다. 대사 없이도 초기 인간의 원시시대를 영화 미술로 잘 이끌어 내고 있다. 원시를 배경으로 하되 장면들이 지극히 자연스러우면서도 현대적 미니멀리즘의 느낌을 주도록 디자인한 점이 경이롭다. 원시를 표현하는 미술처럼 어려운 것이 있을까?

<대부>의 한 장면

산, 나무, 강 등 자연물을 표현해야 하는데 본 적이 없는, 사료가 없는 공간을 어떻게 채워야 할까 하는 고민 앞에서 미술감독은 의상, 분장 등의 요소를 미니멀하면서도 내추럴한 방식으로 디자인했다. 다시 보아도 세련되고 현대적인 감각이 돋보인다.

마틴 스콜세즈 감독의 영화 <원스 어폰 어 타임 인 아메리카>는 1910년부터 60년대까지 50년에 걸친 시간과 공간을 소화하여 녹여 낸 스케일과 무게가 놀라운 작품이다.

내가 이들 영화를 좋아하는 이유는 프로덕션 디자인의 완성도뿐 아니라, 큰 스케일의 작품을 완성한 프로덕션 디자이너의 창의성과 리더십에서 배울 점이 많다고 느끼기 때문이다. 내가 좋아하는 영화들이 최근 영화보다 오히려 척박한 시대의 블록버스터인 이유는 힘든 시기에 그들이 보여 준 뛰어난 실험 정신과 미학적 완성도에 압도되기 때문이다. 이것은 그들이 수많은 스태프들과 작업한 과정을 내 머릿속에서 그릴 수 있고, 그 모든 과정이 쉽지 않았을 것임을 잘 알고 있기 때문이다.

<원스 어폰 어 타임 인 아메리카>의 한 장면

제 2 장

프로덕션 디자인

Production design

지금까지 우리는 영화란 무엇이며, 어떻게 만들어지며, 영화를 만드는 사람들의 역할에는 어떤 것들이 있는지 큰 외곽을 살펴보았다. 이제는 구체적으로 프로덕션 디자인이 무엇인지, 영화 현장에서 프로덕션 디자이너는 어떤 일을 어떻게 하는지 가까이 돋보기로 들여다보기로 하자.

프로덕션 디자인이라는 분야도 다른 영화 현장의 분야가 그러하듯 특수하고 전문적인 고유한 영역이면서도, 영화 시나리오를 받는 순간부터 영화 편집이 끝나고 세트를 철거하는 마지막 순간까지 영화의 곁을 떠날 수 없다. 프로덕션 디자이너가 하는 것은 가장 진짜 같은 가짜를 만들고, 그 가짜가 끝까지 진짜처럼 받아들여지도록 마지막까지 숨을 죽이고 자리를 지키는 일이다.

영화가 시작된 순간 관객이 만나게 될 허구의 마법을 만드는 일이 바로 프로덕션 디자인이기 때문이다. 거짓인 줄 알면서도 몰입하기를 원하는 관객을 향해 프로덕션 디자이너는 최선을 다해 완벽한 구름의 집을 디자인해야 한다.

1. 프로덕션 디자인이란

프로덕션 디자인, 혹은 프로덕션 디자이너라는 말이 한국에서 사용된 것은 불과 20~30년에 불과하다. 그만큼 프로덕션 디자인이라는 분야는 영화의 발전과 함께 서서히 변모되어 온 분야라고 할 수 있다.

프로덕션 디자인을 이해하기 쉽게 설명하자면 영화 미술이다. 영화의 시각적인 부분, 비주얼, 즉 캐릭터 디자인, 세트, 의상, 분장, 헤어, 미술품 및 소품 등 전반적인 영화 미술이 프로덕션 디자이너의 책임이다.

즉 프로덕션 디자인은 한 편의 영화를 시각적 의미로 해석하고 시각적 요소를 극대화하기 위해 창작과 제작을 통하여 현실화시키는 것이며, 영화 전체의 외양, 즉 비주얼(visual)과 룩(look)을 총괄하는 일로서 한 편의 영화가 드러내는 이야기와 세계관을 오롯이 시각적 언어로 표현하는 예술이다. 비주얼이란 영화의 전체적인 그림 즉 전경을 의미하며, 룩이란 그 전경 안을 채우는 소품 등의 디테일을 말한다. 프로덕션 디자인이 영화 제작에서 담당하는 역할은 시나리오를 바탕으로 콘셉트, 등장인물, 공간 및 장소의 창의적 시각화를 위한 미술적 요소를 계획하고 설계하며 제작하고 관리하는 일이다.

현재 한국 영화계에서는 프로덕션 디자이너와 영화미술감독이라는 말이 함께 사용된다. 엔딩 크레딧에서는 프로덕션 디자이너라고 올라가지만 실제 현장에서는 미술감독이라는 호칭으로도 많이 쓴다. 이를테면 영화 작업 현장에서의 직책, 즉 책임 영역에 대해서는 프로덕션 디자이너라고 하고 직급, 즉 현장에서의 위치(레벨)는 영화미술감독이 되는 것이다. 프로덕션 디자이너라는 개념이 정립되기 이전에는 아트 디렉터라는 말도 같은 의미로 사용되었다. 그러나 현재 아트 디렉터는 세트 총괄자를 지칭한다.

이 책에서는 프로덕션 디자이너의 역할을 구체적으로 나누어, 창조의 측면, 경영의 측면, 소통의 측면에서 살펴보려고 한다. 여기서 말하는 창조는 영화의 시각적 콘셉트를 설정하고, 등장인물, 장소, 공간, 장면 등의 미술적 요소를 창의적으로 구상하는 것을 말하며, 경영은 예산, 일정, 인적 구성으로 운영하는 프로젝트 관리를 말한다. 그리고 소통은 창조와 경영의 원활한 수행을 위하여 발의, 협의, 심의, 승인, 집행, 결산의 과정을 통해 프로젝트를 완성하는 것을 말한다.

창조, 창의 능력이 필요한 크리에이터로서의 프로덕션 디자이너, 경영자적 능력이 필요한 매니저로서의 프로덕션 디자이너, 원활한 소통 능력을 가진 커뮤니케이터로서의 프로덕션 디자이너에 대해서는 앞으로 3장, 4장, 5장을 통해 더욱 상세하게 살펴볼 예정이다. 그리고 여기 제2장에서는 프로덕션 디자인이 정확히 무엇이며 프로덕션 디자이너가 구체적으로 어떤 일을 하는지 세부적으로 알아보자.

01
프로덕션 디자인의 역사

프로덕션 디자인의 등장

1902년 공상과학 영화의 기원인 〈달나라 여행〉(Le Voyage Dans La Lune, A Trip To The Moon)에서 조르주 멜리에스(Georges Melies)는 연극배우와 마술사로 활동하면서, 영화에 최초로 시나리오를 사용했을 뿐만 아니라 미술의 개념을 부여하였다.

또한 1916년 〈인톨러런스〉(Intolerance)에서 프랭

조르주 멜리에스

크 워트먼은 엄청나고 현기증이 날 정도로 거대한 규모의 세트를 만들어 내면서 미술감독의 중요성을 조금씩 인식하게 했다. 독일 표현주의 대표작으로 심리적이고 회화적인 경향을 추구했던 〈칼리가리 박사의 밀실〉(The Cabinet of Dr. Caligari, 1919)은 무대 디자이너 헤르만 바름(Hermann Warm)에 의해 영화 미술사상 결정적 영화가 되었는데, 그 영화 세트는 악몽과 같은 환상의 세계를 무대로 옮겨 놓은 듯이 삐뚤어지고 일그러진 추상적인 형태의 회화처럼 표현되었다.

미국 영화에 처음으로 프로덕션 디자인이라는 개념이 등장한 계기는 〈바람과 함께 사라지다〉(Gone with the Wind, 1939)였다. 1929년 제1회 미국영화아카데미 미술상 수상자이기도 한 윌리엄 캐머런 멘지스(William Cameron Menzies)는 이 영화의 모든 장면을 스토리보드에 그렸고, 빅터 플레밍(Victor Fleming) 감독은 영화 전체를 그것에 기초하여 만들었다. 멘지

윌리엄 캐머런 멘지스

스는 모든 시각적 요소를 장악하고 미리 계획하여 그 결과 제작비의 상당 부분을 절약할 수 있었다. 이때 제작자인 데이비드 셀즈닉(David Oliver Selznick)이 멘지스에게 영화사상 최초로 프로덕션 디자이너라는 명칭을 부여했다.

그러나 제12회 미국 영화 아카데미위원회는 멘지스 대신 아트 디렉터인 라일 휠러(Lyle R. Wheeler)에게 오스카 트로피를 주었으며, 멘지스의 업적을 도저히 묵과할 수 없어 특별공로상을 수여하며 이런 코멘트를 달았다. "시각적 의미에 대한 의사 소통을 돕고, 스토리를 효과적으로 전달하는 세트를 만들었으며, 극적인 분위기를 향상시키기 위해 색채를 효과적으로 사용했고, 스크린 위의 모든 비주얼을 구상했다." 그리고 바로 이 코멘트가 프로덕션 디자인의 가장 고전적이며 충실한 정의로 자리 매김하게 되었다.

1930년대와 1940년대는 스튜디오의 황금기였다. 이 시기에는 리처드 데이(〈나의 계곡은 푸르렀다〉 How green was my valley), 라일 R 휠러(〈바람과 함께 사라지다〉 Gone with the wind), 페리 퍼거슨(〈시민 케인〉 Citizen Kane), 세드릭 깁슨(〈오만과 편견〉 Pride and prejudice), 알렉산더 골릿츤(〈오페라의 유령〉 Phantom of the opera), 한스 드라이어(〈누구를 위하여 종은 울리나〉 For whom the bell tolls) 등이 활약했다. 그러나 이들의 역할은 진정한 의미의 프로덕션 디자인보다는 세트 제작을 책임지는 아트 디렉터에 더 가까웠다.

또한 스릴러 영화라는 장르를 확립한 영국 미술감독 출신의 알프레드 히치콕(Alfred Hitchcock)은 미국으로 건너가 영화감독으로 성공한 케이스인데 이처럼 미술감독에서 영화감독으로 영역을 확장하는 경우도 종종 있어 왔다.

프로덕션 디자인의 발전

1940년대 이후부터는 초창기 개척자들을 발판으로 프로덕션 디자인이 본격적으로 꽃을 피웠다. 〈오만과 편견〉(Pride And Prejudice, 1940)의 세드릭 기븐스(Cedric Gibbons), 〈햄릿〉(Hamlet, 1948)의 로렌스 올리비에(Laurence Olivire), 〈벤허〉(Ben Hur, 1959)의 윌리엄 A. 호닝(William A. Horning), 〈닥터 지바고〉(Doctor Zhivage, 1965)의 존 복스(John Box), 〈대부2〉(Mario Puzo's The Godfarther Part Ⅱ, 1974)의 딘 타볼라리스(Dean Tavoularis), 〈스타워즈〉(Star Wars, 1977)의 존 배리(John Barry), 〈배트맨〉(Batman, 1989)의 안톤 펄스트(Anton Furst), 〈마지막 황제〉(The Last Emperor, 1987)의 페르디난도 스카피오티(Ferdinando Scarfiotti), 〈타이타닉〉(Titanic, 1997)의 피터 라몬트(Peter Lamont), 〈링컨〉(Lincoln, 2012)의 릭 카터(Rick Carter), 〈장미의 이름〉(The name of the Rose, 1986), 〈휴고〉(Hugo, 2011)의 단테 페레티(Dante Frrretti), 〈이상한 나라의 앨리스〉(Alice In Wonderland, 2010)의 로버트 스트롬버그(Robert Stromberg), 〈벤자민 버튼의 시간은 거꾸로 간다〉(The Curious Case Of Benjamin Button, 2008)의 도널드 그레이엄 버트(Donald Graham Burt), 〈게이

샤의 추억〉(Memoirs Of A Geishe, 2005)의 존 마이어(John Myhre), 〈반지의 제왕: 왕의 귀환〉(The Lord Of The Rings: The Return Of the King, 2003)의 그 랜트 메이저(Grant Major), 〈물랭루즈〉(Moulin Rouge, 2001)의 캐서린 마틴 (Catherine Martin), 〈아마데우스〉(1984)의 파트리치아, 〈요리사, 도둑, 그의 아내 그리고 정부〉(1989)의 벤 베로스, 〈브라질〉(1985)의 노먼 가우드, 〈차 이나 타운〉(1974)의 리처드 실버트 등 수많은 프로덕션 디자이너들이 영화 미술의 양적, 질적 발전에 기여했다.

예를 들면 〈벤허〉는 1대 1 스케일로 세트를 지으면서 어마어마한 자금 을 동원해서 영화 미술 작업을 할 수 있는 환경을 만들었고 〈대부〉는 리얼 리티 위주의 영화에도 미술적으로 얼마나 깊이감 있는 표현이 가능한지를 보여 주었다. 이후 영화적 테크닉이나 컴퓨터 그래픽의 발전과 함께 영화 미술도 그 역할과 비중이 점점 커졌다.

특히 축음기에서 라디오, 텔레비전으로 변화해 온 문화적 트렌드가 영 화에서 그 절정에 이르게 되자 영화는 사람들이 원하고 기대하는 볼거리 와 즐길거리를 채워 주어야 하는 사명감까지 가지게 되었다. 그에 발맞추 어 영화의 미술적인 부분도 양적인 발달과 팽창뿐만 아니라 질적으로도 놀라운 변화와 발전을 이루게 되었다.

02 프로덕션 디자인 과정

프로덕션 디자인의 과정은 크게 7단계로 나누어서 생각할 수 있다. 7단계 의 성격은 서로 다르지만 모두 효율적인 운용과 관리의 원칙 아래 하나하 나 신중히 진행해야 할 단계들이다.

1) 문자의 시각화

시나리오의 해석과 분석을 통해 문자화되어 있는 시나리오를 시각화 한다. 해석과 분석의 차이를 명확히 구분한다. 해석은 시나리오를 실시간 으로 그대로 읽는 것이고, 분석은 그를 바탕으로 프로덕션 디자이너 고유의 시각적 의도를 개입하여 적극적으로 시나리오의 시퀀스와 신(scene)을 입체적으로 공간화하는 작업이다. 예를 들어 영조가 춤을 춘다면, 해석은 춤을 추는 장면을 보는 것이고, 분석은 영조가 입고 있는 옷, 뒷 배경, 옆에 있는 인물들의 옷, 소품, 심지어 궁궐의 모양, 돌의 색상까지 모조리 그리면서 시나리오를 마치 모델하우스의 모형처럼 세워 가는 일이다. 시나리오의 해석과 분석 및 그를 위한 각종 조사 자료는 디테일하게 메모하고 스케치하며 모두 데이터화하여 디자인 계획의 밑자료로 이용한다.

2) 전체 미술 전략 수립

시나리오의 스토리에 맞는 전체 콘셉트를 잡고 그에 따른 미술 전략 계획을 수립한다. 시나리오 분석이 끝나면 전체를 아우르는 콘셉트가 잡힌다. 이 콘셉트를 바탕으로 미술 전략의 계획을 잡는다. 1단계의 자료를 근거로 함은 물론이다.

3) 분야별 디자인 계획

2단계의 자료를 바탕으로 시나리오의 각 캐릭터별로 차별화된 인물 디자인을 세우면(캐릭터 디자인), 그에 따라 역시 차별화된 공간을 만들고(세트 디자인), 그 공간을 연출하고(세트 데코레이션), 소품 디자인을 구체화한다. 각 인물별로 매 신마다 공간, 의상, 소품, 헤어, 분장 등을 구체적으로 시각화하여 제시한다.

4) 각 디자인 설계

3단계에서 제시한 디자인이 확정되면 각 디자인을 어떻게 제작할 것인지 설계한다. 즉 담당 업체별로, 소재별로, 예산은 얼마나 소요될 것이며, 기간은 얼마나 되는지, 제작시 애로점은 없을 것인지, 인력, 위험 요소 등을 모두 고려한다.

5) 제작 및 실행

4단계의 설계와 예산 계획이 잡히면 구체적인 제작에 들어가며, 크랭크 인 일자에 맞추어 실행을 완료한다. 현장 상황의 변수가 있는 영역은 특히 사전에 점검하여 제작에 차질이 없도록 해야 하고, 모든 제작 요소들이 완전하게 준비된 상태에서 제작에 들어가도록 시간, 비용, 인력을 관리한다. 매니저로서의 마인드가 가장 요구되는 중요한 단계인 동시에 커뮤니케이터로서의 소통 능력이 발휘되어야 하는 단계이다.

6) 촬영 진행

촬영이 진행되는 동안은 제작, 즉 5단계에서 제작 실행된 모든 아이템들이 제대로 관리되도록 인·아웃 시스템을 정확히 체크하고, 만일 제작 진행 과정에서 문제가 발생하면 신속히 대체할 대안도 사전에 준비해 두어야 한다. 촬영 중에는 소품 및 세트 관리를 철저히 미술부에서 관리하며 다른 파트의 담당자가 반드시 미술부를 통해서만 접근할 수 있도록 한다.

7) 사후 조치

6단계의 관리 및 운용을 잘 마쳐 촬영이 끝나고 크랭크 업 하면 허무하게도 공들여 제작한 모든 세트와 소품, 그 많은 인력들이 원점, 즉 무로 돌아간다. 세트를 부수는 데 걸리는 시간은 얼마나 될까?

한 편의 영화를 만드는 데 걸리는 대략적인 시간들을 빗대어 하는 얘기로 영화 현장에는 '8년, 8주, 8개월'이라는 우스갯소리가 있다. 8년 동안 기획해서 8주 동안 촬영하고 후반 작업에 8개월이 소요된다는 것이다. 여기에 '해체 8시간'이라는 말을 붙여도 좋을 것 같다. 소품이나 세트의 적절한 활용을 늘 생각하지만, 좁은 국토, 비싼 땅값 등으로 효율적인 세트 장비의 재활용이 이루어지지 못하는 점이 항상 아쉽다.

03
프로덕션
디자인 업무

프로덕션 디자인의 업무 분야에는 1) 미술 기획, 2) 리서치, 3) 콘셉트 디자인, 4) 세트 디자인, 5) 세트 데코레이션, 6) 캐릭터 디자인, 7) 소품 디자인, 8) 모델링, 9) 제작 설계, 10) 미술 제작 협의, 11) 미술 제작, 12) 프로젝트 관리 등이 있다. 각 분야에서 담당하는 구체적인 작업과 능력 요소를 간단히 살펴보면 다음과 같다.

1) 미술 기획-시나리오 분석, 제작 의도 파악, 콘셉트 설정, 미술 전략 수립

2) 리서치-시장 분석, 자료 조사, 자문, 고증, 장소 사전 조사

3) 콘셉트 디자인-아이디어 스케치, 콘셉트 아트, 장면 디자인

4) 세트 디자인-로케이션, 세트 설계 및 시공

5) 세트 데코레이션-세트 데코레이션 플랜 및 제작

6) 캐릭터 디자인-캐릭터 드로잉, 의상, 분장, 헤어

7) 소품 디자인-상황 연출 디자인, 연출 소품 디자인, 소지 도구

8) 모델링-2D, 3D, 미니어처

9) 제작 설계-세트 설계, 세트 데코레이션 설계, 소품 설계, 의상 설계, 분장 설계, 특수분장 설계, 특수소품 설계

10) 미술 제작 협의-스태프 회의, 프레젠테이션, 제작 확정

11) 미술 제작-세트 제작, 공간 드레싱, 소품 제작, 의상 제작, 분장 제작, 특수분장 제작, 특수소품 제작

12) 프로젝트 관리-계획 수립, 예산 관리, 인적 관리, 일정 관리, 물적 관리, 촬영 현장 관리, 사후 관리

2. 프로덕션 디자이너

01
프로덕션 디자이너의 역할

한 편의 영화에서 프로덕션 디자이너의 역할은 시나리오를 시각적으로 미술적으로 해석하는 일이다. 따라서 시나리오의 스토리에 근거하여 무한한 상상력을 발휘해야 하고, 캐릭터 디자인, 세트 디자인, 세트 데코레이션, 소품 디자인 등의 밑그림을 그리면서 영화감독이 머릿속에 가지고 있는 '그림'을 배우가 연기하는 물리적 환경으로 구체화시켜 주어야 한다.

프로덕션 디자이너는 비주얼 감각도 중요하지만 무엇보다 시나리오를 분석하고 해석하는 능력이 중요하다. 또한 영화 미술뿐만 아니라 제작, 연출, 촬영, 조명, 녹음 등 다른 여러 파트의 업무도 잘 이해하고 조율과 협업이 가능해야 한다. 영화감독과의 협의하에 정확한 콘셉트를 잡아내는 것이 핵심일 뿐만 아니라 촬영, 조명 그리고 컴퓨터 그래픽과 관련해서도 프로덕션 디자이너의 역할은 중요하기 때문이다.

한 마디로 프로덕션 디자이너는 크리에이터, 매니저, 커뮤니케이터이다. 이 책에서 프로덕션 디자이너의 역할을 크리에이터, 매니저, 커뮤니케이터로 3분하여 구체적인 설명을 하고 있는 이유이기도 하다. 즉 미술 감각만으로 할 수 없는 영역이 경영 마인드와 소통의 능력이고, 이 세 가지 능력이 함께 어우러져야만 프로덕션 디자이너의 역할을 해 낼 수 있기 때문이다. 20년 넘는 현장 경험에서 가장 뼈저리게 느낀 부분이기도 하다.

크리에이터

크리에이터는 창작자의 역할을 말하며 '대리인의 임무'라는 의미로 규정할 수 있다. 즉 시나리오 등장인물의 대리인, 영화 연출자의 대리인, 제작자의 대리인이다. 그들이 직접 말하지 않는 것을 프로덕션 디자이너는 듣고 이해하며 시각화해야 한다. 그래서 대부분의 시간을 말하기보다 듣는 데 사용한다. 직접 경험, 간접 경험의 충분한 경험을 통하여 시나리오의 시각적 요소를 미술적 요소로 해결하고, 그것을 연출자인 영화감독과 제작자의 의도를 파악하여 극대화시키는 것이다.

문자화된 시나리오를 보이게 하고, 다른 사람의 말도 보이게 하는 일이니, 마치 음악을 그린 폴 클레나 칸딘스키에 비할 수도 있으리라. 말 대신 그리고 상상하고 적는다. 프로덕션 디자이너들은 자부심을 가져도 좋다. 대단히 창의적인 전문직이다.

매니저

매니저는 파악된 의도를 창조의 과정을 통해 결과물로 현실화하기 위한 방법으로 최소의 비용으로 최대의 효율을 올리기 위해서 현실성을 검토하고 프로듀서와 협의하여 일정, 예산, 인력 구성을 통해 운영, 관리, 실행하는 사람이다. 프로덕션 디자이너는 예술의 영역과 영화 산업 구조의 접점을 이해하는 통찰력을 가져야 한다. 그래야 손실 없이 팀을 운영하며, 완성도 높은 결과물을 낸다. 좌뇌 우뇌의 고른 운용을 기억하자.

커뮤니케이터

영화의 모든 요소인 연출, 촬영, 연기 등이 그러하겠지만 영화 미술 또한 설정이며 계산이며 연출이다. 소통은 영화 제작 참여자와 신뢰를 나누는 것이다. 특히 미술팀의 경우 많은 작업자가 서로 다른 단계에 개입하므로 각 참여자로 하여금 신뢰를 통하여 프로세스에 집중하게 하고 각자 맡은 바를 실수 없이 완수하도록 격려해야 한다.

영화를 만드는 사람들의 신뢰는 곧 그 영화를 보는 관객의 신뢰로 이어진다. 등장인물을 믿게 되면 등장인물이 만들어 가는 이야기(story)를 믿을 수 있듯이 프로덕션 디자인은 전 팀원이 하나가 되어 그 신뢰의 역할을 하는 것이다. 또한 소통은 영화 제작에 참여하는 배우와 스태프에게 신뢰를 부여하는 과정이다. 긴장감을 유발할 수밖에 없는 영화 현장에서는 서로 신뢰의 요건을 갖추어야 완성된 작업을 이루어 낼 수 있다. 일방적인 것이 아닌 서로 상호, 존중, 교류함으로써 가능하다.

영화 현장에서 누구보다 많은 사람들과 소통해야 하고 의견을 나누어야 하는 프로덕션 디자이너는 이 커뮤니케이터로서의 능력과 의지가 반드시 필요하다. 이 능력이 다소 부족하던 사람도 프로덕션 디자이너를 하다 보면 어느새 뛰어난 커뮤니케이터가 된다. 소통하지 않으면 작업이 불가능하기 때문에 유연하고 성숙한 성정을 가질 수밖에 없다. 좋아하는 일을 하면서 대인 관계도 성격도 부드럽게 바뀐다니, 괜찮지 않은가?

02 프로덕션 디자이너에게 필요한 자질

어떤 사람이 프로덕션 디자이너를 할 수 있느냐는 질문을 자주 받는다. 미적 감각과 안목은 기본이다. 기본기로 가지고 태어났다면 그만큼 작업이 효율적이다. 미술 대학교에서 전문적으로 공부를 하였다면 도움이 될 것이다. 공간 감각, 미술적 감수성, 기억력, 시각적 분석 능력도 도움이 된다.

그러나 이런 기본기를 가지고 있다고 해도 학교와 현장에서 개발해 나가야 할 다른 분야가 기본기보다 더 중요하다고 생각한다. 예를 들어 어떤 시나리오를 받아 시각화하려면 기본적으로 그 시나리오의 배경, 인물, 상황에 대해 집요한 호기심과 탐구심이 필요하다. 즉 대상에 대해 세밀히 조사하고 공부하려는 자세를 갖추어야 한다. 그것이 없으면 시나리오를 읽을 때, 각 캐릭터의 성격과 배경에 따른 공간, 의상, 소품, 그 어느 것도 시각화할 수 없다. 고증, 책, 인터뷰, 사료, 현장 답사 등 모든 방법을 동원해서 그 이야기가 실제인 것처럼 시각화하지 못하면 당연히 영화도 성공할 수 없다.

프로덕션 디자이너의 경영 마인드는 특히 꿈에 부풀어 영화계에 진입한 젊은 프로덕션 디자이너들이 현장에서 당황스럽게 직면하는 문제이기도 하다. 미술적인 감각이 뛰어나 프로덕션 디자이너로 일을 시작한 신참이라고 해도 같이 일하는 현장 스태프만 수백 명이 된다. 그의 팀원만도 영화의 규모에 따라 수십 명에 이른다.

미술팀하고만 일을 하는 것이 아니라 각 파트가 맞물려 돌아가는 거대한 기계인 영화 현장에서 경영 능력이 없으면 문제가 크다. 무엇보다 영화 크랭크 인 전에 완성되어야 하는 세트와 실제 영화가 제작에 들어가야만 지급되는 미술비의 사이에서 치밀하게 자금을 운용하지 않으면 안 된다.

경영 마인드는 기본적인 재무재표를 보는 법에서부터, 수백 개에 이르는 아웃소싱 업체들과의 납품과 결제, 사고의 위험이 늘 도처에 있는 미술부 작업의 위기 관리까지 많은 분야에 대해 지식, 경험, 예측 능력을 고루 갖추어야 함을 말한다. 학교에서 배우는 부분보다 현장에서 배우는 영역이기도 하지만 학교에서 또는 스스로 공부를 하고 현장 작업에 임한다면 그만큼 시행착오를 줄일 수 있는 중요한 영역이다. 이러한 능력을 가지고 소통을 해야 스태프를 관리할 때 신뢰를 얻을 수 있고, 신뢰는 곧 작업의 효율성으로 직결되므로 결코 간과해서는 안 된다.

무엇보다 프로덕션 디자이너에게 중요한 자질은 평소 많은 책, 영화 등의 간접 경험과 살면서 쌓는 직접 경험이다. 이 두 가지 영역 모두 중요한데, 그중에서도 간접 경험의 풍부한 축적을 강조하고 싶다. 우리는 태어나 하나의 삶밖에 살지 못하기 때문에 간접 경험을 통해 여러 사람의 삶을 살아 보는 경험이 시나리오를 분석하고 해석하는 데 매우 중요하기 때문이다.

예를 들어 〈사도〉의 프로덕션 디자이너라면 영조의 삶 안으로 들어가야 한다. 마음에 들지 않는 아들을 가진, 어떻게든 권력을 지켜야 하는 초조한 왕의 마음을 이해하려면 영조가 느꼈을 감정, 고통, 시련에 빙의되어야 한다. 영조뿐 아니라 사도세자에게도 빙의되어야 한다. 옷조차 갑갑해서 입지 못했다는 울화 가득한 왕자가 아버지 손에 의해 뒤주에서 죽기까지 서서히 해체되는 그를 시각화하려

〈사도〉의 영조와 사도세자.

면 아버지의 히스테리와 변덕에 지쳐 가며 끝내 인정받지 못한 외로운 왕자의 마음으로 들어가야 한다.

즉 평생 영화 작업에서 누군가의 삶을 대신 살아야 하는 프로덕션 디자이너에게 간접 경험은 그만큼 풍부한 상상력과 공감력을 이끌어 내며, 이것은 선명하고 구체적인 시각화 작업 능력을 키워 준다. 여기에 더해, 개인이 살며 겪는 여러 가지 직접 경험이 더해지면 프로덕션 디자이너의 세계는 훨씬 풍성해진다.

직접 경험은 어쩌면 사소한 것들이라 이내 기억에서 사라지거나 의미 없는 일상에 묻히곤 하는 시간의 기록들이다. 아주 사소한 것이어도 기록을 하거나 그때의 내 경험과 생각을 정리해 두면 나중에 의외로 긴요한 실마리로 사용되기도 한다. 뛰어난 작가와 미술감독들이 공통적으로 활자 중독에 메모 습관이 있었다는 것을 잊지 말자.

03
미술적 요소

프로덕션 디자인에서 미술적 요소의 중요성은 새삼 강조할 필요가 없다. 학생시절 미술시간에도 배운 기본 상식이지만 이것을 정확히 알고 구분할 줄 알아야 각 요소를 결합, 변형, 응용할 수 있다.

자연미와 조형미

자연에는 질서와 규칙이 있고, 사람의 마음에 감동을 주는 미의 요소와 원리들이 숨어 있다. 자연미는 이렇게 자연 그대로에서 느껴지는 아름다움을 말하는 것으로 산의 능선, 나무, 식물 등에서 형의 아름다움을 느낄 수 있다.

반면 조형은 여러 재료를 이용하여 디자인의 생각이나 느낌을 눈에 보이는 형상으로 만들어 내는 것이다. 조형미는 사람이 자연에서 받은 아이디어를 바탕으로 환경과 생각, 감정을 담아서 인공적으로 창조한 조형물에서 느낄 수 있는 아름다움이다.

프로덕션 디자이너는 시나리오가 표현하는 문화, 기후, 역사, 민족 등 환경 요소를 고려하여 조형물을 디자인하기 때문에 그 시대의 환경과 문화뿐 아니라 생각과 감정까지 표현해야 한다.

조형미에는 미적인 요소와 원리들이 있다. 조형의 요소는 점, 선, 면, 형, 색, 질감, 명암, 양감, 공간, 동세 등으로 조형 활동을 구성하고 있는 기본적인 요소들이며 조형의 원리는 비례, 균형, 조화, 율동, 대비, 강조, 변화, 통일 등 조형 요소들을 배치하고 조합하는 방식이다. 그렇다면 조형의 요소와 원리들을 간단하게 살펴보면서 그것이 어떻게 미술 작업으로 연결되는지 알아보자.

조형의 요소

점, 선, 면, 형 – 점은 조형의 가장 기본 단위로 방향이나 면적 등은 갖고 있지 않고 위치만 가지고 있는 것으로 점의 개수, 위치, 밝기, 크기, 재료, 다른 점과의 관계 등에 따라서 형태나 움직임, 공간감을 나타낼 수 있고, 독특한 느낌을 전달할 수 있어, 점들 사이의 간격이 좁으면 **빠르고** 수축된 느낌을 주고, 점들 사이의 간격이 넓으면 느린 느낌을 갖는다.

점의 크기를 점점 크게 작게 하면서 운동감이나 공간감을 줄 수도 있으며, 점을 포개어서 새로운 형태를 만들 수도 있다.

점

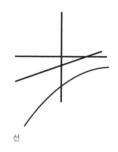
선

　선은 2개 이상의 점이 연결된 것으로 위치와 방향을 갖고 면적이나 부피는 갖지 않는 것으로 어떤 형상을 표현하는 가장 친숙하고 기본적인 조형 요소이다. 드로잉, 회화 등에 필요하며, 사물의 형태를 그리는 것 외에도 명암, 강약, 질감, 공간, 움직임의 표현에 유용하게 쓰이며 선의 길이, 굵기, 방향, 밝기, 표현 재료, 선들의 간격 등에 따라 리듬과 감정을 전달할 수 있다.

　점을 어떻게 연결하느냐에 따라 직선, 곡선이 만들어진다. 직선은 남성적이며 속도감, 긴장감, 직접성, 예리함, 명쾌함, 간결함 등의 느낌을 전달하고 곡선은 여성적, 유연성, 풍요로움, 우아함, 간접성, 경쾌함 등의 느낌을 주로 전달한다. 선은 굵기나 각도에 따라서도 다른 느낌을 갖는데 가는 선은 섬세함, 예민함을, 굵은 선은 대담함, 둔탁한 느낌을 갖게 한다. 수평선은 평평함, 균형감을 주고 수직선은 굳건함, 상승감을 주며 대각선은 역동적인 느낌을 준다.

면

　면은 점과 선이 여러 개 모여서 만들어진 표면으로서 평면, 곡면 등 다양한 면들을 만들 수 있고 길이와 넓이를 갖게 된다. 면은 그 자체로는 깊이를 가지고 있지 않지만 면에 색채 효과를 주어 공간이나 입체의 느낌을 주는 것이 가능하며, 주어진 공간을 나누거나 두 개 이상의 면을 겹쳐서 새로운 면을 만들어 낼 수 있다.

　형은 점, 선, 면이 만나 이루는 윤곽선을 따라 형성되고 보여지는 모양으로서 직선형과 곡선형으로 나뉘고 기하학적인 형과 비기하학적인 형 또는 고유한 형과 변형된 형으로 나눌 수 있다. 기하학적인 형은 수학적인 법칙과 질서로 만들어진 형태로 규칙적이고 단순하며 강한 질서가 느껴지고 간결, 확실, 명료, 질서, 인공적인 느낌을 주며, 비기하학적인 형은 식물과 같이 자연발생적 특징을 지닌 형태로 부드럽고 따뜻한 감성과 정신적 안정이 느껴져서 우아함, 유연, 불규칙, 복합적인 느낌을 준다. 형은 2차원 평면 상태의 모양이고 형태는 3차원 입체 상태의 모양이다.

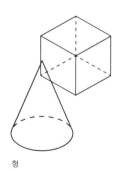
형

빛의 삼원색

색의 삼원색

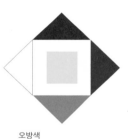

오방색

색 – 빛의 삼원색은 빨강, 초록, 파랑이며, 색의 삼원색은 빨강, 파랑, 노랑이다. 색은 색상, 명도, 채도의 3속성을 가진다.

색상은 주황, 빨강을 중심으로 한 따뜻한 느낌을 주는 난색계, 파랑을 중심으로 찬 느낌을 주는 한색계, 녹색이나 보라처럼 따뜻하거나 찬 느낌을 주지 않는 중성계로 나뉘며, 색상환에서 서로 반대편의 색은 보색이다.

명도는 색의 밝고 어두운 정도를 말하며, 채도는 색의 순수하고 선명한 정도를 말하고, 색상이 없는 무채색, 색상이 있는 유채색으로 나타낸다.

또한 색은 색상 대비, 명도 대비, 한난 대비, 채도 대비, 보색 대비, 면적 대비, 연변 대비 등으로 대비 효과를 가진다.

색상 가운데 빨강은 정지나 금지를 나타내고 노랑은 주의나 준비를 나타내며 주황은 위험을, 검정은 죽음과 어둠을, 초록은 안전과 생명을, 흰색은 청결과 위생 등을 뜻한다.

한국은 한민족 전통의 오방색을 써 왔는데 오방색은 각 방위마다 정해진 색상이 있고 그 각각에 깊은 의미가 담겨 있다. 동쪽의 색인 청색 즉 파랑은 봄을 나타내며, 남쪽 색인 적 즉 빨강은 여름을 의미한다. 서쪽의 백 즉 흰색은 가을을 의미하며, 북쪽인 흑 즉 검정은 겨울을 의미하고, 중앙은 황 즉 노랑으로 토(土)를 의미한다.

고광부
중명부
암부
그림자
반사광

질감, 명암, 양감 – 표현 대상의 성질을 느끼게 하는 조형 요소로서 질감, 명암, 양감이 있다. 질감은 손이나 눈으로 느끼는 물체 표면의 성질로 감각적인 느낌과 정서를 전달한다. 명암은 빛의 방향에 따른 밝고 어두움이다. 사물에 명암이 생기면 현실과 같은 입체감이 생기며 마치 부피, 무게, 덩어리를 가지고 있는 것처럼 느끼게 된다. 이런 느낌을 양감이라고 한다. 양감을 통해 우리는 대상의 크기, 부피, 두께, 무게 등을 동시에 감지해서 하나의 덩어리처럼 느끼게 된다.

양감은 안정감, 입체감을 전달하며, 명암은 양감을 느끼게 하는 핵심적인 방법이다. 밝고 어두움을 나타내는 명암은 반드시 빛이 있어야 표현이 가능하며 빛이 강하게 비치는 곳은 밝고, 빛과 멀리 있거나 등지고 있으면 어두워지고 빛의 방향이 달라짐에 따라 밝고 어두운 위치가 달라진다. 명암은 고광부, 중명부, 암부, 그림자, 반사광의 단계로 표현된다.

공간, 동세 - 공간감은 공간에서 오는 느낌을 말하는데 실제 공간뿐 아니라 심리적 공간도 의미한다. 공간감은 원근감과 실제감을 주는 거리와 깊이를 통해서 표현된다. 대상을 겹쳐지게 그려서 뒤의 대상을 가리는 중첩법이나 소실점을 이용해 가까운 대상은 크게 그리고 먼 대상은 작게 그리는 원근법 등을 통해 평평한 평면에 입체적인 공간감을 나타낼 수 있다.

동세는 활동적인 운동감 즉 움직임을 표현하는 것이다. 일반적으로 동세는 표현된 대상이 실제로 활동적인 자세를 하고 있을 때 느껴지는데 표현 그 자체에서 느껴지는 움직이는 듯한 인상과 실제 대상 자체가 물리적으로 운동하는 모습 모두를 통해서 표현 가능하다. 동세는 역동적 느낌, 긴장감, 방향성을 느끼게 한다.

원근법과 중첩법을 통해서 표현된 공간감

조형의 원리

비례와 균형 - 비례는 전체와 부분, 또는 부분들 간의 상대적 크기를 나타낸다. 비례가 어떠한가에 따라 아름다움, 엉뚱함, 재미 등 다양한 느낌을 받게 된다.

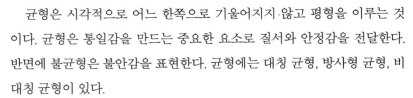

비례와 균형

균형은 시각적으로 어느 한쪽으로 기울어지지·않고 평형을 이루는 것이다. 균형은 통일감을 만드는 중요한 요소로 질서와 안정감을 전달한다. 반면에 불균형은 불안감을 표현한다. 균형에는 대칭 균형, 방사형 균형, 비대칭 균형이 있다.

조화와 율동 - 조화는 조형 요소들 간의 어울림으로서, 성질이 다른 두 개 이상의 요소들이 서로 차이를 가지고 있으면서도 어울리고 혼합되어 전체적으로 통일된 느낌을 주어 감각적인 효과를 발휘하는 것을 말한다.

연결과 반복은 조화를 이루는 효과적인 방법이다. 두 요소의 양쪽에 비슷한 색, 명암, 질감 등을 사용하여 자연스럽게 통일성을 주어 연결시키거나, 색, 명암, 질감이 다르지만 비슷한 모양이나 형태를 반복시켜서 조화를 이룰 수도 있다.

조화와 율동

율동은 살아 움직이는 듯한 시각적 리듬감을 표현하는 것으로 규칙적인 반복이 만들어 내는 시각적 리듬감이며, 생명력과 존재감을 가장 효과적으로 전달하는 원리로서, 반복, 방사, 점이(漸移) 등으로 표현한다.

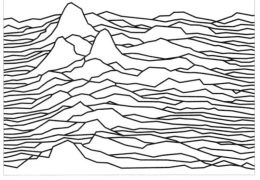

대비와 강조

대비와 강조 - 대비는 대조와 같은 의미로 서로 반대되는 요소들이 만나면 강한 자극을 주는 느낌을 표현하는 것이다. 크고 작음, 여자와 남자, 곡선과 직선, 원과 다각형, 따뜻한 색과 차가운 색, 부드러움과 거칠음 등 서로 반대를 이뤄 대립되는 형태나 색채 요소들을 함께 배치하여 변화를 주거나 강하게 느껴지게 하는 것을 말한다.

강조는 전체의 어떤 특정한 부분만을 강하게 표현하는 것으로 중요한 부분과 그렇지 않은 부분을 다르게 나타내기 위해 우선순위 별로 강약을 주고자 할 때 사용한다.

통일과 변화 - 통일은 일정하게 반복되어 일치하거나 조화를 이루는 것으

통일과 변화

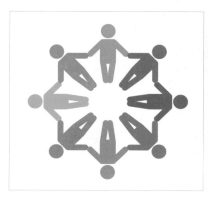

로 시각적 질서와 안정감을 주는 하나됨의 표현이다. 통일은 안정감과 질서정연한 느낌을 주지만 지나치면 지루하고 단조로울 수 있다.

변화는 전체에서 부분적으로 차이를 주어 생동감과 다양성을 만드는 차이를 말하는 것으로 통일과 변화가 조화를 이루어야 한다.

시간 표현 – 영화 미술에서 미술적 요소는 새 것만 사용하는 것이 아니라 시간의 흐름을 분석하여 시간적 의미를 표현해야 한다. 시간의 표현은 색 (색상, 명도, 채도), 질감, 명암, 양감의 미술적 요소를 사용하여 조형을 찾아 자연스럽게 표현해야 한다. 시간 표현의 범위는 장소, 공간, 데코레이션, 소품, 의상, 분장, 헤어의 모든 프로덕션 디자인 영역에 관여하며, 이것을 영어로는 에이징(aging)이라고 하고 일본어로는 '간지(感じ, かんじ)'라고 한다.

에이징은 시간이 지남에 따라 색이 변색되거나 퇴색되는 것을 표현하는 것으로 장기간에 걸쳐 사용하는 물건에 색채 배색을 할 때는 재료의 변질을 고려하여 색을 선택하는 것이 바람직하다. 예를 들면 천연 목재와 똑같은 색의 나뭇결 무늬 PVC 시트를 병용했을 때 재료의 변질에 의하여 색이 변하면 수년 후에는 색채가 어울리지 않게 된다. 반면에 고풍스럽게 보

시간 표현

이는 처리를 하는 것으로 신품 가구에 퇴색된 듯한 도료를 사용하여 도장하거나, 오염된 듯한 착색제를 칠하면 자연 상태에서 장시간에 걸쳐 이루어지는 변화를 인공적으로 단시간에 목표한 상태로 변하도록 할 수 있다.

3. 한국의 프로덕션 디자인

한국의 영화 미술은 90년대에 큰 변화를 하게 되는데 그것은 한국 영화 시장의 배급과 유통이 간접 배급에서 직접 배급으로 전환된 것과 멀티플렉스의 탄생과 무관하지 않다고 생각된다. 직접 배급과 멀티플렉스의 보급으로 한국 영화 산업은 양과 규모 면에서 엄청나게 커지면서, 그에 못지않은 질적인 면도 추구하게 되었다. 시나리오, 연출, 촬영, 편집, 녹음, 음악뿐만 아닌 영화 미술의 질적인 향상을 요구하게 된 것이다.

1950년대 한국 영화가 산업으로 성장하던 시기부터 1990년경까지는 영화 미술의 체제가 프로덕션 디자인이라는 시스템 없이 세트, 소품, 의상, 분장 영역을 분배하여 운영되어 왔다면 90년대 이후부터는 한국의 영화 미술이 커다란 변화와 발전을 맞게 된 시기라고 볼 수 있다. 즉 젊은 미술 전공자 및 작가들이 영화에 들어오면서 기존의 체제와는 달리 확장된 영화 미술을 시작하면서 콘셉트를 정하고 그 콘셉트에 일관된 세트 디자인, 세트 데코레이션 및 캐릭터 디자인을 시도하면서 시각적 요소를 발전의 발판으로 삼았던 것이다. 젊은 작가들은 미국 영화 산업의 표준화를 이해하고, 영화 미술이 프로덕션 디자인의 체제하에 관리·감독·운영되기를 원했다.

90년대 이현승 감독의 〈그대 안의 블루〉(1992)에 홍익대학교 시각디자

인학과 안상수 교수가 '아트디렉터'라는 직책으로 참여하면서 미술 분야의 변화가 예고되었고, 1999년 김성홍 감독의 〈신장개업〉에 상명대학교 영화학과의 최병근 교수가 최초로 프로덕션 디자이너라는 직책으로 참여하면서 프로덕션 디자인의 체제와 명칭이 정립되었다.

그 시기 유입된 작가로는 신보경(1994, 〈세상 밖으로〉), 강승용(1995, 〈테러리스트〉), 김기철(1995, 〈맨〉), 이경(1995, 〈네온 속으로 노을지다〉), 최정화(1995, 〈301 302〉), 박일현(1998, 〈쉬리〉), 황인준(1999, 〈유령〉), 김선주(2001, 〈나쁜 남자〉), 류성희(2001, 〈꽃섬〉), 신점희(2002, 〈오아시스〉), 양홍삼(2002, 〈피도 눈물도 없이〉), 조근현(2003년, 〈장화 홍련〉), 조화성(2003, 〈내추럴 시티〉) 등이 있고 공중파 방송 미술에서 활약한 주병도(1992, 〈영원한 제국〉), 민언옥(1999, 〈춘향전〉) 등이 있다.

2018년 현재는 한국 영화미술감독조합의 미술감독으로 강소영, 강승용, 김민오, 김병한, 김시용, 김영희, 김인양, 김종우, 김지수, 김지아, 김지윤, 김진철, 김효신, 류성희, 박일현, 박재현, 박지현, 배정윤, 백경인, 송혜진, 신보경, 신점희, 신현무, 양홍삼, 오규택, 이나겸, 이목원, 이미경, 이민복, 이민아, 이봉환, 이승한, 이요한, 이정우, 이종건, 이종필, 이진호, 이하준, 이현주, 이후경, 전인한, 정은정, 조화성, 지현서, 채경선, 최기호, 최유리, 최효영, 하상호, 하수민, 한아름, 허자연, 홍재선, 홍주희, 황인준, 황주혜 등 50여 명이 왕성한 활동을 하고 있으며 괄목할 발전을 하고 있고, 한국 영화 미술의 프로덕션 디자인 세대를 구축하며 새로운 한국 영화 미술을 이끌어 가고 있다.

1991년부터 1999년까지를 한국 영화 미술의 프로덕션 디자인 도입 시기라고 하면, 2000년대는 정착 시기라고 할 수 있으며, 2010년대부터는 발전 시기라고 할 수 있다. 2000년부터 2010년까지 약 10년간은 한국 영화가 양적으로나 질적으로 큰 발전을 하면서 영화 미술 또한 발전하였다.

2018년 한국 영화 미술은 그 체제가 프로덕션 디자인, 아트디렉터, 아트 수퍼바이저, 아트 코디네이터, 콘셉트 디자인, 아트 디렉터, 세트 디자인, 세트 데코레이션, 세트 드레서, 프롭마스터, 의상 디자인, 메이크업, 헤어 등으로 더욱 전문화되고 깊이 있게 발전하고 있다. 그러나 영화산업 근로 표준화의 보편적 노동과 그에 대한 보상, 복지에 대해서는 문제점들을 안고 있고 한국 영화 산업 근로 표준 방식에 대한 한국 영화업계의 합의는 아직 미비한 상황이다.

한국에는 프로덕션 디자인을 전문적으로 가르치는 교육기관은 없지만, 상명대학교, 용인대학교, 한국예술종합학교 등에 영상 미술, 무대 연출 및 무대 디자인 등 영상 미술 관련학과가 있고, 대학의 영화학과에서는 한 학기 정도 영화 미술 관련 수업이 배정된 상황이며, 영상 관련 고등학교도 있다. 그리고 순수미술, 디자인 전공자들과 작가들이 영화 미술 작업 현장에 바로 입문하는 경우도 많다.

아는 사람에게만 보이는 '그런 것'

　　내가 영화 〈사도〉의 미술감독이라는 것을 뒤늦게 안 친구들은 늘 말이 없었던 내가 거친 영화 일을 하고 있는 것을 신기해한다. 사도 세자와 영조 이야기가 나와서 아버지와 아들의 방 세트를 지을 때 이야기를 했더니 영화를 다시 봐야겠다며 흥미로워했다. 영화 볼 때 '그런 것'을 보지 못했다는 것이다. '그런 것'을 하며 20년 넘게 지내 온 나는 그 말이 별로 서운하지 않다.

　　굳이 미술에 눈이 가지 않도록 자연스럽게 그 시대에 인물을 앉혀 놓았다는 것으로 내 일은 끝이다. 사실 미술에 대한 관심을 가지고 영화를 보면, 같은 영화도 두세 번 보면서 흥미로워진다. 저 장면에서 미술감독이 왜 하필 저것을 썼을까 생각해 보면 영화의 스토리를 미술을 통해 알아 가는 재미가 있다. 물론 영화는 이야기를 따라가는 것이 우선이지만, 미술에 관심이 있거나 이쪽 일을 하고 싶어 하는 사람이라면 흥미로울 수 있다.

　　예를 들면 〈사도〉에서는 미술이 아버지와 아들의 갈등을 그대로 따라간다. 영조의 방은 옐로 톤의 황금빛이고 사도의 방은 청운의 꿈을 상징하는 블루 톤이다. 벽에 걸린 그림이나 글씨에도 하나하나 모두 의미가 있다. 영조의 방 벽은 깎아지른 절벽 괴석도가 그려져 있다. 돌의 방이다. 왕의 날카로운 심리적인 상태를 깎아내린 절벽으로 표현했다. 그림은 표구 형태가 아니다. 벽지처럼 모든 공간이 장지문 전체에 그려져 있다. 보통 왕의 방에는 아무것도 없고 보료만 있다. 왕은 물건을 가질 필요가 없는 사람이다. 세상이 다 그의 것이기 때문이다. 그래서 벽의 그림이 더욱 압도한다.

　　하지만 사도세자의 방 그림은 즐거운 물고기가 유영하는 그림, 어락도이다. 방 문은 파란색이다. 물고기는 신분 상승, 급제, 출세를 의미하며 자유분방한

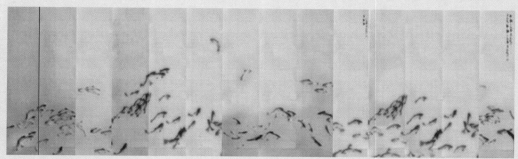

〈사도〉의 영조 방에 그려진 그림(위)과 사도세자의 방에 그려진 그림(아래). 영조의 방은 깎아지른 절벽 그림을 통해 날카로운 왕의 심리를 드러내려고 한 반면 세자의 방은 물고기 그림을 통해 자유로운 왕자의 영혼을 나타냈다.

혈기에 갇혀 지내는 사도의 갑갑함을 표현한다. 사도가 숨어 있던 무덤방은 흙담, 흙벽에 무시무시한 옥추경이 적혀 있다.

〈사도〉에 나오는 병풍의 종류는 열두 가지이다. 각기 다른 의미가 있다. 일반 관객들이 이렇게 세심하게 각 장면을 분석하고 알아보는 경우는 드물 것이다. 그래서 이런 이야기에 "오~ 그래요?" 하고 귀 기울여 주니 다행한 일이다.

제3장

크리에이터
Creator

프로덕션 디자이너는 시나리오의 철저한 해석과 분석이라는 과정을 통해 영화의 시각화를 계획하고 설계하며 현실적으로 구현하는 역할을 한다. 프로덕션 디자이너는 미술적인 인성과 도구를 이용하여 기존에 존재하던 것들을 재해석하여 재현하거나 때로는 그것들을 뛰어넘어 전혀 새로운 창작의 세계를 표현해 내기도 한다. 즉 창의, 재현, 답습, 고증 등의 방법을 활용하여 한 편의 영화 속에서 하나의 세계관을 시각적 요소로 보여 주는 것이다.

또한 프로덕션 디자이너는 자신의 사상, 지식, 감각 등의 역량을 총 동원하여 창조한 영화의 세계관이 자기 자신이나 어떤 한 개인이 아니라 영화를 감상하는 많은 대중들에게 설득력을 갖고 그들의 동의를 얻을 수 있도록 해야 한다.

바로 이런 부분이 프로덕션 디자이너의 역할 가운데 크리에이터로서의 능력이 필요한 부분이다. 제3장에서는 크리에이터로서의 프로덕션 디자이너에 대해 살펴보려고 한다. 영역별로 크게 시나리오, 리서치, 콘셉트 디자인, 캐릭터 디자인, 세트 디자인, 세트 데코레이션, 소품 디자인, 특수 디자인 분야로 나누어 살펴보겠다.

1. 시나리오

영화는 시나리오에서 출발한다. 시나리오는 영화의 처음이자 끝이며 영화 제작 프로세스의 출발점이자 지표이다. 시나리오 안에 한 편 영화의 모든 질문과 답이 들어 있다.

그러나 시나리오는 온전히 글자, 즉 문자로만 이루어져 있다. 그 문자들이 영상화되기 위해서는 시각화라는 작업이 필요한데 프로덕션 디자인은 그런 문자들을 처음으로 시각화하는 역할을 한다. 그러므로 문자, 즉 시나리오를 어떻게 이해하고 해석하고 분석하는지는 프로덕션 디자인 프로세스에서 그 중요성을 아무리 강조해도 지나치지 않은 부분이다. 시나리오의 시각화가 프로덕션 디자인이 해결해야 할 과제이며 제출해야 할 답이라고 할 때 그 과제와 문제의 출처가 바로 시나리오이다. 답을 찾기 위해서는 문제와 물음을 잘 알아야 한다. 시나리오가 바로 문제이며 물음이다.

순수 미술 장르와 같은 창작 과정은 작가 개인의 의문에서부터 작업이 시작되지만, 영화 제작을 위해서는 아이디어에서 시작해 이야기를 구체화한 시나리오가 기본이 된다. 영화는 지향하는 목표가 시나리오 안에 주어져 있다. 그것도 '누가, 언제, 어디서, 무엇을, 어떻게, 왜' 한다라는 6하 원칙으로 말이다. 그래서 시나리오를 영화 제작의 기본 설계도라고 한다. 모든 물음과 정답이 시나리오 속에 있는 이유이다.

그러므로 프로덕션 디자이너는 시나리오에 대해 잘 알고 있어야만 한다. 시나리오를 안다는 것은 크게 세 단계로 나누어 생각해 볼 수 있다. 시나리오 이해, 시나리오 해석, 시나리오 분석의 과정이다.

01
시나리오
이해

시나리오의 이해는 시나리오라는 형식에 대한 이해를 말한다. 시나리오의 기본이 되는 이야기 창작과 3막의 구조, 플롯에 대해 이해하고 실제로 어떠한 방식으로 이야기가 시나리오로 구체화되는지를 알아야 한다. 그러기 위해서는 시나리오의 개념, 형식과 구성, 시나리오를 이루는 대사와 지문에 대해 알아야 한다.

시나리오는 이야기다

시나리오를 일반적으로 영화 대본(movie script)이라 하며, 영화 각본 또는 영화 극본(play)이라고 하기도 한다. 시나리오의 본바탕을 이루는 요소들을 모아서 구성하는 것 중 아무런 조건을 붙이지 않아도 절대적인 것은 이야기(story)이다.

이야기는 일정한 줄거리를 가지고 글을 만들면서 등장인물을 설정하고 인물의 관계를 중심으로 사건들을 만들어 내고 인물을 통해서 전달되는 대사와 행동에서 그들의 내면 세계에 있는 생각, 감정, 욕심, 욕망이 드러나도록 한다.

시나리오 작법의 첫번째는 먼저 이야기의 소재를 설정하는 일이다. 소재는 이야기를 만드는 데 바탕이 되는 재료로서 시나리오 작가나 연출자가 말하고자 하는 바를 나타내기 위해 선택하는 수단이면서 작품의 전체 방향을 결정하는 중요한 단계이다.

그 다음 단계로 주인공과 등장인물을 설정한다. 주인공과 등장인물이 어떠한 인물 관계를 형성하여 어떠한 방식으로 대립과 갈등을 만들지에 대한 선택은 시나리오에서 가장 중요한 부분이다. 중요한 것은 확실히 갈

등, 대립 구조여야 한다는 것이며 명확한 갈등과 대립이야말로 시나리오의 이야기에 마음이 끌려 관심을 유발할 수 있는 것이다.

그리고 이야기의 배경이 되는 장소와 공간을 선택한다. 여러 가지 장소나 공간은 등장인물과 함께 이야기를 풍부하게 해 주는 중요한 요소이다. 각각의 장소들이 가지고 있는 상징적 의미를 함께 고려해 이야기의 주 무대로 활용할 수 있는 배경 또는 장소를 결정한다.

영화에서 시나리오를 가지고 최초로 극 영화를 만든 이는 마술사 겸 영화 제작자 조르주 멜리에스였다. 이제 시나리오는 영화 제작에서 가장 중요한 요소가 되었다.

시나리오의 유래

시나리오(scenario)라는 용어는 신(scene)이라는 용어에서 유래했다. 신(scene)은 연극에서 내용의 큰 단락을 세는 단위로 시간과 행위를 일정하게 구분하는 것으로 한 장면 한 막(幕, act)을 가리키는 것인데, 영화에서 한 단위의 시간과 공간을 구분할 때 사용되는 용어이기도 하다.

영화는 하나의 장면, 즉 신(scene)들이 모여서 전체 영화를 이룬다. 이렇게 이야기에 따라 진행되는 영화를 구성하는 기본 단위가 신으로 구분되는 장면들이고, 이 장면들에 대한 지시나 기록의 내용들이 시나리오를 구성하는 기본적인 재료가 된다.

영화의 근본을 구성하는 시나리오의 기본 특징은 주로 화면 위에 등장하는 이야기와 배우에 의해 만들어지는 행동과 대사 및 동작에 대해 알려주고 지시하는 것이다.

또한 촬영할 때나 후반 작업 과정에서 다루어질 특수효과나 컴퓨터 그래픽 등 필요한 여러 가지 정보도 아울러 매우 구체적으로 담겨 있는 설계도이다.

따라서 시나리오는 제한 시간 내에 이야기와 등장인물은 물론이고, 긴장과 서스펜스를 만들어 낼 수 있는 복합적인 이야기 요소들을 한 치의 흐

트러짐 없이 정교하게 나열해서 말끔하게 끝맺음함으로써 마지막 엔딩 크레딧이 올라가는 순간에 만족감을 제공해야 한다.

시나리오에서는 완결성이 작품에 대한 평가를 상당 부분 좌우한다고 볼 수 있다.

시나리오에 담겨 있는 여러 정보들 중에서 실질적으로 제작비와 직접적으로 연관되어 있는 것들은 제작사에 아주 중요한 요소들이다. 이 시나리오를 영화화하는 데 드는 비용이 얼마쯤 될 것이냐 하는 물음은 그들이 그 영화를 제작할 것인가 말 것인가를 판가름하는 데 결정적인 역할을 할 수밖에 없는 것이다. 따라서 시나리오는 이야기 전달과 후반 작업에 대한 지시를 할 뿐만 아니라 때로는 견적서의 역할까지도 한다.

시나리오의 구성

시나리오의 이야기는 일관된 주제를 가지고 여러 소재의 줄기로 진행되는 흐름을 가지고 있다. 아리스토텔레스가 〈시학〉에서 "모든 이야기에는 시작이 있고 중간이 있고 끝이 있다."라고 이야기한 것처럼 인류가 만들어 낸 이야기들은 처음, 중간, 끝으로 구성되는 3막의 구성을 피할 수 없다. 또한 기(起)·승(承)·전(轉)·결(結)의 4막과 발단·상승·위기·절정·결말의 5막이 있다.

기·승·전·결의 4막을 살펴보면 기(起)는 이야기를 시작하는 것이다. 본격적으로 이야기를 진행하기 전의 준비 단계이다. 그러나 단순한 준비 단계가 아니라 이야기의 각 부분을 치밀하게 계산한 단계여야 한다. 승(承)은 이야기를 발전시키는 것이다. 등장인물들이 본격적으로 등장해서 자신들이 풀어 갈 이야기를 하나하나 선 보인다. 전(轉)은 전환이고 역전하는 단계로서 스토리가 반전되면서 리듬감을 갖춘다. 긴장감을 고조시키며 몰입도를 높이는 단계이다. 결(結)은 기·승·전의 단계를 거쳐 이야기의 갈등 구조가 해소되고 결론에 도달하는 단계이다.

또한 발단·상승·위기·절정·결말의 5막 구조를 살펴보면 도입부(갈등의 시작) · 상승부(갈등의 전개) · 정점부(갈등의 폭발) · 하강부(갈등의 축소) · 파국부(대단원, 갈등의 종결)로 사용되기도 한다. 하지만 가장 좋은 스토리텔링의 조건은 논리적 구조가 뚜렷하고 분명해야 하며 이야기 흐름이 거침없이 미끈하고 아름다워야 한다. 그래서 일반적으로 좋은 이야기는 전체가 3막으로 구분되는 간단 명료한 스토리 구성이다. 즉 시나리오의 핵심 구조는 시작(설정), 중간(전개), 끝(해결)이다.

보통 120분 영화를 기준으로 했을 때 30분까지가 시작(설정) 부분인 경우가 일반적이며, 그 다음으로 60분 가량이 중간(전개) 단계 그리고 마지막 30분이 끝(해결)인 3막 구성을 따른다.

영화 상영시간의 1분이 통상적으로 한국어 시나리오 형식에서는 1/2쪽이 된다. 이를 근거로 다시 3막 구조의 분량을 계산해 보면 시작 30페이지, 중간 60페이지, 결말 30페이지로 환산할 수 있다.

시나리오의 형식

어느 하나의 아이디어가 한 편의 영화가 되는 기초 단계가 시나리오이지만 처음부터 바로 시나리오로 나오는 것은 아니다. 대부분 이야기가 완성되기 전 줄거리를 담는 시놉시스(synopsis)와 그 다음 단계인 트리트먼트(treatment)를 거쳐 시나리오로 발전한다.

시놉시스란 보통 영화의 줄거리를 말한다. 그러나 제작자나 감독에게 영화를 위한 시나리오 청사진을 제시할 때 가장 유용한 형식이 시놉시스이고 거기에는 주제, 기획 의도, 등장인물, 줄거리가 포함된다. 시놉시스는 전체 시나리오에 담길 내용을 미리 간략하게 요약하는 것과 같으며, 시나리오 전체의 내용을 미리 살펴볼 수 있게 해 준다.

트리트먼트는 시나리오의 바로 전 단계이다. 장편 시나리오가 대략 120페이지 정도라면 트리트먼트의 길이는 20~25페이지 정도이고, 주제, 기획 의도, 등장인물, 줄거리, 제작 예산 등의 내용이 포함되며, 투자를 받기 위한 제작기획서 역할을 한다.

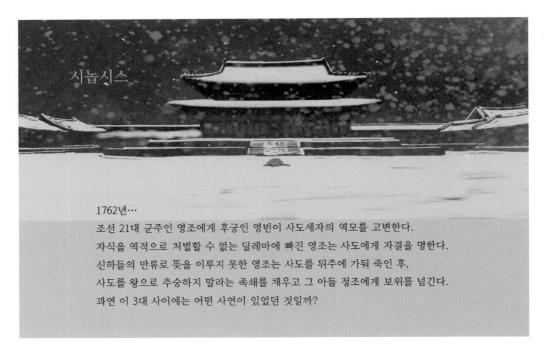

시놉시스

1762년…
조선 21대 군주인 영조에게 후궁인 영빈이 사도세자의 역모를 고변한다.
자식을 역적으로 처벌할 수 없는 딜레마에 빠진 영조는 사도에게 자결을 명한다.
신하들의 만류로 뜻을 이루지 못한 영조는 사도를 뒤주에 가둬 죽인 후,
사도를 왕으로 추숭하지 말라는 족쇄를 채우고 그 아들 정조에게 보위를 넘긴다.
과연 이 3대 사이에는 어떤 사연이 있었던 것일까?

〈사도〉의 시놉시스.
시놉시스는 시나리오
전체의 내용을 간략하게
요약한 것이다.

시나리오에서는 신(scene)이 가장 최소 단위인데, 장편영화를 위한 시나리오에는 보통 100~150개의 신이 있고, 신에는 플롯의 구성이나 배우의 대사, 동작 그리고 화면으로 보이는 것들에 대한 묘사가 들어 있다.

실제로 영화에서는 장소와 시간이 일정하게 진행되는 하나의 단위인 신보다 더 작은 단위인 쇼트(shot)가 존재한다. 이 쇼트는 카메라가 한번 촬영되면서 커트(cut)되는 순간으로 구분된 가장 최소 단위이다.

벽돌이 하나의 큰 집을 짓는 데 사용되는 것처럼 이 쇼트들이 모여 큰 단위의 영화가 된다. 카메라 움직임의 최소 단위인 커트, 혹은 쇼트들은 영화에서 필름의 조각을 가리키는데, 이런 쇼트들이 모여 시나리오의 최소 단위인 하나의 신을 이루게 된다.

신에는 시간과 장소라는 필요 충분 조건이 만족되어야 하며, 시간과 공간의 변화가 있으면 신도 변화해야 한다. 그리고 중요한 것은 신에서는 시간과 장소 그리고 대사와 지문을 통해 이야기를 전달해야 되는 것이다.

이런 신들 몇개가 모여 하나의 이야기 단위인 시퀀스(sequence)를 이루게 되는데 시나리오란 시퀀스들의 조합과 배열이라고 볼 수 있다.

대사와 지문

시나리오는 기본적으로 등장인물들이 나누는 대사로 이루어져 있지만 말이 아닌 행동이 대사만큼 주를 이루고 있다. 등장인물들이 만들어 내는 말들이 대사로 표현되게 마련인데, 대화나 말로만 표현될 수 없는 장면들은 수없이 많다. 대사와 행동은 서로 보완 관계에 있으며, 그 어느 것이 더 중요하다고 말할 수는 없다. 영화에서 지문이란 일종의 지시문으로서 배우의 행동을 구체적으로 지시하거나 그 장면의 배경을 설명해 준다. 따라서 주관적이거나 심리적인 묘사는 삼가고 행동에 대한 객관적인 묘사로 치장되어야 한다.

지문에는 몇 가지 종류가 있는데 장소를 묘사하는 지문, 행동을 묘사하는 지문, 성격과 심리를 묘사하는 지문이 있다. 그리고 특별히 사건이 진행되지 않고 단순한 이미지나 추상적인 화면으로 신 사이에 짤막하게 삽입되는 연결 신에는 한두 줄 정도의 간단 지문만 있어도 상관없다. 클라이맥스의 신에서는 자세한 행동의 묘사가 필요하기 때문에 한두 줄 정도에 걸쳐 묘사되기도 한다. 대사는 배우들이 하는 말이다. 대사를 통해서 각 인물들의 성격이나 심리가 드러나고, 대사는 이야기를 이끌어 가는 기본적인 원동력이 된다.

대사에는 둘 이상의 인물 사이에 오가는 말을 일컫는 대화, 당사자와 관객을 제외하고는 아무에게도 들리지 않는다는 설정으로 홀로 하는 말인 독백(獨白), 함께 등장하는 다른 배우들은 듣지 못하고 관객에게만 들리는 방백(傍白), 내레이션 등이 있다. 내레이션은 전지적 작가 시점의 해설로 많이 쓰이고, 영화를 이끌어 가는 인물의 시점으로 사건을 바라보는 심리나 생각을 표현할 때, 고백적이거나 설명적인 경우에 많이 쓰인다.

각색

각색은 영화의 모티브와 영화를 이루는 다양한 구성 요소들을 다른 매체의 작품으로부터 이끌어 내는 작업으로 공연, 문학, 음악, 애니메이션, 논픽션, 픽션 등 다양한 장르의 원작, 문장, 단어 등에서 구상할 수 있다. 각색 대상의 범위는 고정된 것이 아니기 때문에 일반적인 상황이나 에피소드, 인물, 심지어는 제목도 작품의 구상을 위해서 이용될 때가 있다.

또한 각색에서는 원본의 이야기, 인물, 대화가 문자 그대로 표현되기도 하지만, 영화는 독립적인 미학 체계와 기술 체계를 가진 매체이기 때문에 원작은 반드시 독특한 형태로 변형되어야만 한다. 무대 위에 올려진 연극을 곧바로 찍은 영화는 일부 관객에게는 흥미를 주겠지만, 대부분의 관객에게는 무미건조하고 지루하다. 픽션과 논픽션 소재들은 인쇄 매체에서만 존재할 뿐이고, 실제로 등장인물, 연기, 미술 장치 등을 스크린에 투사시키는 작업은 바로 영화감독에 의해 이루어진다.

영화감독은 드라마에 관심을 갖는 동시에 각 장면의 시각적 차원에 대해서도 관심을 기울인다. 그리고 관객은 등장인물의 대사 처리와 심리 연기를 보는 동시에 시각적인 측면, 즉 등장인물과 배경 무대를 카메라가 어떻게 표현해 내는지를 눈여겨 바라본다.

각색은 영화가 원작을 다루는 태도에 따라 크게 선택적 각색과 완전 각색으로 나누어 볼 수 있다. 선택적 각색이란 원작의 아이디어, 원작의 한 인물 등 원작의 중심을 이루는 중요한 요소를 택하되 원작과 별도로 독립적인 이야기를 전개하는 방식이다. 구로자와 아키라 감독의 〈란:1985〉은 세익스피어의 희곡 "리어왕"의 중요한 플롯을 이용한 영화이지만, 원작과 다른 이야기로 변형시킨 것이다. 완전 각색은 원작의 내용뿐만이 아니라 원작이 내포한 예술적 태도까지도 충실하게 재현하려는 입장으로 존 휴스턴(John Huston)의 영화가 대개 그렇다.

영화 제작자와 감독들은 동서고금을 통해 기초 드라마와 픽션의 스토리 라인을 이용하려는 경향을 보여 왔다. 특히 대중적으로 인기 있었던 작품을 선호하는데, 실제로 영화사를 풍미한 작품 중에는 베스트셀러 소설을 각색한 영화가 상당수이다. 빅터 플레밍(Victor Fleming) 감독의 〈바람과 함께 사라지다〉(Gone with the wind, 1939), 프랜시스 코폴라(Francis Fordcoppola) 감독의 〈대부〉(God Father, 1972) 같은 작품들이 이에 속한다. 위대한 고전소설의 경우에는 영화각색에 대해 늘 저항적인 자세를 취해 왔다.

영화는 등장인물의 내면이나 원작 언어가 지닌 문학적 함축성을 충분히 묘사해 낼 수 없기 때문에 예외는 있다. 조셉 스트릭(Joseph Strick)이 영화화한 제임스 조이스(James Joyce) 원작의 〈율리시스〉(Ulysses, 1967)의 경우, 감독은 원작의 언어와 정신을 그의 감각적인 해석과 묘사로 풍부하게 영상화했다. 셰익스피어 희곡의 영화 각색도 역시 도전할 만한 주목의 대상인데 셰익스피어 희곡을 성공적으로 영화화한 대표적인 본보기는 로렌스 올리비에(Lourence Olivier)가 감독한 〈헨리 5세〉(Hanry 5, 1944)가 있다.

각본, 즉 시나리오가 전체 도면이라면 각색은 상세 도면이다. 엔딩 크레딧에 각본과 각색이 각각 따로 올라가는 이유가 그것이다. 기본 각본을 바탕으로 영화의 형식에 맞게 세세한 디테일을 채운 각색 작업이 끝면 그대로 촬영에 들어가게 된다.

시나리오 용어

시나리오에는 시나리오에서만 쓰이는 용어가 있다. 시나리오를 제대로 이해하고 분석하기 위해서는 이 용어들을 잘 알아 둘 필요가 있다.

S# (Scene Number)	장면 번호
NAR (Narration)	화면 밖에서 들리는 소리, 설명 형식의 대사.
F. I (Fade In)	화면이 점차 밝아짐.
F. O (Fade Out)	화면이 차차 어두워짐.
O. L (Over Lap)	앞 화면에서 뒤 화면이 겹쳐지는 기법.
E (Effect)	효과음, 화면 밖에서의 음향, 대사에 의한 효과를 말한다.

C. U (Close Up)	어떤 대상이나 인물이 두드러지게 화면에 확대되는 것.
I.I (Iris In)	화면 속의 임의의 한 점을 원형으로 확대시키면서 화면을 나타내는 것.
I.O (Iris out)	화면이 천천히 닫히는 것.
PAN (Panning)	카메라를 상하 좌우로 이동하는 것.
T.B (Treck back)	피사체에서 후퇴하면서 하는 촬영.
T.I (Treck In)	피사체를 향해 카메라가 전진하면서 촬영하는 것.
L.S (Long Shot)	원경, 먼 거리에서 찍는 촬영.
C.S (Close Shot)	아주 가깝게 촬영하는 것.
C.B (Cut Back)	다른 화면을 번갈아 대조시키는 촬영 기법.
W.O (Wipe Out)	화면 일부를 닦아 내듯이 없애고 다른 화면을 나타내는 기법.
P.U (Pan Up)	카메라를 위로 움직여 촬영하는 기법.
P.D (Pan Down)	카메라를 아래로 움직여 촬영하는 기법.
D.E (Double Exposure)	두 화면이 포개지는 기법. 이중노출로서 회상이나 심리묘사에 쓰인다. DIS(Dissolve)와 같은 의미.
Ins (Insert)	한 화면에 다른 화면을 끼워 넣는 것.
Monologue	독백.
M (Music)	효과 음악.
Narratage	narration과 montage의 합성어로 영화에서 주인공이 회상하는 형식으로 과거의 사건을 이야기하게 하면서, 화면을 구성하는 표현 방법.
Montage	따로따로 촬영한 화면을 떼어 붙여서 편집하는 방법, 사건의 진행을 축약해서 보여 주는 효과가 있다.
Mob Scene	군중이 보이는 촬영.

02 시나리오 해석

시나리오의 해석은 내 생각, 나의 사고를 전혀 넣지 않고 오로지 그 시나리오를 쓴 창작자의 입장에서만 읽는 것이다. 이야기 전개에 따라 나에게 떠오르는 느낌을 따라가면서 시각화를 위해 온전히 물음만을 찾는 것이다. 읽는 이, 즉 프로덕션 디자이너의 판단이나 생각의 개입 없이 창작자, 즉 시나리오 작가의 생각만을 따라서 읽는다.

시나리오는 처음 읽은 순간의 첫 경험이 가장 중요하다. 나는 시나리오를 처음 받은 후 읽는 과정에서 첫 장을 넘길 때부터 마지막 장을 덮는 순간까지의 느낌, 감정, 감동을 꼭 기억한다. 영화 〈사도〉의 경우 시나리오의 첫 문장이 "왕이 춤을 춘다."였다. 완성된 영화에서는 영화의 도입이 다른 장면으로 편집되었지만 내 머릿속에서 〈사도〉의 첫 장면은 "왕이 춤을 춘다."로 각인되어 있다.

---

1. 화성행궁 봉수당 _ 낮 (프롤로그)
왕이 춤을 춘다.
미소를 머금고 음률에 맞춰 춤추는 왕의 얼굴에 눈물이 흐른다.
낡은 부채를 펼쳐 얼굴을 가리는 왕.

사 도
思
悼

2. 경희궁 침전 밖 / 안 _ 낮
침전 밖. 도열해 있는 별감들.

자막 : 첫째 날

침전 안.
융복으로 갈아입는 영조(69세) 뒤에 엎드려 고변하는 영빈(67세).

> **영빈**
> 어젯밤 세자가 저지른 일을 세자의 어미인 제가 아뢰는 것은... 오로지 전하의 목숨을 지키기 위함이옵니다.

> **영조**
> 영빈, 자네가 충신일세. 이 넓은 궁궐 안에 내 편은 자네뿐이야.

미동도 없이 앉아 있는 정순왕후(18세).

> **영빈**
> 하오나 세자가 그리한 것은 마음의 병 때문이니, 처분은 하시되 은혜를 베푸시고... 세손만은 보존하게 하소서.

〈사도〉 시나리오 첫 부분. 실제 완성된 영화에서는 시나리오대로 편집되지 않았다.

시나리오를 처음 읽을 때는 영화를 관람하듯이 머리로 영상을 그리며 문자를 읽어 간다. 혹 모르는 내용이나 문장, 단어가 있어도 개의치 않으며, 다 읽을 때까지 소요된 시간도 기억한다. 첫 번째 정독을 하고 난 후 느껴지는 감정을 기억하려고 하는 이유는 관객이 아무런 정보 없이 극장에서 스크린을 통하여 영화를 접할 때 어떻게 느낄지 그 감동을 연상하기 위해서이다. 스톱워치로 시간을 재면서 시나리오를 읽는다.

그리고 시나리오의 첫 번째 정독 후 느껴진 그 감정은 그 영화의 전체 작업 과정 내내 발생되는 모든 문제와 의문에 대한 해결책을 찾는 기준이 되어 준다. 이 과정이 바로 시나리오 해석이다.

03
시나리오
분석

시나리오가 무엇인지 이해하고 받은 시나리오를 정독함으로써 해석의 과정을 거쳤으면 다음은 시나리오 분석을 해야 한다. 시나리오 분석은 프로덕션 디자이너의 생각을 정립하는 과정이라고 할 수 있다.

시나리오 분석은 두 번째 정독부터 시작한다. 먼저 이해하지 못한 상황 또는 문장, 단어를 찾아 해결하고 충분한 이해가 되지 않았으면 서슴지 말고 시나리오의 최초 구상자인 시나리오 작가나 영화 제작의 중심인 연출자, 즉 영화감독에게 묻는다. 이미 이해했다고 생각하는 부분도 작가나 연출자를 통해 충분히 확인하는 절차가 필요하다.

시나리오 분석 방법

시나리오는 장르, 시대·시간 배경, 캐릭터, 구조, 영감, 자연과 환경, 미술적 요소로 분석한다.

장르 – 먼저 내용으로 구분을 하면 액션, SF, 코미디, 시대극, 아동, 미스터리, 스릴러, 전쟁, 스포츠, 청춘, 재난, 가족, 판타지, 다큐멘터리, 음악, 뮤지컬, 멜로, 로드무비, 성인, 종교 등이 있고, 형식 및 양식으로 구분을 하면,

무성 영화, 흑백 영화, 유성 영화, 특수촬영 영화, 3D 영화, 단편 영화, 장편 영화로 구분한다. 그리고 기타 컬트 무비, 교육 영화, 선전 영화, 실험 영화, B급 영화, 풍자 영화, 패러디 영화, 저예산 영화, 엑스플로이테이션 영화, 블랙스플로이테이션 영화, 독립 영화, 애니메이션 영화 등의 영화 장르가 있다.

실제 제작에서는 두 개 또는 그 이상의 장르가 합해지기도 하고 보다 큰 유형의 하부 양식을 취하기도 한다.

시대 배경 – 우선 연대기적, 시대로 구분하고 선사시대, 고대시대, 중세시대, 근세시대, 근대시대, 현대시대, 미래시대로 구분한다. 나라별로도 고유한 시대 배경이 있는데 한국은 선사시대, 고대(고조선, 부여, 옥저, 동예, 삼한)시대, 삼국(고구려, 백제, 신라)시대, 발해시대, 통일신라시대, 후삼국시대, 고려시대, 조선시대(전기, 후기), 대한제국시대, 일제강점기, 광복과 미군정시대, 한국전쟁시대, 근대(자유당 정권과 4·19혁명, 5·16혁명과 새마을, 근대화, 군부독재시대, 자유민주화), 현대, 미래로 구별하며, 두 개 이상 또는 복합적으로 시대를 설정하여 쓰기도 한다.

캐릭터 – 우선 일반적인 특성, 성별, 학력, 출생지, 성장 과정, 직업, 교육 등을 설정하고, 성향적인 특성, 취미, 문화, 사회성, 습관, 억양, 언어를 설정하고, 신체적인 특성으로 혈액형, 체중, 신장, 건강, 장애 요소를 설정하여 자연, 환경적 특성과 지역 요소를 분석하고 설정한다.

구조 – 3막, 즉 처음, 중간, 끝을 구분하며 또는 4막의 기·승·전·결이나 5막의 발단·상승·위기·절정·결말 등으로 구분하여 시점과 원인을 분석한다.

영감 – 분위기, 색채, 느낌, 톤, 광선, 질감 등을 말하며, 시나리오의 시간은 연대, 계절, 시간 등을 말한다. 시나리오 상의 자연현상에 따른 기후 등을 분석한다.

환경 – 지역, 장소, 공간, 상황 등을 분석한다.

프로덕션 디자이너는 이 모든 분석의 결과를 토대로 거기에 미술 요소인 색, 질감, 구도를 대입하여 디자인한다. 즉 장소, 세트, 세트 데코레이션,

〈사도〉의 시나리오 분석.
장소, 시간, 인물, 사건
별로 구분한 것이다.

순서	장소	세부장소	시간대	밤/낮	등장인물	
1	화성행궁	봉수당	정조	낮	왕	
2	경희궁	침전 밖, 안	현재_첫째날	낮	별감들, 영조, 영빈, 정순왕후, 도승지	
3	창경궁	동궁(저승전)실내	현재_첫째날	낮	사도, 내인들, 혜경궁	
4	창덕궁	선원전 앞	현재_첫째날	낮	별감들, 내금위장, 영조	
5	창덕궁	선원전 안	현재_첫째날	낮	영조	
6	창경궁	동궁(저승전)실외, 실내	현재_첫째날	낮	홍내관, 혜경궁, 사도, 내인들,	
7	창경궁	휘령전 안	현재_첫째날	낮	사도, 영조, 대신들	
8	창경궁	휘령전 마당	현재_첫째날	낮	영조, 사도, 내금위장, 별감들,	
9	창경궁	휘령전 문 밖	현재_첫째날	낮	채제공, 승지들, 세자시강원 관원들, 관원 1, 2	
10	창경궁	휘령전 마당	현재_첫째날	낮	사도, 영조, 내금위장, 별감들, 세자시강원 관원들, 관원1, 2, 채제공,	
11	창경궁	휘령전 밖	현재_첫째날	낮	별감들, 사도, 세손, 혜경궁	
12	창경궁	휘령전 마당	현재_첫째날	낮	영조, 사도, 내금위장, 별감들, 혜경궁, 세손	
13	?	편전	과거	낮	영조, 어린 사도, 중신들, 대신1, 2, 늙은 대신	
14	창경궁	인원왕후전(경춘전)	과거	낮	인원왕후, 정성왕후, 영빈, 사도, 내관	
15	?	세자시강원	과거	낮	사도, 시강원 빈객들, 관원들, 이천보,	
16	창경궁	동궁(저승전) 침전	과거	밤	사도, 최상궁, 영빈	
17	창경궁	휘령전 마당	현재_둘째날	낮	영조, 김상로, 김귀주, 김한구, 채제공, 도승지 등, 비구니, 소경박수, 내관, 기생, 별감들, 내금위 별감들, 내금위장	
18	창경궁	휘령전 문 밖	현재_둘째날	낮	세손, 영조(인서트), 혜경궁, 홍봉한, 홍인한	
19	창경궁	휘령전 마당	현재_둘째날	낮	영조, 김상로, 소경박수, #17의 등장인물들	
20	창덕궁	대조전 폐백실	과거	저녁	영조, 혜경궁, 사도, 인원왕후, 정성왕후, 영빈, 화완옹주, 여인들 등등	

소품, 의상, 분장, 헤어 등 분야별로 세분화하여 디자인을 설정하고 입체화하는 것이다. 동시에 프로덕션 디자이너는 그런 입체 환경이 다시 스크린이라는 평면에서 재현된다는 것을 고려하고 작업해야 한다.

연상 퀴즈

시나리오 분석의 방법 가운데 하나로 연상 퀴즈 방식을 들 수 있다. 즉 연상되는 단어를 나열하면서 시작하는 것이다. 연상 퀴즈는 하나의 주제어

	언급된소품	장소관련	언급안되었지만 있어야 할것
갖춰,춤추는 왕,왕의 눈물	낡은 부채		
아입고 막 나가는 영조	융복		
들, 나갈춘비	낡은 무명옷, 곤룡포, 익선관		
문을 통과	어가, 중무장한 별감들의 의상		
를끓고	향 연기, 숙종의 어진		
을 입는 사도	곤룡포		
영조의 명	인원왕후와 정성왕후의 신위, 향 연기		
책하고 칼을 뽑아던진다	내금위장의 칼, 별감들의 칼, 익선관, 용포, 낡은 무명옷, 창, 칼, 부적, 옥추경, 관 등등	담장, 전각의 문	
ㅣ. 채제공은 침묵			
하며 시강원 단원들과 별	칼, 부서진 관, 나머지는 #8과 그대로		
	뒤주	열린 문	
고 세손이 울며 빈다	뒤주, 뒤주 뚜껑에 쇠못		
찬받음	책상, 붓, 종이(사치) 등, 곤룡포, 무명 속옷		
얘기하고 공부하기싫다며	요리, 가마보코(어묵요리),		
유기 얘기꺼냄	책상, 효경,	좌식인듯	
안타까워함	비단 이불	휑하니 넓은 방, 열린 문틈	
무도 교지를 쓰지않겠다함	월대 위 보좌, 뒤주, 포박할 것들,	월대 위아래,	
세손과 나머지 지켜봄	폐세자반교가 쓰여질 지필묵들		
형되는 무당들,	폐세자반교가 쓰여진 종이		
옹주의 장난에 웃는 사도			

를 놓고 주제어에 연상되는 단어를 나열해 보며 누가 많이 단어를 나열하는가 혹은 역으로 단어를 나열해 놓고 나열한 단어들에서 연상되는 주제어를 찾는 퀴즈이다. 예를 들어 '어머니'라는 주제어를 놓고 연상되는 단어들을 나열해 보면 고향, 집, 희생, 눈물, 따스한, 품, 할머니, 밥, 성스러움, 믿음, 의지 등 수많은 형용사와 명사들이 나올 수 있다. 반대로 나열된 단어들을 보고 어머니를 연상할 수도 있다.

또는 하나의 소재를 놓고 사용 방법을 연상해 볼 수도 있다. 예를 들어 '벽돌'이라는 소재를 사용하여 무엇을 할 수 있는지를 연상해 보면, 집을 만든다. 어항을 만든다, 무기가 된다, 화단을 만든다, 테이블을 만든다 등을 연상할 수 있다.

그리고 연상된 단어들 가운데 미술적 콘셉트와 의도에 적합한 단어를 선택하고 취합하는 것이다. 그리고 취합되고 나열된 단어를 이미지화해 보는 것이다. 나열된 이미지는 곧 프로덕션 디자인의 길잡이와 아트 워크의 방향이 된다. 놀라운 것은 고등교육을 받은 어른보다 어린 아이가 더 많은 단어를 연상하며 상상한다는 것이다. 더 자유롭고 상상력이 뛰어나다는 반증이다. 연상하는 단어의 수량과 질이 상상력의 척도가 될 수 있으며, 상상력은 프로덕션 디자인의 중요한 척도가 된다. 또한 상상력이 부족하다면 평소에 이러한 훈련을 통해서 상상력을 계발하는 훈련이 필요하다.

콘셉트 결정

충분한 정독을 통해 시나리오의 내용을 확인하고 이해했다면 세 번째 정독부터는 시나리오 분석 요령에 따라 기획 의도, 스토리, 드라마의 기승전결, 희노애락, 분위기, 장르를 파악하여 콘셉트를 정한다. 그리고 등장인물, 장소, 공간, 시간, 계절 및 연대기 등의 미술적 요소를 파악하여 프로덕션 디자인의 아트 워크를 계획한다. '이 부분은 말이 안 되는걸', '이 부분은 너무 좋았어', '여긴 싫어' 같은 느낌으로 읽는 것은 물론이고 좋은 것은 더 좋

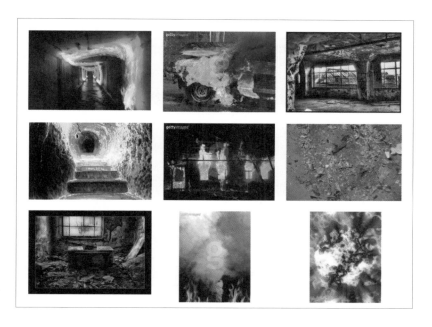

〈파이프 라인〉을 위한 연상 단어. 상상력은 프로덕션 디자인의 중요한 척도가 된다. 하나의 주제어를 놓고 거기서 연상되는 단어를 나열해 보는 '연상 퀴즈'를 통해 시나리오를 분석해 보는 것도 시나리오 분석을 위한 좋은 방법이다.

게, 나쁜 것은 좋게 해야 하기 때문에 대안을 머리에 두고 읽는다.

시나리오 분석에서 가장 중요한 기준은 각 등장인물의 관점으로 가상의 개인의 성장 과정이나 지나온 역사(history)를 설정하여 분석하는 것이다. 왜냐하면 시나리오가 이야기의 중심이며 인물이 모든 갈등의 중심이기 때문이다. 각각의 인물 중심으로 시나리오를 읽다 보면 기본적으로 주요 등장인물 수만큼의 정독과 독해를 해야 한다.

등장인물 수만큼 분석했다면 다음은 시나리오 작가, 연출자 및 각 부서의 관계자 입장에서도 분석해야 한다. 각자의 입장마다 분석의 관점이 다르고, 그 다름이 무엇인지를 찾고 해결하기 위해서이다. 어느 정도의 경지에 오르면 시나리오 작가가 타이핑했던 호흡까지도 느껴질 것이다.

시나리오와 미장센

영화는 함축된 시간을 보여 주는 영상이다. 다큐멘터리 기록물조차도 24시간, 360도의 앵글을 보여 주는 것이 아니라 필요한 핵심적인 요소만 보여 주는 것처럼 영화는 긴 시간과 이야기 전개를 제한된 시간과 화면 안에 함축해서 보여 주어야 한다. 시나리오 역시 그런 함축을 전제로 한 것이다. 미장센은 그런 화면상의 함축이 가능하도록 베이스를 깔아 주는 것이다.

미장센(mise-en-scene)은 카메라 앞에 놓이는 모든 요소들, 즉 연기, 세트 및 장치, 의상, 분장, 조명 등이 조화된 상태로 화면 내의 모든 것이 연기한다는 관점에서 영화적 미학을 추구하는 공간 연출을 말한다. 이는 스토리 위주의 영화보다는 주로 아트 영화에서 중요성이 강조되는 연출 기법이다.

프랑스어인 미장센은 '무대 위에 배치한다'라는 뜻이며 처음에는 연극 용어로 쓰이다가 영화 연출의 개념으로까지 확장되어 필름 프레임 속에 나타나는 요소들에 대한 감독의 주문이나 지시를 의미하는 데 사용하고 있다.

미장센이 처음으로 영화사에 중요한 문법으로 등장한 것은 프랑수아트뤼포(Francois Truffaut)와 앙드레 바쟁(Andre Bazin)에 의해 주도된 영화평론지 〈카이에 뒤 시네마〉(Cahiers du Cinema)의 영화 비평에서부터이다. 당시까지 영화의 주요 표현 양식으로 굳어진 몽타주(montage) 이론에 반대하는 미학적 개념으로 개진된 후, 이것은 영화의 공간적 측면과 리얼리즘 미학의 한 형식으로 정착되었다.

몽타주가 편집을 통해 영화의 주제를 드러낸다면 미장센은 한 화면 속에 담기는 이미지의 모든 구성 요소들이 주제를 드러내도록 하는 감독의 연출을 가리킨다. 즉 무심히 놓여 있는 꽃병 하나, 연기하는 배우, 지나가는 배경, 구축되어 있는 세트와 조명 등 그 모든 것이 하나의 장면 안에서 감독의 주제를 효과적으로 드러내기 위해 그 역할을 한다는 것이다.

따라서 미장센은 기존의 몽타주 영화와 달리, 짧게 편집하지 않고 긴 호흡으로 보여 주는 롱-테이크(long take)나 한 화면 속에서 일어나는 일이나 배치된 물건들을 선명하게 보여 주는 딥포커스 촬영(deep-focus photography)으로 원하는 효과를 낼 수 있다.

미장센은 한 화면의 내부에 동시다발적으로 많은 영화 정보를 담음으로써 관객의 능동적이고 선택적인 태도를 요구한다. 이 때문에 관객은 미장센 기법으로 처리된 영화를 볼 때는 화면 전체에 걸쳐 배치된 시각적 요소를 꼼꼼히 음미해야 한다.

시나리오의 분석에서 미장센을 염두에 두어야 하는 이유는 시간의 흐름, 감정의 변화 등을 나타내 줄 수 있는 것이 미장센이기 때문이다. 그야말로 철저히 계산되고 계획된 함축을 위해 미장센이 꼭 필요하다.

시나리오 분석표

시나리오 분석을 마치면 시나리오 분석표를 작성한다. 시나리오 분석표는 영화 작업의 지침서이자 구분표로 프로덕션 과정의 처음부터 끝까지 모든 스태프들이 공유하는 약속이다. 영화 프로덕션 과정을 건축에 비유한다면 시나리오 분석표는 건축의 설계도와도 같다. 시나리오 분석표는 프로덕션 디자이너나 연출감독 개인이 작성하는 것이 아니라 공동으로 만들고 그에 대한 책임도 공유한다. 그러므로 약속된 공동의 형식과 양식이 있어야 하고 그 약속 아래 함께 소통하고 실행한다.

시나리오 분석표는 크게 인물 분석표, 장면 분석표, 공간 분석표, 미술 분석표, 소품 분석표의 다섯 가지가 있으며 통상은 연출 파트와 미술 파트가 공동으로 작성한다. 이 가운데 인물 분석표, 장면 분석표, 공간 분석표는 연출 부서가 주로 책임지고 미술 분석표와 소품 분석표는 미술 부서의 책임으로 인식한다.

인물 분석표(인물 관계표)

인물 분석표는 인물 관계표라고도 하는데, 인물들의 대립, 갈등 관계, 가족, 연인, 학연, 직장 등의 동료 관계, 친구, 파트너 등의 상생 관계를 나타내는 표이다.

장면 분석표(신 구분표, 장면 구분표, Breakdown Sheet)

장면 분석표는 신 구분표 또는 장면 구분표라고도 하는데 각 장면과 공간들을 부분별로 모아서 일목요연하게 정리한 표이다. 장면 분석표는 작업 진행의 가장 구체적인 기준이 되는데, 장면 분석표를 작성할 때는 장면 제작비에 연관된 보조 출연의 인원수, 특수효과, 특수소품, 미술, 촬영 기자재 등을 고려해야 한다.

인물 분석표

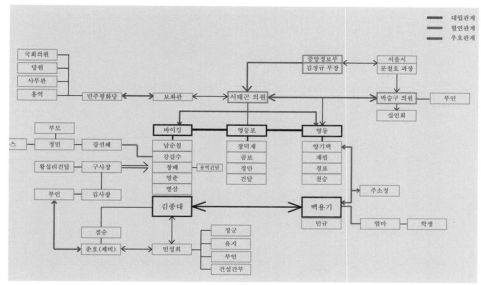

〈강남 1970〉의 인물 분석표

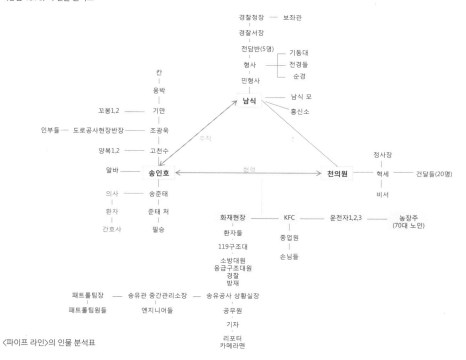

〈파이프 라인〉의 인물 분석표

장면 분석표

(사)의 장면 분석표. 프로덕션 작업 진행에서 가장 기준이 되는 것이 장면 분석표이다. 장면 분석표의 작성과 그에 대한 책임은 주로 연출부에서 맡는다.

(주)타이거 픽쳐스

S#	장소	세부 장소	촬영 장소	CUT	D/N/E/N	O/S/L	날씨	DAY	날짜 (음력, 양력)	계절	
001	화성행궁	봉수당	화성행궁		D				(1795.06.18) 양1795.08.02	여름	
002A	경희궁 침전	밖|앞 대청마루	부안 사정전		D			1	(1762.윤05.13) 양1762.07.04	여름	
002B	경희궁 침전	안	부안 사정전		D			1	(1762.윤05.13) 양1762.07.04	여름	
003	창경궁 동궁	안	부안 내의원		D			1	(1762.윤05.13) 양1762.07.04	여름	
004	창덕궁 선원전	앞	창덕궁 인정문 앞		D			1	(1762.윤05.13) 양1762.07.04	여름	
005	창덕궁 선원전	안	경희궁 태령전		D			1	(1762.윤05.13) 양1762.07.04	여름	
006A	창경궁 동궁	밖(앞 대청마루)	부안 내의원		D			1	(1762.윤05.13) 양1762.07.04	여름	
006B	창경궁 동궁	안	부안 내의원		D			1	(1762.윤05.13) 양1762.07.04	여름	
007	창경궁 휘령전	안|밖(앞)	경희궁 자정전		D			1	(1762.윤05.13) 양1762.07.04	여름	연
008	창덕궁 인정전	마당	부안 인정전		D			1	(1762.윤05.13) 양1762.07.04	여름	
009	창덕궁 인정문	밖	부안 인정전		D			1	(1762.윤05.13) 양1762.07.04	여름	
010	창덕궁 인정전	마당	부안 인정전		D			1	(1762.윤05.13) 양1762.07.04	여름	
011	창덕궁 인정문	밖	부안 인정문		D			1	(1762.윤05.13) 양1762.07.04	여름	
012	창덕궁 인정전	마당	부안 인정전		D			1	(1762.윤05.13) 양1762.07.04	여름	두
013	창경궁 세자시강원	정각	남원 광한루						(1738.설정) 1738.가을쯤	가을	
014	창경궁 인원왕후전	안	부안 교태전		D				(1738.설정) 1738.가을쯤	가을	
015	창경궁 세자시강원	정각	남원 광한루		D				(1738.설정) 1738.가을쯤	가을	
016A	창경궁 동궁	안	부안 내의원		N				(1738.설정) 1738.가을쯤	가을	
016B	창경궁 동궁	밖(앞 대청마루)	부안 내의원		N				(1738.설정) 1738.가을쯤	가을	
017	창덕궁 편전	안	부안 사정전		N				(1738.설정) 1738.가을쯤	가을	
018	창덕궁 인정전	마당	부안 인정전		D			2	(1762.윤05.14) 양1762.07.05	여름	둘
019	창덕궁 인정문	밖	부안 인정문		D			2	(1762.윤05.14) 양1762.07.05	여름	
020	창덕궁 인정전	마당	부안 인정전		D			2	(1762.윤05.14) 양1762.07.05	여름	
021	창덕궁 대조전	폐백실	부안 교태전		N				(1744.01.11) 양1744.02.23	겨울	(괴
022A	창경궁 인원왕후전	안	부안 교태전		D				양1744.02.25	겨울	
022B	창덕궁 편전	앞 대청마루	부안 사정전		N				설정	겨울	
023	창경궁 빈궁전	안	부안 빈청		D				양1744.02.25	겨울	

[사도] 씬리스트 0610

이준익 감독
성창연 프로듀서

내 용	영조	사도	정조	정순왕후	영빈	혜경궁	인원왕후	정성왕후	세손	홍내관	조, 단 역	보조 출연	비 고
…머금고 음률에 맞춰 춤추는 왕의 얼굴에 눈물이 흐른다.			정조(43)			혜경궁(81)					화완옹주(50대), 채제공, 악공들(20명), 김박운, 무희들(20명), 생황연주자	당상관리(3), 당하관(3), 별감들(2), 상궁들(3), 내관들(3), 표리복들, 풍선표류, 찬모시녀, 의전표비, 수먼제비, 장녀효주(12세), 기녀효주(12세), 호조(5), 정조의 내금위장, 정조의 내관	혜경궁 회감연 / 악공들(20명-특수캐스팅), 김박운(1명-특수캐스팅), 생황연주자(1명-특수캐스팅), 무희들(20명-특수캐스팅)
…밖에 도열해 있는 별감들.	영조를 만류하는 도승지.									홍내관	내금위장, 별감대장	별감들(10), 상궁(2), 내관들, 여가군, 대신들(3)	
…를 고변하는 영빈, 영조(69세)의 거동령.	영조(69)			정순왕후(19)	영빈(67)						도승지		
…있는 사도(28세). 착잡한 눈빛으로 사도를 바라보는 혜경궁.		사도(28)				혜경궁(28)					박내관	알고있는 내관1, 내인들, 상궁(1)	
…경화문 중, 경화문을 통과하는 영조의 어가행렬.	영조(69)									홍내관	내금위장, 별감대장, 도승지	별감들(2), 내관들, 상궁들(3), 내인들, 여가군(16), 당상관들(2), 당하관들(2)	
…기 속, 숙종의 어진 앞에 무릎 꿇고 있는 영조.	영조(69)									홍내관	내금위장, 도승지, 별감대장	별감들(2), 내관들, 상궁들(3), 내인들, 여가군(16), 당상관들(2), 당하관들(2)	
…재촉하는 홍내관. 영조의 경화문 통과 소식을 전한다.										홍내관	혜경궁의 상궁	내인들(6)	
…과 소식을 듣고 용포를 걸치는 사도, 외면하는 혜경궁.		사도(28)				혜경궁(28)					박내관	알고있는 내관1, 내인들, 상궁(1)	
…절을 마치고 무릎 꿇는 사도.	휘령전 앞, 뒤에서 지켜보는 영조.	영조(69)	사도(28)								홍내관	박내관, 내금위장, 도승지, 별감대장	별감들(2), 내관들, 상궁들(3), 내인들, 여가군(16), 당상관들(2), 당하관들(2)	
…앞에 엎드리는 사도, 자결을 명하는 영조.	영조(69)	사도(28)								홍내관	내금위장, 별감대장	별감들(40)	
…겨 사도의 처분을 기다리는 사도의 친인척들, 신하들.						혜경궁(28)			세손(11)		김상로, 김귀주, 김한구, 홍봉한, 홍인한, 채제공, 시강원 관원2, 혜경궁의 상궁, 박내관	승지들(4), 대신1들(3), 세자시강원 빈객(4), 세자시강원 관원들, 별감들(3), 내관들(3)	
…사도, 그를 말리는 신하들. 그때 뒤주를 가져오라 명하는 영조.	영조(69)	사도(28)								홍내관	김상로, 김귀주, 김한구, 홍봉한, 홍인한, 내금위장, 채제공, 시강원 관원2, 별감대장, 혜경궁의 상궁	별감들(4), 세자시강원 빈객(4), 세자시강원 관원들	
…사도를 보고 뛰어 들어가려는 세손(11세)을 붙잡는 혜경궁.						혜경궁(28)			세손(11)		혜경궁의 상궁, 박내관	승지들(4), 대신들(3), 별감들(16), 내관들(3)	
…사도, 직접 못을 박는 영조에게 뛰어 들어 빌며 애원하는 세손.	영조(69)	사도(28)				혜경궁(28)			세손(11)	홍내관	김상로, 김귀주, 김한구, 홍봉한, 홍인한, 내금위장, 채제공, 시강원 관원2, 별감대장, 혜경궁의 상궁	별감들(36)	
…대해 얘기하는 어린 사도(4세)에 흐뭇한 영조(45세).	영조(44)									홍내관	4세 사도(4세), 대신1, 대신2, 늙은 대신	세자시강원 빈객들(5), 시강원 관원들(20), 서리들(2), 별감들(5), 상궁들(5), 내인들(6)	4세 사도 서예 교육 필요
…리를 흡입하며 애교 떠는 사도, 공부 할 시간이 되자 꾀병 부린다.					영빈(42)		인원왕후(56)	정성왕후(45)			4세 사도(4세), 박내관, 박상궁		
…사도를 걱정하는 스승들. 서유기로 공부하고 싶은 사도.											4세 사도(4세), 이천보, 박내관	세자시강원 빈객들(5), 시강원 관원들(20), 서리들(2), 별감들(5), 상궁들(5), 내인들(6)	
…에서 홀로 잠든 어린 사도를 이불 위에 눕히는 최상궁.											4세 사도(4세), 최상궁		
…으로 어린 사도의 모습을 안타깝게 보는 영빈.					영빈(42)						박내관	내인들(4)	
…새 사도의 공부책을 손수 만드는 영조.	영조(44)									홍내관			
…리들을 잡아다 놓고 신하들에게 폐세자반교를 쓰라 강요하는 영조.	영조(69)	사도(28)								홍내관	김상로, 김귀주, 김한구, 채제공, 도승지, 내금위장, 김철운, 별감대장, 12별감들, 소경박수, 보조박수1,2, 기녀1, 박내관	별감들(54), 당상관들(5), 당하관(5), 12별감들(5), 기녀들(5)	바라를 추는 비구니x2 (특수캐스팅) 기생x1(특수캐스팅)
…쓰는 영조), 문틈으로 그 모습을 바라보는 불안한 표정의 세손.	영조(69)					혜경궁(28)			세손(11)		홍봉한, 홍인한, 혜경궁의 상궁	승지들(4), 대신들(16), 별감들(10), 내관들(3)	
…읽는 김상로, 처형되는 무리들. 그 내용에 충격 받은 사도.	영조(69)	사도(28)								홍내관	김상로, 김귀주, 김한구, 채제공, 도승지, 내금위장, 김철운, 별감대장, 12별감들, 소경박수, 보조박수1,2, 기녀1, 박내관	별감들(54), 당상관들(5), 당하관(5), 12별감들(5), 기녀들(5)	바라를 추는 비구니x2 (특수캐스팅) 기생x1(특수캐스팅)
…혜경궁에게 훈계하는 영조(51세), 화완옹주 장난에 웃음 터지는 사도.	영조(50)				영빈(48)		인원왕후(62)	정성왕후(51)		홍내관	어린 사도(10세), 어린 혜경궁(10세), 어린 화완옹주(7세), 박내관, 최상궁	내인들(2)	폐백실
…을 모실 때 유념할 점을 이르며 한숨 쉬는 왕실 여인들.					영빈(48)		인원왕후(62)	정성왕후(51)			어린 혜경궁(10세), 어린 화완옹주(7세), 상궁들, 내인들	상궁들(4), 내인들(4)	
…을 씻으며 입을 헹구고, 불 붙은 종이를 넘어 안으로 드는 영조.	영조(50)									홍내관	내관1, 상궁1, 내인들(6)	내관(4), 상궁(4), 내인들(6)	
…울리는 친청식구들, 그 앞에서 참았던 울음 터뜨리는 혜경궁.											어린 혜경궁(10세), 친정어머니, 홍인한, 홍낙인		어린 사도 목소리

작성자 : 조감독

공간 분석표

S#	장 소	세부 장소	촬영 장소	C U T	D/N M/D E/N	O /S /L	날 씨	D A Y	날짜 (음력, 양력)	계절
					경희궁					
			침전							
002A	경희궁 침전	밖 ㅣ 앞 대청마루	부안 사정전		D			1	(1762.윤05.13) 양1762.07.04	여름
002B	경희궁 침전	안	부안 사정전		D			1	(1762.윤05.13) 양1762.07.04	여름
091	경희궁 침전	밖(뜰) ㅣ 안	부안 사정전		N				(1762.05.22) 양1762.06.14	봄
098A	경희궁 침전	밖(뜰)	부안 사정전		N		비		(1762.윤05.11) 양1762.07.02	여름
098B	경희궁 침전	안	부안 사정전		N		비		(1762.윤05.11) 양1762.07.02	여름
105B	경희궁 침전	안 ㅣ 밖(뜰)	부안 사정전		D			8	(1762.윤05.20) 양1762.07.11	여름
			후원 정자, 금천수구, 편전 후원							
081	경희궁 후원	정자	남원 완월정		N				양1761.02 다른날	겨울? 봄??
097	경희궁 금천 수구	수로	수원방화수류정		N		비		(1762.윤05.11) 양1762.07.02	여름
					창경궁					
			궁궐 문							
064A	창경궁 궁궐 문	안 ㅣ 밖	부안 돈화문		D				(1757.03.26) 양1757.05.13	봄
			동궁							
003	창경궁 동궁	안	부안 내의원		D			1	(1762.윤05.13) 양1762.07.04	여름
006A	창경궁 동궁	밖(앞 대청마루)	부안 내의원		D			1	(1762.윤05.13) 양1762.07.04	여름
006B	창경궁 동궁	안	부안 내의원		D			1	(1762.윤05.13) 양1762.07.04	여름
016A	창경궁 동궁	안	부안 내의원		N				(1738.설정) 1738.가을쯤	가을
016B	창경궁 동궁	밖(앞 대청마루)	부안 내의원		N				(1738.설정) 1738.가을쯤	가을
026	창경궁 동궁	밖(마당)	부안 내의원		D				양1744.02.28	겨울
042	창경궁 동궁	문 밖	부안 내의원		D				양1749.03. 다른날	봄
043	창경궁 동궁	밖(마당)	부안 내의원		D				양1749.03. 다른날	봄
045	창경궁 동궁	안	부안 내의원		N				양1749.03. 다른날	봄
052	창경궁 동궁	안	부안 내의원		D				(1752.09.22) 양1752.10.28	가을
077	창경궁 동궁	안	부안 내의원		M				양1759.08 다른날	여름
084	창경궁 동궁	마당	부안 내의원		D				양1761.02 어느날	겨울? 봄??
094	창경궁 동궁	마당	부안 내의원		N		비		(1762.윤05.11) 양1762.07.02	여름

〈사도〉의 공간 분석표

이준익 감독
성창연 프로듀서

내 용	영조	사도	정조	정순왕후	영빈	혜경궁	인원왕후	정성왕후	세순	홍내관	조, 단역	보조 출연	비 고
밖에 도열해 있는 별감들.| 영조를 만류하는 도승지.										홍내관	내금위장, 별감대장	별감들(1인), 내관(2), 상궁(2), 내인들(6), 어가군(16), 대전들(10)	
~도를 고변하는 영빈, 영조(69세)의 거둥령.	영조(69)			정순왕후(19)	영빈(67)						도승지		
~대죄를 호령하는 영조, 분을 이기지 못해 신음을 삼키는 사도.	영조(69)	사도(28)								홍내관	박내관, 별감대장	별감들(3), 상궁(1), 내인들(4)	
~림자에 멈춰 서는 사도. 칼을 툭 놓는 사도의 얼굴에 쏟아지는 빗물.	영조(69)	사도(28)							세순(11)		감별도, 12별감들(6), 내금위, 별감대장		12별감들(무술팀), 영조의 별감들(무술팀)
~ 세손. 영조의 물음에 아비의 마음을 보았다 말하는 세손.	영조(69)								세순(11)				
~자리가 보이고, 충혈된 눈으로 뽕나무 판에 사도의 신주를 쓰는 영조.	영조(69)									홍내관			국상복
세자 상소를 올리라 명하고 가버리는 영조. 어찌할 바를 모르는 스승들.	영조(69)										이천보, 민백상, 이후, 박내관	상궁(1), 대신들(3)	
~문을 열고 경희궁으로 진입하는 사도 일행.		사도(28)									감별도, 12별감들(6)	12별감들(5)	
~성으로 별감들과 말을 달려 궁궐을 빠져나가는 사도.		사도(28)										12별감들(무술팀-5명)	상복 할 6월: 사도 대역(?)
~서 있는 사도(28세). 착잡한 눈빛으로 사도를 바라보는 혜경궁.		사도(28)				혜경궁(26)					박내관	빨고있는 내관(1), 내인들(6), 상궁(1)	
~서 재촉하는 홍내관. 영조의 경화문 통과 소식을 전한다.										홍내관	혜경궁의 상궁	내인들(6)	
~통과 소식을 듣고 용포를 걸치는 사도, 외면하는 혜경궁.		사도(28)				혜경궁(26)					박내관	빨고있는 내관(1), 내인들(6), 상궁(1)	
~데서 홀로 잠든 어린 사도를 이불 위에 눕히는 최상궁.											4세 사도(4세), 최상궁		
~틈으로 어린 사도의 모습을 안타깝게 보는 영빈.					영빈(42)						박내관	내인들(4)	
~ 혜경궁, 강아지 그림을 그리는 사도. 어느새 뒤에 서 있던 영조.	영조(50)									홍내관	어린 사도(10세), 어린 혜경궁(10세), 박내관, 나내관, 최상궁	상궁(1), 내인들(2), 내인들(6)	
~부하는 사도를 만류하며 친국장 참관을 권하는 홍봉한.		사도(15)									홍봉한, 박내관	상궁(1), 내인들, 별감들(8)	
~경궁에게 호통치는 사도, 갑작스런 호통에 놀라는 혜경궁.		사도(15)				혜경궁(21)					박내관, 혜경궁의 상궁	상궁(1), 내인들(6), 별감들(8)	
~ 노는 사도, 영조가 찾는다는 소리에 긴장하는 혜경궁.		사도(15)				혜경궁(21)				홍내관	박내관, 나내관	상궁(1), 내인들(2)	
~림 시도 끝에 마지막 그림을 들고 흡족한 표정의 사도(18세).		사도(18)									박내관, 나내관	내인들(6)	
~짓기를 반복하던 사도, 남은 옷이 없자 나내관의 목을 베어버린다.		사도(18)									박내관, 나내관, 홍얼매주는 내인	빨고있는 상궁(1), 빨고있는 내인들(6)	
~림의 불편한 영빈, 세손에게 4배를 강요하는 사도, 불안한 혜경궁.		사도(27)			영빈(66)	혜경궁(27)			세손(10)		화완옹주, 박내관, 김별감, 12별감들(6), 막공들(16), 혜경궁의 상궁	상궁들(2), 내관들(2), 내인들(6), 12별감들	영빈 회갑연 막공들(16명 특수캐스팅/어린이)
~ 혜경궁, 사도의 다리를 붙들고 매달린다. 밀치고 가버리는 사도.		사도(28)				혜경궁(28)					김별감, 12별감들, 혜경궁의 상궁	내관(1), 내인들(6), 12별감들(6)	

작성자 : 김남규

Scene(#)		Character	Props1			Props2			etc
			소지도구	연출소품	상황소품	차량/장비	동/식물	식/음료	
#1	소도시 주변도로			표지판 <위험-고압 송유관 매설지역>					표지판 제작
#2	땅굴A	송준태	작은곡괭이 장갑 마스크(?!) 작업모(?!) 장화 수건 우유주사기	작은곡괭이	노트북 노트북케이블 노트북연결패드 파이프 벨브 손잡이 방수 테잎 고무 테잎 파이프부속 용접박스 발전기 용접기 용접봉 글라인더 각종공구 전선 전기드릴 충전기 드릴핀 사제벨브 공구박스 금속공구 면도칼 커터칼 양동이 밧줄 랜턴 삽 곡괭이 환풍기 해머 망치 뻰치 드릴핀1인치 렌치5호 콘센트			우유	-노트북 프로그램 -노트북그래프화면 제작
		마스크1 (광욱)	마스크 장갑 작업모(?!) 손목시계 장화	양동이 (여러 개) 밧줄 랜턴					
		마스크2 (기만)	마스크 장갑 작업모(?!) 장화	양동이 밧줄 랜턴					

<파이프 라인>의 미술 분석표

소품 분석표

* Props (소지도구)

Character	공간	품목	구입			제작			대여			비고
			수량	단가	금액	수량	단가	금액	수량	단가	금액	
이상현		가방 (크로스백)			35,000							
		담배			10,000							
		지퍼라이타			30,000							
		핸드폰										협의
		지갑			35,000							
		신분증 (주민등록증)						100,000				
		신용카드										-
		현금										-
		명함				1		35,000				
		수진사진				1		10,000				
		펜										
		열쇠고리	1		10,000							
		집열쇠	1		10,000							
		캐비넷열쇠				1		50,000				
		손목시계										의상
	상현 공장	헤드폰 (소음방지용)	1		50,000							
		헬멧 (작업모)	1		30,000							
		장갑 (작업용)										-
		이름표 (공장용)				10		30,000				
		마스크 (방진용)			1,000							
		출입증 (공장용)				2		10,000				
	전철역 거리	쇼핑백 (포장된 속옷상자)										-
	상현집 앞 골목	우산							10		100,000	
	국과수	방문증 (부검실)				1		30,000				
	수진 장례식	이수진 영정사진				1		200,000				
		장례식 완장										
	철용의 집	포스트잇 메모	1		10,000							
		이수진 CD							50		100,000	
	강릉역	강릉지도										
		작은 사냥용 칼	1		150,000							
	청술학원	공기총										제작부제작
		골프백	1		120,000							
	강릉 터미널	안경										의상팀
		모자										의상팀
		마스크										의상팀
		강릉 펜션지도										
소 계					491,000			465,000			200,000	1,156,000
장역관		핸드폰										협의
		담배										협의
		라이타										-
		열쇠고리	1		30,000							
		자동차 열쇠										
		집열쇠										-
		캐비넷열쇠										-
		명함				1		40,000				
		형사수첩	5		50,000							
		펜										

〈파이프 라인〉의 소품 분석표

2. 리 서 치

리서치(research)는 프로덕션 디자이너가 자신이 직접 경험한 사실들이나 문헌, 영상, 자료, 고증 등의 간접 경험을 통하여 생각의 확장, 전환, 확신을 얻는 과정이다. 프로덕션 디자이너는 시나리오의 분석과 해석을 바탕으로 직·간접 경험을 통하여 사실을 확인하고 조사함으로써 동료나 파트너, 더 나아가 영화 관람자의 믿음과 신뢰를 얻어야 한다.

리서치는 프로덕션 디자이너의 생각을 보여 주고 전달하는 과정에서 극히 주관적인 사실들을 객관화시켜 보편성과 논리성을 찾는 과정이며, 프로덕션 디자이너에게는 자기 믿음을 확보하는 과정이다.

시나리오를 분석할 때는 보이는 것 외에 보이지 않는 부분까지 유추하고 상상해 보아야 하고, 그것으로 리서치의 범위를 가늠할 수 있다. 넘쳐나는 정보의 다양화와 물량의 시대에 정보를 일(business)로서 접근하기보다는 평소에 영화, 공연, 전시 등과 뉴스, 인터넷, 방송, 문헌, 소설 등에 다양한 관심을 갖고 생활하는 습관을 길러야 하며 외우는 것이 아닌, 머리와 가슴에 축적시켜야 한다. 이렇게 축적된 정보는 프로젝트 수행 시 리서치의 방향 설정 또는 아이디어의 직접 혹은 간접적인 발상의 주체가 되기도 한다.

현대는 인터넷을 통한 정보 수집이 일반화되었다. 하지만 눈으로 보고,

만져 보는 직접 경험이야말로 최고의 정보 수집이 될 수 있다. 그 일환으로 시장 견학을 추천한다. 서울은 한국의 유통이 집중되어 있고 가장 활발한 곳이며 바로 세계 시장과 맞닿아 있는 곳이다. 서울의 한복판에는 남대문 시장부터 동대문 시장, 심지어는 황학동 시장까지 있다. "이곳 시장에 없는 것은 한국에는 없는 것이다."라는 말이 있다. "탱크가 남대문을 출발해서 동대문 시장을 지날 쯤에는 모두 해체 분해되어 뼈대도 안 남는다." 또는 "황학동 시장을 출발해서 남대문 시장에 도달할 쯤에는 탱크 한 대가 거의 완성된다."라는 말도 있다. 혹 그 시장에서 찾는 물건이 없다면 지방의 특산물 시장을 찾아야 할 것이다. 평소에 시장 구석구석을 관심 있게 눈여겨보아 둔다면 프로젝트 진행시 유용한 자산으로 사용될 것이다.

리서치의 범위를 살펴보면 영상 자료로는 사진, 영화, 방송, 다큐멘터리, 광고 등을 활용하고, 순수 예술은 회화, 입체 조각, 서예 등을 활용하며, 상업 예술은 상업 디자인, 시각 디자인, 제품 디자인, 광고 디자인 등을 활용한다.

문학도서는 소설, 수필, 시, 일기, 메모, 전문서적 등이 있고, 인터뷰는 전문가의 자문 고증을 활용하며, 전시, 박물관 관람, 도서관 이용 등으로 탐방, 답사가 있으며, 일반적이거나 전문적인 인터뷰와 모니터도 활용한다. 일반적으로 인터넷을 통한 정보 수집이 보편적이지만 여행이나 시장 조사를 통한 체험도 필요하다.

02 이미지 맵

리서치를 통해서 수집한 자료들을 시각적으로 제시하는 방법으로 이미지 맵(image map)이 있다. 프로덕션 디자이너는 가능한 한 문자를 생략하고 이미지만으로 소통할 수 있어야 한다. 프로덕션 디자이너가 문자로 된 시나리오를 시각화하는 첫 번째 담당자라고 할 때 이미지 맵은 그런 시각화의 첫 단계이다. 시나리오의 분석 과정, 이를테면 연상 퀴즈에서 나열한 단어들, 아이디어가 문자라면 그것들을 그림이나 사진 등으로 시각화한 것이

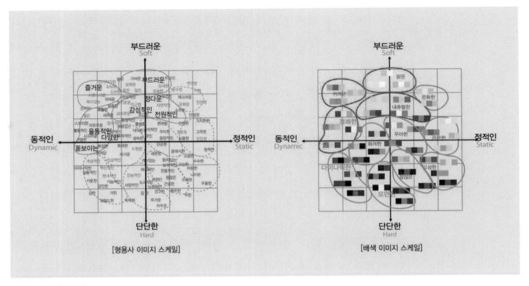

〈불량남녀〉의 이미지 맵

시나리오의 분석 과정에서 만들어진 아이디어를 그림이나 사진으로 시각화한 것이 이미지 맵이다.
이미지 맵은 영화의 성격과 느낌을 맨 처음으로 시각화해서 제시하는 것이므로, 색상, 질감, 구도 등
적절한 미술 요소들을 통해 레이아웃을 잡는 것이 좋다.

〈사도〉의 이미지 맵

〈파이프 라인〉의 이미지 맵

이미지 맵이라고 할 수 있다. 즉 리서치를 통해서 수집한 자료들을 사진이나 그림 등을 이용해 시각화해서 이미지 맵을 통해서 보여 준다.

이미지 맵은 보드(board), 또는 모니터나 스크린을 통한 화면으로 보여줄 수 있다. 이미지 맵은 영화의 성격과 그에 대한 적합성을 신중하게 고민한 뒤에 필요한 선택과 집중을 통해 사진, 그림 등으로 표현하는 것이므로 레이아웃을 어떻게 잡는가도 매우 중요하다. 이미지 보드(image board)에서 레이아웃은 콘셉트 의도가 가장 잘 표현되어 상대가 가장 보기 쉽고 이해하기 쉽도록 배치하는 것이 좋다. 또한 미술적 요소, 즉 색상, 질감, 구도 모두를 적절하게 사용하는 것이 좋다. 이미지 발의에는 타이틀, 주제, 부제, 소재, 의도, 주장 등이 포함되어야 한다.

03 파일 관리

넘쳐나는 정보의 데이터 양은 취사선택하기도 어렵지만 일단 취사선택된 정보들은 처음부터 전문적이고 체계적으로 정리해 두어야 한다. 그렇게 하지 않으면 어느 정도의 작업 시점이 지나면서부터는 리서치한 정보들이 모두 골칫덩어리가 돼 버리고 만다. 그러므로 리서치의 첫 과정부터 체계적이고 전문적으로 파일링해서 관리하는 것이 좋다.

나의 경우, 프로젝트의 시작부터 완료 후까지 모든 과정을 파일로 만들어 관리하는데 이는 최종 포트폴리오 과정까지 전 과정에 걸쳐 큰 도움이 된다.

예) 프로젝트명
  ○ 이미지 모음 (연상 단어, 콘셉트, 캐릭터, 세트, 세트 데코레이션, 소품)
  ○ 콘셉트 디자인 (아이디어 스케치, 콘셉트 아트, 장면 디자인)
  ○ 캐릭터 디자인 (캐릭터 드로잉, 의상, 분장, 헤어)
  ○ 세트 디자인 (로케이션, 로케이션 세트, 오픈 세트, 스튜디오 세트, 특수 세트)

○ 세트 데코레이션

○ 소품 디자인 (소지 도구, 연출 소품, 상황 소품, 차량, 장비, 동물, 식물, 음식)

○ 배경 디자인 (특수효과, 컴퓨터 그래픽)

○ 로케이션 헌팅 (현장 사진, 동영상, 실측 자료, 협조 자료)

○ 관련 자료 동영상 (영화, 다큐멘터리, 뉴스, 인터뷰, 방송, 기타 영상물)

○ 관련 문서 (시나리오, 분석 리스트, 협의 및 회의 내용, 공유 문서, 정산 내역, 스태프 구성, 연락처)

○ 현장 기록 (사진, 동영상, 일지)

○ 프레젠테이션, 포트폴리오

기억으로만 남는 것, 그래도 충분한 것……

　나에게 리서치가 자연스럽게 느껴지는 것은 자주 이사와 전학을 다녔던 성장기와 관계가 있다. 새로운 곳에 떨어지면 으레 아이는 주변을 관찰하고 어떻게 살아남아야 하는지 궁리하며 시간을 보낸다. 어린 시절, 아버지의 일터를 따라 이리저리 잦은 이사를 다녔다. 여러 마을, 도시를 거쳤는데 제일 선명하게 기억나는 도시가 구미다. 농촌 마을이었던 이곳이 도시가 되는 과정은 텅 빈 공터에 세트장을 짓는 과정과도 흡사했다. 메뚜기를 잡아 논두렁을 따라 집으로 달려가며 보았던 노을 저편에 세트장 같은 모양의 학교가 있었다. 잦은 이사 탓에 조금씩 성격이 변해 가던 내 모습이나, 눈 뜨면 무엇인가 달라져 있던 내 주변 환경은 꽤 닮은 모양이었던 것 같다.

　시골 동네의 읍내에 있는 초등학교는 소위 ‘전국구’였다. 전국에서 온 아이들이 교실에 모였다. 남들은 모두 익숙한 곳에 나 혼자 새로 들어가는 것이 싫었기 때문에 나는 모두 공평하게 낯설어하는 새 학교가 좋았다. 새로 난 길에는 새마을 운동 깃발이 휘날렸고, 확성기에서 흘러나오는 새마을 운동 음악에 맞춰 사람들은 길도 만들고, 포장을 하고, 매일 그렇게 무엇인가를 세우고 만들었다.

　학교에 가면 교실에 대통령 사진이 있었다. 대통령이 살던 동네에서 내가 다니던 초등학교까지 불과 두 시간 거리였기 때문에 다른 학교와 달리 지원이 많았다. 학교 안에 동물원과 식물원도 있었던 기억이 난다. 당시 특별반에 기술 기능 지원 수업이 있어서 라디오 만드는 것도 배웠고, 판금, 목공을 배웠다. 지금 생각하면 초등학교 때 이런 장비들을 다루고 기술을 배웠으니 돌아보면 특별한 경험이다. 지금도 목공이나 판공 관련 일을 할 때 그때 그 공업실이 떠오른다. 꼬맹이가 의젓한 어른으로 대접을 받았던 첫 번째 공간으로 기억한다.

마을에 학교가 하나뿐인데 전국에서 모여드니 나중에는 학생이 많아져서 5학년 때 다른 초등학교가 하나 더 생겼다. 학교가 더 생긴다는 것은 나에게 세트가 하나 더 생기는 규모의 확장 같은 느낌을 받았던 것 같다. 그래서 단 하나의 학교가 있을 때 가졌던 우리 동네와의 친밀감이 옅어져 갔다. 그 이후 다른 곳으로 다시 이사를 가면서 그곳을 떠났지만 나는 자주 그 특이했던 도시를 생각한다. 빈 곳에 하나하나 들어서던 건물과 그 주위를 채우거나 오가던 사람들, 그렇게 하나둘 생긴 애환과 이야기들.

지금은 인구도 줄고 조용한 소도시로 남은 그 마을을 볼 때, 영화 촬영이 끝난 후 세트장을 돌아볼 때와 비슷한 정서에 젖는다. 기억의 집을 짓고 떠나듯이 무엇인가 짓고 떠난다. 세트를 부수기 아깝다는 생각을 한 적도 있지만, 이제는 부수어질 것을 짓는 것에 익숙하다. 삶이나 작업이나, 시간의 기억으로 충분하다.

〈판도라〉의 월촌리 마을 석여사 식당 세트

3. 콘셉트 디자인

콘셉트 디자인(concept design)은 영화 제작의 초기 단계에서 시나리오를 근거로 디자이너의 상상력을 발휘하여 이미지화하는, 또는 시나리오의 의도와 디자이너가 가지고 있는 생각, 영감을 이미지화하는 작업으로서 프로덕션 디자이너는 다양한 생각의 모음을 이미지로 보여 주어야 한다.

콘셉트 디자인은 다양한 이미지를 표현하되 시나리오의 내용과 순서, 프로덕션 디자이너의 생각이 잘 표현될 수 있도록 작업해야 하며, 영화의 비주얼(visual)과 룩(look)의 가이드 라인을 제시하고, 색감, 분위기, 조명, 톤 등을 맞추어 줄 뿐 아니라 작품 전체의 시각적인 디자인을 모두 표현해야 한다.

프로덕션 디자이너가 떠올린 아이디어를 스케치화하여 영화의 주된 배경 이미지, 메인 캐릭터, 관련 소품 등을 만들어 내면 영화감독과 프로듀서가 그것을 보고 자신들의 생각을 접목하여 최종 스케치로 완성한다.

완성된 스케치는 영화 미술의 아트 워크인 캐릭터 디자인, 세트 디자인, 세트 데코레이션, 소품 디자인, 배경 디자인에 영감과 방향을 제시하게 된다. 아울러 연출, 촬영, 조명 등과 함께 컴퓨터 그래픽의 아트 워크에도 방향을 제시하게 된다.

콘셉트 디자인에는 한 편의 영화가 의도하는 콘셉트의 중점 요소, 미술적 요소의 색, 질감, 구도, 시대, 시간적 요소, 자연 환경, 지역, 기후, 계절의 요소, 시나리오 장르의 특성 등이 표현되어야 한다.

콘셉트 디자인은 아이디어 스케치, 콘셉트 아트, 장면 디자인으로 구분하여 표현할 수 있다.

01 아이디어 스케치

아이디어 스케치(idea sketch)는 프로덕션 디자인을 시작하면서 프로덕션 디자인의 아트 워크를 창안하는 것이다. 아트 워크는 시나리오 분석에 의해 떠오른 영감을 시작으로 서정성, 분위기, 느낌, 운동 등을 가미하면서 발전시킨다. 아이디어 스케치는 캐릭터 디자인, 세트 디자인, 세트 데코레이션, 소품 디자인 등과의 관련성 하에 러프하게 거친 스케치로 정리해도 무방하고 메모, 합성 등 표현 방법에 제한이 없다. 아이디어 스케치는 프로덕션 디자인 관련뿐만 아니라 모든 영화 제작 관계자에게 그 영화의 분위기와 구조가 이해될 수 있도록 소통의 도구로 활용한다.

02 콘셉트 아트

콘셉트 아트(concept art)는 최초 작업자가 시나리오를 보고 문자를 이미지로 표현하는 단계이다. 아이디어 스케치를 근간으로 프로덕션 디자인의 의도를 잘 파악하고 시나리오에서 말하고자 하는 정확한 콘셉트를 파악한 뒤 많은 이들이 공감할 수 있는 이미지로 표현해야 한다.

따라서 초기에는 꼭 디테일할 필요가 없고 모두를 다 그릴 필요도 없으며, 필요할 경우에는 사진 합성 후 리터칭 작업만으로 표현할 수도 있다. 빠른 시간 안에 여러 장의 러프 콘셉트 스케치들이 나오면 회의를 통해서, 혹은 프로덕션 디자이너의 판단으로 그 중 콘셉트 의도에 적합한 이미지를 정한다.

선택된 콘셉트 스케치들이 나오면 영화감독, 프로듀서와 협의하여 최종 콘셉트 아트로 정한다. 러프한 초기 콘셉트 아트는 본격적으로 세부 드로

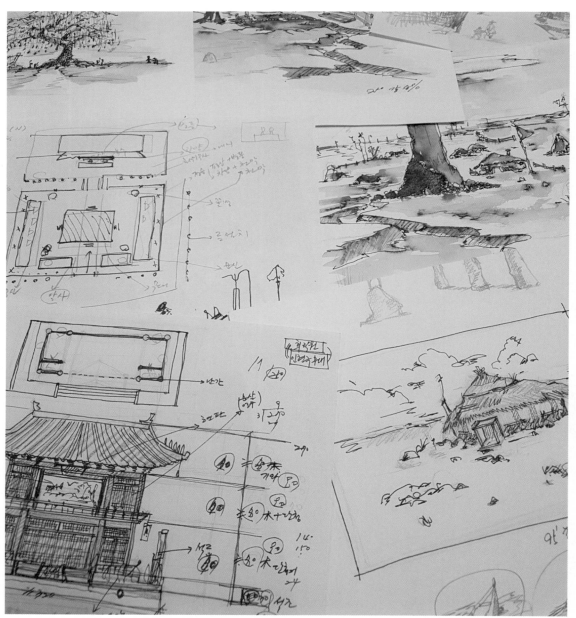

다양한 아이디어 스케치들

아이디어 스케치는
프로덕션 디자인에서 아트
워크가 시작되는 지점이다.
아트 워크는 시나리오 분석
과정에서 떠오른 영감을
가지고 분위기나 느낌 등을
덧붙여 가며 진행한다.
간단한 스케치를 통해서든
다양한 이미지들의
합성을 통해서든 아이디어
스케치를 표현하는
방법에는 제한이 없다.

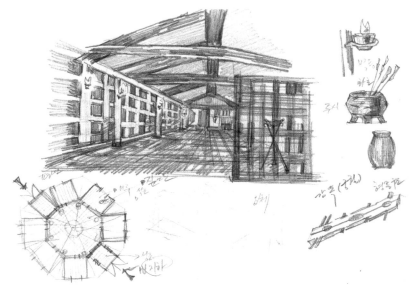

〈왕의 남자〉의 아이디어 스케치

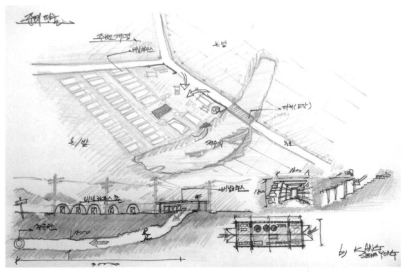

〈파이프라인〉의 아이디어 스케치

잉 작업에 들어가야 하기 때문에 좀 더 세분화되고 디테일한 콘셉트 아트가 진행되며, 이것은 직접적으로 프로덕션 디자인의 아트 워크와 결과물을 만들 수 있는 설계 도면이기 때문에 상당히 중요하다고 할 수 있다.

콘셉트 아트의 원화는 영화감독과 스태프 간의 다리 역할을 하기 때문에 프로덕션 디자이너는 영화감독이 머릿속에 어떤 그림을 그리고 있는지를 이해하고 그 그림을 어떻게 하면 정확하게 프로덕션 디자인 관련 부서와 영화 제작 관계자에게 전달할 것인지를 염두에 두어야 한다.

영감은 좋은 자료와 경험에서 나오기 때문에 좋은 자료를 찾는 것 또한 중요하며 그림을 그리는 작업인 만큼 무엇보다 잘 그려 내는 것이 중요하다. 잘 그린다는 것은 그림 자체의 기본기나 데생력을 의미하기도 하지만 매력적인 고유의 느낌을 살려 내는 것이 더욱 중요하다. 많은 반복으로 기본 실력을 키움과 동시에 자신만의 고유 느낌을 계발하는 것도 중요하다. 콘셉트 디자인은 프로덕션 디자이너의 러프 스케치를 통해 콘셉트 아티스트가 그리는 경우가 있으며, 많은 자금이 들어가는 대작 영화나 아트 무비일수록 콘셉트 아티스트에게 의뢰하는 경우가 많다. 점차 전문 콘셉트 아티스트가 영화 제작에 유입되고 있는 상황인데, 주로 온라인 게임의 일러스트레이터, 영화와 광고의 스토리보드 작가들이 콘셉트 아티스트로 그 영역을 넓히고 있다.

콘셉트 아티스트는 유망한 업종으로 부각되고 있으며, 미국 영화 산업 제작 방식에서는 이미 보편화된 프로덕션 디자인의 과정이다.

〈평양성〉의 콘셉트 아트

〈평양성〉의 콘셉트 아트

콘셉트 아트는 아이디어 스케치를 기본으로 해서 시나리오에서 표현하고자 하는
콘셉트를 구체적인 이미지로 나타낸 것이다. 러프한 아이디어 스케치나 초기 콘셉트 아트는 본격적인
드로잉을 통해 디테일을 갖추어 간다.
콘셉트 아트는 프로덕션 디자인 작업에서 설계도와 같은 역할을 한다.

〈구르믈 버서난 달처럼〉의 콘셉트 아트

03
장면
디자인

장면 디자인(scene, sequence design)은 시나리오 줄거리의 기본 장면들 가운데 중요한 장소나 신을 선정하여 드로잉하는 것이다. 주요 로케이션이나 세트의 사전 계획을 수립할 때 연출자인 영화감독의 장면 구상에 프로덕션 디자인의 콘셉트 의도와 미술적 요소를 가미하여 순서에 맞게 디자인한다. 시나리오에 서술된 내용들을 그림으로 나타낸 장면 디자인은 일련의 촬영 과정과 분위기를 어림잡을 수 있도록 배열되어 본 제작에 들어가기 전에 기획, 점검하는 데 유용하다. 장면 디자인은 복잡한 영화 제작에서 각 장면의 스케일과 분위기를 파악하고 세부적인 사항들을 준비하는 데 효과적인 가이드 역할을 한다.

장면 디자인은 영화감독이 시나리오를 시각화시키는 스토리보드와는 달리 아트 워크의 관점에서 장소, 공간, 등장인물, 상황뿐만 아니라 분위기, 색감, 시간, 계절, 톤 등까지 전달될 수 있도록 표현하는 것이다.

일반적으로 한 편의 영화에서는 시퀀스를 분석하여 각 시퀀스 별로 장면 디자인을 하는데 보통 30장면 정도 작업한다. 작업 방법으로는 페인터, 드로잉이나 스케치 업 등의 컴퓨터 툴사용을 비롯해서 다양한 방법이 있다.

04
신 노트

신 노트(scene note), 스토리보드(story board), 콘티뉴어티(continuity)는 프로덕션 디자이너의 작업이 아니라 영화감독이 담당한다. 신 노트는 영화감독의 생각과 의도를 파악할 수 있는 영화 제작의 기본 플랜이다. 영화감독은 시나리오를 시각화하는 방법으로 장소 또는 신마다 최종으로 합의되고 결정된 공간의 평면도에 카메라의 워킹, 쇼트, 커트, 조명의 위치, 배우의 연기, 동작, 대사, 미술의 장치 도구들, 의상, 분장, 헤어 관련, 시각효과, 특수효과 등의 아주 세밀한 계획을 메모하여, 스토리보드 작가에게 전달하는데 이것이 신 노트이다. 그러면 스토리 작가는 신 노트를 기반으로 신마다 세분화된 쇼트와 커트의 내용을 이야기 순서 별로 옮긴다. 옮겨진 스

〈방황하는 칼날〉의 장면 디자인

장면 디자인은 시나리오에 있는 줄거리의 기본 장면 가운데
중요한 장소나 신을 뽑아서 그린 것이다. 장면 디자인은 다양하고
복잡한 영화 제작에서 각 장면의 스케일과 분위기를 파악하고
세부적인 사항들을 준비하는 데 효과적인 가이드 역할을 한다.

〈판도라〉의 장면 디자인

〈방황하는 칼날〉의 장면 디자인

토리보드는 신마다 구분을 하고 신의 첫 장에는 신 노트가 그려져 있다. 신 노트는 영화 제작의 준비 단계나 촬영 현장에서 각 부서별 역할과 준비할 내용, 영화감독의 연출 의도 등의 기초와 기준이 되며, 각 부서별 의사 소통을 하는 데 아주 유용한 도구가 된다.

신 노트, 스토리보드, 콘티뉴어티는 영화 제작의 준비와 실행에서 영화감독의 생각을 알 수 있는 가장 중요한 원칙이자 법률과 같으며, 영화 제작의 마스터 플랜이다.

05 스토리보드 · 콘티뉴어티

스토리보드는 스토리에 따른 장면 스케치를 작은 종이에 그린 것이다. 제작 과정에 따른 주요 부서에서 화면 구성, 편집, 연출, 등장인물의 움직임, 색채, 대사, 배경, 음악, 음향, 카메라의 움직임 등에 관한 협의를 위한 이야기 장면의 연출판이 스토리보드다. 시나리오 작가가 쓴 대본에 비해 스토리보드에는 보다 상세하게 액션, 카메라 앵글, 음악, 음향 효과의 지정 등도 포함되어 있다. 스토리보드는 극적인 사건이 부드럽게 흐르도록 하고 영화의 연기, 대사, 동선, 촬영 방법, 조명, 음향, 미술, 의상, 소품, 분장, 헤어 등의 일관성을 유지하기 위한 일종의 지침서이며 영화 제작의 매뉴얼이다.

스토리보드는 월트 디즈니 스튜디오에서 개발한 방법으로 현재는 영화, 애니메이션, 광고, 방송 등에 널리 쓰인다. 현장 작업 시에는 스토리보드를 책으로 만들어 작업 지침서로 쓰는데 이를 워크 북(work book)이라고 한다. 미국 할리우드의 스토리보드가 일본에서는 더욱 디테일하게 발전했고 그것을 콘티뉴어티(continuity, 콘티)라고 한다. 한국의 영화 현장에서는 스토리보드와 콘티가 혼용되기도 한다.

영화 촬영은 순서 없이 장면 촬영을 하므로 영화 관람 중 연속성이 중단되면 보는 사람들이 장면에 대한 신뢰도가 떨어지기 때문에 매 장면의 구도를 제시하는 콘티 분류가 만들어진다.

스토리보드는 스토리에 따른 장면 스케치를 그린 것인데, 우리나라 영화 현장에서는 스토리보드와 콘티라는 말을 혼용하고 있다. 시나리오는 글로만 된 대본이지만 콘티에는 인물의 움직임이나 음악, 카메라의 움직임까지 담기기 때문에 콘티는 일종의 영화 제작 매뉴얼이라고 볼 수 있다.

마음에 그은 선 하나

영화 〈황산벌〉에서, 백제의 계백은 방어하는 입장이고, 신라의 김유신은 5만의 병력으로 공격 중이다. 옛날 전투 방식에서는 병목 지역에서 방어를 하는 것이 효율적이다. 많지 않은 병력으로 적을 상대할 수 있는 비법이기 때문이다. 당시 미술적으로 생각한 것이 목책으로 만든 일회성 성벽이었다. 황산벌은 벌판 전쟁이므로 진지도 임시이고 성벽도 일회적일 수밖에 없다. 목책은 영화 내내 적군과 아군의 선을 가장 잘 표현했다. 상대가 가까이 왔구나, 혹은 물러났구나 하는 거리감을 나타낸 준 것이다. 사실 벌판에는 선이라는 것이 있을 수 없다. 서로의 보이지 않는 선이 있을 뿐이다. 따라서 황산벌의 목책 성벽은 상징적 선이면서 실질적인 선의 역할을 했다. 이 선 하나가 공격의 느낌을 주었다가 방어의 느낌으로 물러났다가 했던 것이다.

미술이 한 일은 상징적이고 시각적인 의미를 부여한 것이다. 이것이 없었다면 방어와 공격이라는 전쟁의 느낌보다 약탈의 느낌이 강했을 것이다. 목책은 공격과 방어에 대한 감각적인 상징이었다.

또 하나, 목책이 있으면 동선은 좌우뿐 아니라 상하로 이동할 수 있다. 서로 수평으로만 공격했다 수평으로 물러나는 그림과, 기병대나 보병이 수평 수직을 모두 이용하는 영화적 동선은 엄청난 차이가 있다. 즉 이런 구조물이 있음으로 해서 전투의 양상이 달라질 수 있는 것이다. 수평구조에서는 기마병과 보병만 싸움이 가능한데 수직 수평을 움직이면 공성무기들의 활용이 가능하다. 박고 기어 올라간다거나 걸고 타고 올라가다 떨어지는 식의 전투 양상으로 동선이 화려해진다. 불도 떨어지고 기어올라가고 부수는 행동들이 가능해진다. 그래서 황산벌의 목책은 방어의 역할만 한 것이 아니고 전투를 화려하게 만드는 역할을 했다. 두 시간의 영화 속에서 액션의 역동성과 스펙터클과 같은 오락의 요소가 커졌다.

　사실 병목지역은 집중할 수 있게 물처럼 막힌 공간인데, 역사에서 늘 사용한 지형이기도 하다. 양쪽에 산이 있고 물을 댐처럼 막은 것이 목책이다. 관객의 눈이 아닌 프로덕션 디자이너의 분석이 개입하는 시점이다. 원래는 허허벌판인 곳에 세운 수비와 공격의 일회성 나무 성벽이다. 영화 시작에서 끝까지 마음에 그은 선 하나. 그렇지 않고서는 프로덕션 디자이너가 영화도 팀도 경영해 낼 수 없다. 크랭크인에서 크랭크업까지 황산벌 전투이기 때문이다.

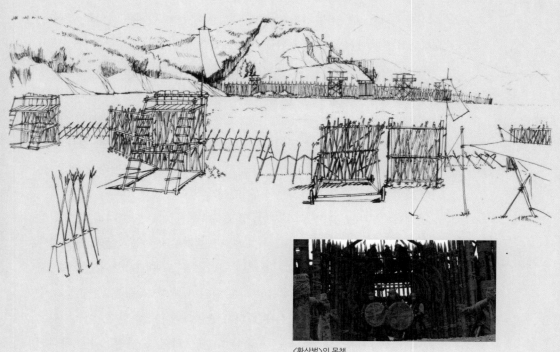

〈황산벌〉의 목책

4. 캐릭터 디자인

01
캐릭터
일러스트

시나리오에 등장하는 다양한 허구의 인물들, 즉 남·녀 주인공, 조연, 악역, 단역, 보조 출연 등 영화에 나타나는 모든 인물은 시나리오 작가가 만들어 낸 존재이며 의도된 동기에 따라 행동하는 인물로 그들의 행동에 의해 극이 전개되고, 그 전개 과정을 통해 관객은 사건의 실체를 파악하게 된다. 캐릭터는 시나리오 작가에 의해 창조되지만 캐릭터를 완성하는 이는 연기자, 배우이다. 연기자는 캐릭터가 요구하는 기본적인 특성 외에 언어로 표현하기 힘든 표정, 손동작, 걸음걸이, 버릇, 말투 등 다양한 표현 요소를 총체적으로 동원하여 캐릭터를 하나의 실존하는 인물로 구체화한다. 영화에서 인물은 대사, 외모, 행동이라는 요소에 의해 묘사되며, 특히 인물 간의 상관관계 속에서 인물의 생각, 성격, 특성이 드러난다. 카메라와 앵글, 색채 또한 등장인물을 묘사하는 주된 요소이다.

캐릭터 디자인은 인물의 나이, 성격, 습관, 환경 등을 고려하여 그 외양 부분에 대한 스타일을 구축해서 그것을 표현하고자 하는 인물의 연기자에게 도움이 되게 하는 것이다. 캐릭터 일러스트는 캐릭터의 외모, 비례, 자세, 신체 구조, 정면, 측면, 후면의 각도별 외형, 의상, 각종 포즈, 성격 묘사, 얼굴 표정, 입 모양, 동작 등을 기획하고 표현하여 형상화한다.

캐릭터 디자인을 위해서는 사물에 대한 주의 깊은 관찰력과 기본적인

〈무기여 안녕〉의 캐릭터 일러스트들

시나리오 속 허구의 인물들은 캐릭터 디자인 작업을 통해 실존하는 인물로
구체화되기 시작한다. 캐릭터 일러스트는 인물의 나이, 성격, 습관, 환경 등을 고려하여
외양적인 면에 대한 스타일을 구축하는 것이다.

〈사도〉의 캐릭터 일러스트

미적 감각이 필요하며 데생 능력을 동원하여 독창적이면서도 개성이 살아 있는 캐릭터를 창조할 수 있어야 한다. 즉 창의성, 상상력, 기발한 발상이 요구된다.

캐릭터 디자인의 순서는 원천 자료 수집을 통해 종합, 분석하여 최초의 캐릭터 방향을 정하고 1, 2, 3차 스케치 작업을 통해 연출자와 연기자인 배우와 협의하여 형상화 작업을 한다. 평면적으로 표현된 캐릭터를 입체화시키는 과정은 다시 의상 디자인, 메이크업, 헤어를 통해 구체화되어 연기자에게 영감을 준다.

02 영화 의상

영화 의상(movie costume)은 캐릭터의 신체를 감싸고 있는 머리끝부터 발끝까지의 모든 것을 총칭하는 것으로, 캐릭터의 외형을 형성하며 내면을 직접 드러내거나 함축한다. 영화 의상은 표현하고자 하는 캐릭터의 외양을 미술적 요소로 해석하여 구축하며 연기자에게 영감과 확신을 제공한다. 영화의 등장인물인 캐릭터는 배우 고유의 이미지에 영화감독의 연출에 의한 행동과 표정, 말투, 몸짓 등이 더해져서 표현되는데 그것을 더 확고하게 만드는 것이 의상이다.

의상의 색, 스타일, 차림새를 통해 등장인물은 캐릭터로 완성되며, 영화의 시각 요소로서 의상의 색, 무늬, 질감 등은 공간과 배경에 어우러져 화면을 구성하며 미장센에 관여한다. 영화 의상은 작품의 이해를 도와주는 장치로서, 캐릭터의 성격과 상황을 설명할 뿐만 아니라 작품의 배경을 보여 주고, 때로는 드라마의 흐름을 주도적으로 이끌기도 한다.

영화 의상은 캐릭터를 비롯해 작품의 이야기에까지 관여하면서, 관객과 소통하는 독립적인 영상 언어로 기능한다.

영화 의상의 역할

영화 의상은 캐릭터를 창조한다. 영화 의상은 활자 상태의 등장인물에 시각적 요소를 부여해 캐릭터라는 이미지로 형상화한다. 의상의 색과 세부 디자인, 조합과 착용 상태를 통해 인물의 성별, 나이, 성격, 심리, 취향, 습관, 행동, 직업, 사회적 지위, 환경, 성장 배경 등 인물에 관한 거의 모든 정보를 전달한다. 영화의 분야 중 무엇보다 캐릭터에 비중 있게 관여하는 의상은 캐릭터의 모든 것을 드러내며 그 이미지를 창조한다.

영화 의상은 시각 예술을 창조하는 조형 작품이자 영화의 이미지를 구성하는 시각 요소로서 공간과 어우러져 동작하는 인물과 함께 스크린을 채우는 움직이는 조형물이다. 영화의 시각 예술 요소로서 색채미와 조형미를 이루는 의상은 그 자체만으로도 독립적인 가치가 있는 조형 작품이다. 조형 작품으로서의 영화 의상은 화려하고 멋진 의상만을 의미하지는 않는다. 공간과 어우러지며 작품과 캐릭터에 충실하게 표현된 의상은 미장센의 구성 요소로서 기능한다. 배경이 되는 인물도 그 장면 안에서 미장센의 구성 요소이며 모든 캐릭터들의 의상은 하나하나가 조형물이 된다.

영화 의상은 패션 문화를 선도한다. 매력적으로 다가오는 영화 속 캐릭터는 따라하고 싶어 하는 사람들의 모방 심리를 자극한다. 따라서 영화에서 배우들이 입은 의상은 패션의 주요 모티브가 된다. 성공적인 캐릭터의 의상은 작품을 통해 널리 소개되어 유행을 만들고 나아가 새로운 패션 스타일이 탄생되기도 한다. 그러므로 영화 의상은 새로운 트렌드를 창조해 그 시대 패션을 선도하는 역할을 하고 있다. 대중문화 매체로서 커다란 스크린 위에 펼쳐지는 영상 메시지는 강력한 전달 효과가 있기 때문이다.

시각적 요소와 기능적 요소

영화 의상에는 시각적 요소와 기능적 요소가 균등하게 결합되어 있다. 즉 영화 의상은 색, 실루엣, 무늬, 재질 등의 시각 요소와 신체 보호, 신분, 직업, 사회, 경제, 문화 반영의 기능이 포함되어야 한다.

영화 의상 디자인은 등장 인물이 입게 될 서로 다른 의상의 색과 스타일을 디자인하고, 그 개별의 의상에 캐릭터 각각의 요소를 결합하는 과정

〈왕의 남자〉의 의상

〈평양성〉의 고구려
에미나이 의상

영화 의상은 캐릭터의 성격과 상황을 설명할 뿐만 아니라
작품의 배경을 보여 주고, 때로는 드라마의 흐름을 주도적으로 이끌기도 한다.

〈강남 1970〉의 의상

이다. 영화에서의 의상은 옷 자체의 디자인과 착용했을 때의 모양새도 있어야 하지만, 각각의 의상이 그 옷을 입은 캐릭터의 인품, 가치관, 성격도 표현해야 한다.

예를 들어 어떤 사람은 실제로 군인이기 때문에 군복을 입지만, 다른 어떤 사람은 제대를 하고도 옷이 없어서 군복을 입기도 한다. 같은 군복이지만 이야기하고자 하는 내용이 다르다. 군복이라는 의상이 그 사람의 말을 건네는 것이다.

디자인 작업에 시각적 요소를 결합하여 인물 하나하나에 옷을 입히고 나면, 다른 인물과의 옷과 어떻게 어울리는지가 점검 요소다. 스케치 단계에서 인물에 옷을 입히면 그 다음 단계는 그 인물이 옷을 입고 걷고 달리고 싸우고 움직이는 모든 상황을 고려해야 한다. 단순한 차림새뿐 아니라, 액션이나 그가 서 있는 장면의 상황에 따라 그 옷이 인물에게 어떻게 작용할 것인지 변수가 된다. 물리적인 조건도 문제가 된다. 비가 오거나, 진흙탕 위를 걷거나, 촬영 현장의 물리적 상황이 의상의 상태에 영향을 주는 경우들도 중요하기 때문이다. 다시 말해 영화 의상 디자인은 시각적 차림새, 캐릭터의 내재화, 물리적 조건에 적절한가의 여부 모두를 고려한 형태로 완성해야 한다.

영화 의상 디자인은 시나리오의 캐릭터 분석, 콘셉트 구상에서 시작되며, 콘셉트는 디자인에 있어서 중심이 된다. 작품과 영화감독의 연출 의도를 반영한 콘셉트는 작품의 색깔을 결정짓는 중요한 요소가 된다. 작품에 따라 의상에 적절한 역할을 부여하고 기능을 효과적으로 수행할 수 있도록 계획한다.

디자인 감각이 투영된 의상 콘셉트는 작품의 질적 수준을 좌우하는 영화 의상 디자인의 핵심이다. 영화 의상의 콘셉트 구상이 끝나면 세부 디자인 단계로 들어가며, 캐릭터별로 의복을 구성하는 디자인 요소인 색, 선, 실루엣, 무늬, 재질을 이용해 형태를 구현한다.

영화 의상 디자인은 의상의 연출과 제작으로 나눌 수 있다. 의상 연출은 등장인물의 성격, 환경, 개인사 등에 따라 어떤 옷을 입혀야 할지를 기획하는 것이고 의상 제작은 아이디어로서의 의상 연출을 현실에서 실제 어떻게 만들어 낼지의 문제이다.

영화 의상 디자인의 과정은 생각(idea)을 바탕으로 계획, 설계(plan)하고 생산, 제작을 하여 완성품, 생산품, 작품, 결과물까지 보여 주는 과정이며 그러한 공정을 통해 영화 속 등장인물인 캐릭터에 옷을 입히는 것까지도 포함한다.

영화 시스템 안에서 영화 의상 디자인만의 독자적인 작업은 분석(analysis; 작품 분석), 아이디어(concept; 구상), 계획, 설계(design), 제작, 선택(selection), 구현(realization), 조합(coordination, fitting), 스타일링(character styling), 연출(direction, costume direction)의 과정을 거쳐 완료된다.

03 의상 디자인의 요소

영화 의상은 각각의 캐릭터에게 직접 대입하는 맞춤식 디자인을 통해 만들어진다. 의상을 구현하는 색, 선, 실루엣, 무늬, 재질 등 시각 디자인 요소는 복식의 기능적, 구조적, 장식적인 측면을 포함한다. 각 요소들의 상호작용으로 캐릭터가 효과적으로 표현된다.

색

영화에서 색을 관장하는 분야는 촬영, 조명, 미술, 의상, 분장이 있다. 인물을 상징적으로 드러내는 의상의 색은 캐릭터를 표현함과 동시에 시각 부분에서 큰 비중을 차지한다. 의상의 색은 개별 인물을 보는 관점에서는 캐릭터를 보여 주는 상징적인 요소이며, 전체 인물을 보는 관점에서는 화면을 채우는 여러 색채와 더불어 강한 시각 효과를 주는 요소이다.

의상의 색이 가지고 있는 고유의 이미지는 캐릭터에 부여되어 직접 혹은 함축적으로 캐릭터를 설명하며 상징적 의미로 사용된다. 따라서 의상의 색은 캐릭터와 작품 전체의 비주얼을 모두 만족시켜야 한다. 의상의 색은 작품의 콘셉트를 효과적으로 전달하는 요소로서, 작품의 고유한 특성과 주제를 드러내야 한다.

의상의 색이 지니는 역할과 효과는 캐릭터의 역할 상징, 시각적 영향력, 색의 표현성이다. 의상의 색이 지닌 고유한 특성은 캐릭터의 감정과 심리, 행동을 표출하며 그것을 상징적으로 표현한다. 또한 의상의 색은 미술적 다른 요소들의 색과 어우러져 영상의 색채 이미지를 지배한다. 색채의 무한한 변화와 영향력은 비주얼에 강하게 작용한다. 의상의 색은 화면의 그 어떤 요소보다 강한 인상을 남기고 아름다운 비주얼을 선사한다.

또한 색은 의상에서 무한한 표현성을 제공하는데, 의상의 색 그 자체로서 혹은 다른 요소들과의 배합을 통해 캐릭터의 세밀한 감정과 심리를 표현한다. 색채 심리 이론에 따르면 사람은 감정의 움직임에 따라 마음에 끌리는 색채도 변화한다. 실제로 사람들은 기분에 따라 색을 결정하며 소비한다. 기분이 우울한 날에는 기분과는 반대로 선명한 색을 선택해 마음을 달래기도 한다.

색은 인물의 감정, 행동, 성, 극적 성질, 세련됨, 연령, 계절 등을 표현한다. 따라서 색채의 이미지와 느낌을 의상에 적용하면 캐릭터를 효과적으로 표현하는 도구가 된다. 색은 표현 면에서 디자이너의 독자적인 해석에 의한 콘셉트로서 무한한 표현이 가능하다. 색이 새로운 의미를 갖도록 자유롭게 사용하고 색채가 변화하는 무한한 가능성을 표현해 색채의 감각을 살리는 것은 의상 디자이너의 몫이며, 이런 작업이 훌륭하게 이루어질 때 색채는 새로운 의미로 완성된다.

선과 실루엣

의복의 선(line)은 캐릭터의 성격, 취향, 인상 등의 디테일을 표현한다. 선은 직선과 곡선으로 나뉘며, 선이 주는 일반적인 이미지를 살펴보면 직선은 단정한, 정직한, 경직된, 직관적인, 엄격함으로 표현되며, 곡선은 여성스러움, 부드러움, 완만함, 유연함을 나타낸다.

직선과 곡선은 의복 부분에 디자인 형태로 적용된다. 네크라인(neckline), 칼라(collar), 소매, 커프스, 주머니 등 옷의 부분별 형태를 이용하여 다양한 인상을 만든다. 예를 들면 브이-넥으로 깊게 파인 네크라인은 섹시함을 나타내고, 부드러운 포물선의 한복 소매는 단아함을 드러내며, 모서리가 둥글게 처리된 주머니는 귀여운 이미지를 보여 준다. 이러한 선이 주는 이미지를 통해 캐릭터를 표현할 수 있다.

실루엣(silhouette)은 옷 전체 외형의 윤곽으로 스타일을 특징짓는 형태의 기본 골격이다. 실루엣은 작품의 시대적 배경을 대변한다. 의복은 시대별로 실루엣이 변화하여 새로운 스타일로 탄생했다. 1990년대는 어깨가 강조된 풍성한 스타일이 유행했다. 따라서 그 당시 대부분의 의복은 어깨에 두꺼운 패드를 넣어 어깨 라인을 강조한 실루엣이다.

실루엣은 캐릭터의 성격과 심리를 표현한다. 실루엣은 몸매와 직접적으로 관련된 요소이기 때문에 인물의 성격과 심리가 작용한다. 편안함을 추구하거나 몸매를 감추고 싶은 심리가 있는 캐릭터는 넉넉하고 풍성한 실루엣으로 표현하고, 여성미를 보여 주고자 하는 캐릭터는 여성의 몸 라인을 살리는 실루엣으로 표현한다.

무늬

직물의 무늬(pattern)는 외관상의 크기, 무게, 활동 등에 상당한 영향을 주며 직물 및 의복에 광범위한 특성을 부여한다. 무늬는 직물이 나타낼 수 없는 관심을 불러일으키고, 의복의 구조적 선보다 더 빨리 시선을 끌게 한다. 무늬는 선, 공간, 형, 색 등 디자인 요소의 물리적, 심리적 효과가 결합되어 독특한 느낌을 창출한다.

무늬는 의복의 시각적, 장식적인 요소로서 매력적인 결과물을 제시한다. 무늬는 다양한 캐릭터를 표현할 수 있다. 무늬에 따라 느껴지는 감정은 캐릭터에 바로 대입된다. 직선적인 무늬와 곡선적인 무늬, 규칙적이거나 불규칙한 배열로 이루어진 무늬들은 다양한 물리적, 심리적 효과를

〈평양성〉의 의상 디자인

의상 디자인의 요소 가운데 색은 디자이너의 독자적인 해석에 의해 무한한 표현이 가능한 부분이다.
의상 디자이너는 색이 새로운 의미를 갖도록 자유롭고 효과적으로 사용할 수 있어야 한다.

〈판도라〉의 의상 디자인   〈판도라〉의 헬멧 디자인

준다. 직선적인 무늬는 딱딱함, 곧은, 정직함, 장중함, 스포티한 이미지를 주며, 곡선적인 무늬는 섬세함, 부드러움, 여성스러움, 귀여움, 안정적인 이미지를 준다. 규칙적인 무늬는 일관되고 단정하고 성실해 보이며, 불규칙한 이미지는 자유롭고 혼란스러워 보이기도 한다.

또한 무늬는 신체 사이즈에 대한 착시 효과를 일으키므로 신체의 장·단점을 살릴 수 있다. 영화 의상은 무늬의 물리적, 심리적 효과를 디자인에 적절히 사용하여 다양한 캐릭터를 표현할 수 있다.

재질

재질(quality)은 직물과 직물의 짜임과 조직의 표면 상태, 그것을 통해 느껴지는 감촉, 질감을 말하며 시각적이며 촉각적인 감각을 끌어 낸다. 재질은 연령, 세련됨의 정도, 계절, 개성, 상황, 성격 등을 제시할 수 있다. 재질에 따라 부드러움과 터프함, 따뜻함과 차가움, 고급스러움과 빈곤함 등 다양한 느낌을 전달한다.

광택이 흐르는 새틴(satin; 공단)이나 벨벳(velvet)은 고급스럽고 우아해 보인다. 같은 느낌을 표현할 때도 천연섬유로 된 실크(silk)와 인조섬유로 된 나일론, 폴리에스테르에 따라 느낌과 질이 달라 보인다. 모직(毛織) 재질은 따뜻하고 포근하게 느껴진다.

재질은 의상 디자인에서 무늬와 마찬가지로 매력적인 요소이다. 재질은 단순하고 밋밋한 디자인에 특별함을 부여한다. 대체로 의상의 색이 극단적으로 어두워지거나 밝아질수록 직물의 재질은 더 중요해진다. 특히 색이 결여된 무채색이라면 재질은 디자인의 모든 내용을 함축한다.

직물의 재질이 소유하고 있는 특성은 캐릭터의 이미지를 표현하기에 충분한 요소를 가지고 있다. 영화 의상의 재질은 캐릭터의 섬세함을 표현함과 동시에 화면에 풍부한 질감을 선사해 시각적 효과를 가져 온다. 의상의 재질은 캐릭터를 섬세하게 표현하고 다양한 질감으로 풍성하고 깊이 있는 비주얼을 선사한다.

캐릭터를 완성하는 스타일링

색, 선, 실루엣, 무늬, 재질로 만들어진 개체의 의상은 소품을 더한 조합, 즉 스타일링(styling)과 차림새를 통해 스타일로 완성된다. 스타일링은 의상의 개별 아이템(옷, 신발, 악세서리, 소품)을 이용하여 캐릭터의 스타일을 만드는 작업이다. 영화 의상에서 스타일링은 캐릭터의 구체적인 성격과 취향, 감각 등 세부 사항을 더해 스타일을 완성한다. 스타일링은 개별 아이템들의 색과 선, 실루엣, 무늬, 재질의 만남에서 오는 느낌을 전달한다.

영화 의상의 스타일링에서 염두에 둘 것은 패션의 스타일링과는 다른 개념으로 접근해야 한다는 것이다. 새로운 스타일과 멋을 초점에 두기보다 어디까지나 캐릭터 자체의 표현에 중점을 두고 그 특성을 현실감 있게 살려 다양한 메시지를 전달해야 한다. 보기 좋은 만남의 조화를 통한 기분 좋은, 혹은 서로 어울리지 않는 만남의 충돌을 이용한 불쾌함 등을 유도하여 궁극적으로 스타일링을 통해 긍정적인 메시지와 부정적인 메시지를 모두 전달할 수 있어야 한다.

캐릭터에 따라 멋지고 스타일리시한 완벽한 스타일링을 하기도 하고 과장이나 불균형을 통해 엉뚱하거나 촌스러운, 감각이 떨어지는 스타일링을 시도하기도 한다. 때론 지극히 평범한 스타일링으로 만족해야 하는 경우도 있을 수 있다.

스타일링은 인물과 인물, 인물과 공간 배경에서도 이루어진다. 이때는 상호 간의 관계가 스타일링의 기준이 된다. 관계에 따라 서로 어울리는 균형 스타일링, 혹은 어울리지 않는 불균형의 스타일링을 선택한다. 이로써 관계의 긍정적인 혹은 부정적인 메시지를 전달한다.

인물과 인물간의 조화로운 스타일링은 관계에 있어서 긍정적인 메시지를 전달하며, 인물과 공간 배경의 조화로운 스타일링은 긍정적인 상황을 보여 준다. 반대로 부조화를 이룬 스타일링은 관계 및 상황의 부정적인 면을 드러낸다.

영화 의상의 핵심은 캐릭터를 충분히 살리면서 그 작품에서만 볼 수 있

< 평양성 >의 의상 디자인

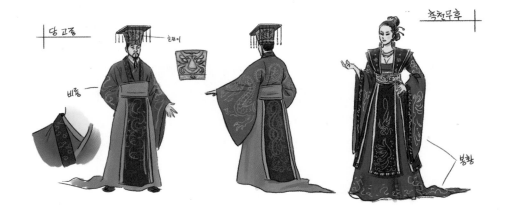

의복의 선(line)은 캐릭터의 성격, 취향, 인상 등의 디테일을 표현하며
실루엣은 작품의 시대적 배경을 대변하기도 한다.

〈구르믈 버서난 달처럼〉의 의상 디자인

영화 의상을 위해서는
그 시대의 트렌드를 분석하고 복식사를 연구해야만 한다.
의상 디자이너는 충분한 고증을 거치고 난 후에라야
새로운 창조의 기회를 얻을 수 있다.

는 캐릭터의 개성이 녹아 있는 독자적인 스타일을 만드는 것이다. 새로운 캐릭터의 탄생, 이는 미묘하게 이루어지는 스타일링으로 가능하다.

영화 의상 연출을 위한 사전 고려 사항

복식은 각 국가, 민족, 시대별로 확연히 구분된다. 복식은 각 지역의 특색과 삶의 방식, 문화적 환경에 따라 크게 달라지며, 생활 방식, 기후, 종교적 특징의 영향을 받고 각 국가별, 민족별, 인종별로 고유의 색과 전통적인 복식 관련 트렌드가 존재한다.

영화 의상을 연출할 때는 그 시대의 트렌드와 복식을 조사해서 민족이나, 국가, 시대를 표현해야 한다. 혹 고증과 의도에 충실하지 못하다면 그것은 분명 스토리 라인의 감정에 대한 집중도를 떨어뜨리고 영화의 실패 요인으로 작용할 것이다. 그래서 의상 디자이너는 각 국가, 민족의 자연 환경이나 역사에 따른 복식을 꼭 연구해야 하며 충분한 고증을 통해서만 창조의 기회를 얻을 수 있다.

또한 복식은 각 나라와 민족의 정치 이데올로기적 환경에 맞게 변화해 왔으며, 어떤 민족이 살아 온 시대를 담고 있고 계층, 계급, 집단을 나타내기도 한다. 그러므로 제복이나 관복에 대한 연구도 필요하다. 제복을 대표하는 군복은 복식의 역사라고 해도 무방할 정도로 시대별, 민족별 특성을 지닌 채 변화해 왔다.

한반도는 아열대성과 온대성 기후 지역에 속하기 때문에 우리 민족의 한복 역시 이에 맞게 변화해 왔다. 북방 민족은 초창기에 유목 생활을 했기 때문에 그러한 생활 환경에 어울리는 옷을 입었으나 농경 생활로 정착하면서 재산의 사유화가 인정되고 경제 계급이 생겨남으로써 계급의 구분은 복식 형태의 다양화를 촉진하는 직접적 동기가 되었다.

우리 나라의 복식에 대해서는 특히 석기시대, 철기시대, 고대시대, 삼국시대, 발해시대, 통일신라시대, 고려시대, 조선시대, 대한제국, 일제강점기와 개화기를 거쳐 근대와 현대에 이르기까지 시대별로 충실한 조사와 연구가 필요하다.

04
분장·헤어

분장(make-up)은 위장, 변장, 화장, 가면 모두를 포함하며, 시대성의 트렌드를 고려해야 한다. 분장은 프로덕션 디자인의 콘셉트와 연출자, 연기자와 합의한 캐릭터 디자인을 바탕으로 분장 기술을 이용해 연기자에게 캐릭터에 대한 영감과 신뢰, 확신을 제공하는 표현 방법이다.

분장의 기본 목적은 배우의 캐릭터화를 도와주는 것이다. 캐릭터화란 배우의 신체적 외형에 알맞은 변화를 주어 현실의 배우를 영화 속의 등장인물에 가장 부합하는 인물로 창조하는 것이다. 그러므로 분장으로서의 메이크업을 이야기할 때는 통상 생각하는 화장, 즉 배우의 외면을 나아 보이게 한다는 의미에서의 메이크 업(up)뿐만이 아니라 메이크 다운(down)도 염두에 둘 필요가 있다. 등장인물이 젊고 건강하고 아름답기만 할 수는 없다. 나이 들고 병들고 초췌하며 남루해 보이는 인물이 되어야 할 때는 그에 맞도록 배우를 변화시켜 주는 것이 좋은 분장이다.

분장을 통해 배우를 등장인물로 캐릭터화하기 위한 첫 번째 단계 역시 시나리오를 분석하고 해석하는 데서부터 출발한다. 직접적으로는 연출에 의해서, 간접적으로는 대사와 지문을 통해서 등장인물을 이해할 수 있다. 단지 육체적인 외양에 대해서만이 아니라 캐릭터의 배경, 환경, 인품, 나이와 작품 속의 다른 등장인물과의 관계를 파악해야 한다. 등장인물에 대한 연구는 근본적으로는 연기상의 문제이며 이것은 또한 분장을 위해서는 필수적인 준비 과정이기도 하다. 이렇게 해야만 여기서 얻어지는 모든 정보를 시각적으로 해석할 수 있으며 이 점이 매우 중요하다.

시각이란, 그 역할의 시대, 지역, 연령, 직업, 지위, 성격 등을 설명하기 위한 극적 요소이다. 훌륭한 분장은 철두철미한 준비 과정의 산물이며 지적인 선택과 면밀한 제작의 산물이다. 배우의 얼굴에 그의 건강 상태와 성격과 직업을 표현해야 하며, 시나리오에 함축되어 표현된 것을 기본으로

〈왕의 남자〉에서 장생의 얼굴에 표현된 상처

해서 등장인물의 히스토리를 만들어 주는 것도 분장의 역할이다.

예를 들면 〈왕의 남자〉에서 장생의 얼굴에 표현되었던 흉터는 본래 시나리오 상으로는 지시되지 않았던 부분을, 시나리오와 캐릭터에 대한 분석을 바탕으로 새롭게 만들어 준 것이었다. 그 흉터를 만들어 줌으로써 장생의 과거사에 대한 유추가 더 심도있게 될 수 있었고 이야기에 한층 더 깊이를 줄 수 있었다.

프로덕션 디자이너는 캐릭터의 신체적인 최소의 요구 조건에 합당한 분장과 헤어를 만들어 줌으로써 관객들이 귀로 듣고 눈으로 보는 것이 상호 연관성을 갖는다고 느끼도록 해 주어야 한다.

분장에서 육체적인 외모를 결정하는 요소는 유전(heredity), 종족(race), 환경(environment), 기질(temperament), 건강(health), 연령(age)의 6가지로 분류할 수 있다.

유전

유전학적인 제반 문제를 고려하지 않고 일반적으로 그 개인이 타고난 성격상의 특징적인 것, 신체적인 것, 정신적인 것을 이 부류에 포함시켜 말할 수 있다. 머리 색깔, 코의 모양, 눈썹 모양을 신체적인 모습과 특징과 개성 등의 상호 관련된 제반 지식에 근거해서 결정지어야 한다.

등장인물을 분석할 때 관객에게 가장 적절한 성격을 묘사해 보일 수 있고 배우가 보여 주려는 등장인물의 초상을 가장 명확히 뒷받침해 줄 인물을 잘 골라 내는 것이 분장의 중요한 과제이다.

종족

분장에서 인종적인 차이를 표현한다는 것은 매우 애매모호한 문제를 제기한다. 일단 표현을 해야 하기 때문에 피부색으로 차이를 만들어 주기는 하지만 어떤 면에서는 눈 가리고 아웅 할 수밖에 없는 유감스러운 상황이 발생하기도 한다.

이 점은 서로 다른 인종과 국적을 다룰 경우에는 상당한 오류를 만들어 내기도 한다. 우리는 동양인, 흑인, 인디언 등의 피부색, 머리카락 색, 머리털 모양, 얼굴의 형태나 기타 육체적인 모양 등이 절대불변인 특별한 것이라고 생각하는 경향이 있다. 그러나 이러한 생각은 잘못된 것이다. 실제로 외양상의 종족적 특성은 그렇게 단정적이지 않기 때문이다.

물론 핑크빛 피부가 흑인이나 동양인이나 인디언의 특징이 아님은 분명하지만 일반적인 인종의 색상 한계에는 그래도 다소간의 변형이 있으며 특히 인종간의 광범위한 혼합이라는 관점에서는 더욱 그렇다. 즉 얼굴 모양이나 머리카락의 특성에는 확연한 경향이 있으며 이러한 경향이 각 인종을 확실히 구분 짓기에 충분하지만 그러면서도 각 개인의 특징에는 상당한 차이의 폭이 있다. 분장을 할 때는 그런 점에 대한 고려를 충분히 하고 가능한 한 오류와 부자연스러움을 줄이도록 노력해야 한다.

환경

인종과 유전적인 요인에 덧붙여 환경은 피부의 빛깔과 피부의 구조를 결정하는 데 아주 중요하다. 농부와 샐러리맨은 피부 빛깔이 서로 다르고 한쪽에 어울리는 빛깔이 다른 쪽에는 알맞지 않게 된다. 쌍둥이 형제일지라도 일생을 북극에서 보낸 형과 일생을 적도에서 보낸 아우는 빛깔이 다르다. 등장인물이 살고 있는 세계 어떤 부분의 일반적인 기후 여건만 염두에 둔 게 아니라 그가 그 환경에서 일하고 놀며 보낸 신체적인 상태도 고려해야 한다.

다양한 장소에서 일하며 사는 사람들에게 환경은 각기 다른 영향을 미친다. 등장인물 역시 환경의 다양성을 가질 수 있다는 점을 고려해야 한다. 시나리오를 분석했을 때 환경이 한 개인의 외형적인 특징이나 상황에 영향을 미친 것으로 이해된다면, 그때 그 인물이 환경으로부터 받은 영향을 영화상에서 가장 논리적으로 설명해 줄 수 있는 부분이 바로 의상이나 분장이다. 캐릭터 디자인의 여러 요소 가운데 분장은 이와 같은 역할에서 매우 중요하다.

또한 오랜 사회적 관습이나 생활 풍습에서 비롯된 여러 영향은 개인의 외모상의 변화뿐 아니라 인간적인 됨됨이까지 변화시킬 수 있다. 수세기에 걸친 역사 속의 풍습을 살펴보면 어떤 시대에는 남자들이 머리를 길렀고 어떤 시기에는 댕기머리를 했다. 분장은 이렇듯 시대의 풍습, 관습, 문화적인 환경과 신분 변화, 유행, 트렌드까지도 고려해야 한다.

기질

개인의 기질은 곧 그 사람의 인품, 성질, 개인적인 습관을 포함하게 되는데 이는 그의 신체적인 외양에 여러 가지로 영향을 끼친다. 모험가, 학자, 예술가, 사업가, 운동선수, 철학자는 기질 면에서 서로 다르며 이 차이가 때로는 외모상으로 확연하게 드러나기도 한다. 특히 머리와 수염은 아주 강렬한 개성의 상징이 된다.

건강

분장 시에는 신체 증상으로 표현되는 여러 가지 건강상의 문제를 표현해야 할 때도 있다. 어떤 병이 있다면 무엇보다도 먼저 그 병의 증상을 고려해야 하고 의학적 사실을 바탕으로 분석해서 그 증상을 피부, 머리 모양 등으로 표현해야 한다.

너무 미미하게도 또 너무 지나치게도 꾸미지 않는 것이 최선의 방법이다. 어떤 부분에서는 자기의 상상을 접어 두고 정확한 사실에 기인해서 만드는 것이 가장 좋다.

연령

캐릭터를 설정하면서 우선 연령에 대한 결정을 해야만 하는데 이는 배우나 연출자 모두에게 이야기 전달을 위한 도움이 되도록 해야 한다. 나이라는 것은 예외 없이 모든 사람의 신체 상태에 다양하게 영향을 미친다. 사람은 시간이 흘러 나이를 먹어감에 따라 어떤 식으로든 외양상의 변화를 겪으므로 분장을 할 때는 이 요인에 유의해야 한다.

분장은 인물의 외견상의 나이와 실제의 나이가 몇인지, 나아가 그 사람의 인생이 어떠했으며 그는 인생을 어떻게 느끼고 있는가를 말해 주기 때문이다. 겉으로 보이는 나이는 환경의 영향을 받을 수 있으며 그로 인해 정신적인 면에까지 영향을 미칠 수 있다.

긍정적인 인물인가 부정적인 인물인가, 우울한 인물인가 명랑한 인물인가, 자기 연민에 빠져 있는 사람인가, 아니면 살아간다는 것 자체를 즐거워하지만 생에 대한 자세가 전진적인가 퇴보적인가, 스스로는 몇 살이라고 생각하고 있을까, 매년 나이가 먹어가고 있다고 느끼는가, 정말 젊은 채로 있고 싶은가. 이런 모든 의문적인 분석을 하고 나서, 그렇다면 등장인물은 과연 외견상 몇 살 정도로 보일지 결정하는 것이 좋다. 외견상의 나이는 섭생, 정신적 태도와 관련이 있으며 그것은 또 건강과 직결된다.

그러므로 이렇게 복잡하고 다양한 요인과 연결되어 있는 등장인물의 외견상의 나이는 보편적인 방법으로 유아, 청년, 장년, 노년기로 구분하는 것도 좋을 것 같다.

분장의 필수 요소

분장의 요소는 관상학으로 대변하며 골상학을 연구해야 한다. 얼굴은 머리, 머리에서 눈썹, 눈썹에서 코끝, 코끝에서 턱끝까지 크게 네 부분으로 나눈다.

머리 부분에서는 모발의 상태, 모양, 색, 스타일 등으로 캐릭터를 파악할 수 있다. 얼굴은 피부를 바탕으로 피부의 상태가 캐릭터의 기본적인 기

<왕의 남자>의 분장 설계

분장의 기본 목적은 배우의 캐릭터화를 도와주는 것이다.
캐릭터화란 배우의 신체적 외형에 적당한 변화를 주어 현실의
배우를 영화 속 등장 인물로 재창조하는 것이다. 그러기 위한
첫 번째 단계 역시 시나리오의 해석과 분석에서 출발한다.
모든 것은 시나리오에 있다.

<판도라>의 박 소장 분장을 위한 준비

초가 되며 피부의 색상, 명도, 채도에 질감을 더해 상태를 나타낸다.

머리에서 눈썹까지 중에서 분장으로 표현할 수 있는 부분은 이마이다. 이마는 어둡게 또는 밝게, 넓게 또는 좁게, 깨끗하게 또는 주름살을 나타낼 수 있다. 눈썹에서 코끝까지 중에서 눈은 그 사람의 속마음을 잘 나타내 주는 부위이다. 눈썹의 색과 채도로 개인의 어떤 상태를 나타낼 수 있으며, 속눈썹도 중요한 표현의 요소이다. 눈동자의 색으로도 캐릭터 표현이 가능하며 코의 크기, 형태, 색의 명도, 채도에 따라 사람이 달리 보일 수도 있다.

코끝에서 턱 끝까지에는 입술, 이, 목이 있다. 이의 상태와 입술의 모양, 색의 명도와 채도로 건강과 캐릭터의 특징을 나타낼 수 있다. 턱선의 상태로 더욱 이미지의 효과가 난다.

분장의 재료는 기본적인 피부색을 만들어 주는 파운데이션에 팬 스틱(pan-stick), 그리스 페인트(grease-paint), 팬 케이크(pan-cake)가 있다.

붓은 소형붓, 접착제 붓, 염색솔, 파우더 붓, 아이라이너 붓과 눈썹 그리는 붓 등이 있으며, 머리에 사용하는 헤어 스프레이, 컬러 헤어 스프레이, 머리 표백제, 헤어 드라이어, 분무기, 포마드, 젤, 반도린(젤의 일종)이 있다. 여러 가지 빗과 헤클을 사용하여 머리 모형을 만들며, 가발망사, 바늘, 가발조이개, 가발 진열대, 가발걸이, 티 핀, 인모, 인조모, 실크 가제가 유용하게 쓰인다.

수염 재료로는 비어드 브럭, 접착제, 스프리트 검, 라텍스, 샤무아, 콜로디온, 접착 테이프가 있다. 또 흉터 자국 등 안면 모형을 작업하기 위해서는 더마 왁스, 인조 피(blood), 블랙 왁스, 노즈 퍼티, 나무 주걱, 뮤라쥬, 실크 모슬린, 튜프레스트, 족집게, 스타블 페이스트, 플랫브틱 판, 스펀지, 비누, 가위, 액체 플래스틱 등을 사용한다. 이외 분장 재료로는 아이섀도우, 마스카라, 사극에 사용하는 입술 연지, 립스틱, 매니큐어, 눈썹 펜, 인조 속눈썹, 아이라인, 거울, 분장 파렛트가 있으며 제거 재료로는 아세톤, 알코올, 클렌징 크림, 클렌징 티슈, 스킨 프레시너가 사용된다.

무엇을 모르는지 알기 위해 배우다

배우기 위해 스승을 찾아가는 일에 익숙지 않다. 프로덕션 디자이너로 일해 온 20년간 계속 독학으로 배워 온 습관 때문이다. 물론 독학이라도 가능했던 것은 내가 현장에 들어가기 전, 어려움 속에서도 한국 영화를 지켜 온 분들이 피땀 어린 노고로 일구었던 저변이 있었기 때문이다. 프로덕션 디자인은 내가 일을 시작했던 당시 체계가 갖추어져 있지 않았기 때문에, 상대적으로 스스로 배우고 개척해야 했던 부분이 컸다.

지금 생각하면 운명이었든 우연이었든 내가 했던 일들은 모두 배움의 현장이었다. 대학 때 전공한 조각을 계속하기 힘들었던 상황도 어찌 보면 영화와의 조우로 나를 연결하는 운명이었다. 조각을 하다 보면 무거운 돌을 다루고 운반하는 과정에서 부상이 잦을 수밖에 없다. 부상으로 조각을 할 수 없을 때는 생계를 위해 닥치는 대로 아르바이트를 했는데 그 한시적인 부업들을 통해 많은 기술을 배웠다. 건축 현장에서 소위 노가다 일을 하는 동안 인테리어 공사, 미니어처 제작 등을 배우며 흥미롭다는 생각이 들었다. 생계는 나에게 늘 배움의 현장이었을 뿐만 아니라, 내가 좋아하는 것을 뒤늦게 발견하게 하는 계기가 된 것이다.

당시는 무대디자인과나 프로덕션 디자인학과가 있는 상황이 아니었을 뿐 아니라 기술 분야의 경험 전수가 모두 도제 시스템이어서 하나씩 배우고 현장에서 다졌다. 〈테러리스트〉로 입봉을 하고, 중앙대학교 대학원에 진학했다. 영화 미술에 대해 공부를 더 하고 싶었는데 카메라나 연출, 시나리오, 조명에 대해서는 이야기해 줄 사람이 있는데 영화 미술에 대해서는 이야기해 줄 사람이 없었다. 닥치는 대로 해외에서 구한 책들을 찾아 읽고, 필요한 분야들을 찾아

학원을 다녔다.

특수효과도 분장도 당시 관련 학원들이 밀집되어 있던 신사동 학원에서 배웠다. 분장을 배울 때는 꽃다운 여성들 사이에서 시커먼 청일점 아저씨로 '과도한' 관심도 받았다. 아직 시스템이 갖춰져 있지 않았던 프로덕션 디자인, 반드시 필요할 것이고 따라서 해볼 만하다 생각하며 신바람 내며 공부했던 시간들이었다.

〈테러리스트〉는 미술감독으로서의 나의 첫 작품인데, 분장 학원을 다니면서 배웠던 지식들이 현장에서 매우 유용하게 쓰였다. 미술감독이 직접 배우의 얼굴에 분장을 하지는 않지만 분장의 재료나 소재에 대해 잘 알고 있기 때문에 아이디어를 구체화시키고 현실화시키기에 좋았다.

5. 세트 디자인

01
세트 디자인이란

세트 디자인이란 시나리오를 바탕으로 분석되고 창조된 모든 장소에 대한 공간적 계획과 실행을 말한다. 공간의 의미를 한자의 뜻 그대로 보자면 빌 공(空), 사이 간(間), 즉 비어 있는 곳과 비어 있는 곳 사이라고 해석할 수 있다. 상하, 좌우, 전후로 끝없이 펴져 있는 빈 곳, 쓰지 아니 하는 빈 칸, 일 반적으로 점의 집합을 말한다.

직선을 1차원 공간, 평면을 2차원의 공간, 입체를 3차원의 공간이라 한다. 장소는 마당 장(場), 바 소(所), 즉 어떤 일이 이루어지거나 일어나는 곳이다. 영문 Space의 뜻은 1) (비어 있는, 이용할 수 있는) 공간 2), (비워 있 는) 공간 3) (장소가) 널찍함이다.

이런 의미들을 바탕으로 세트 디자인을 해석하면, 시나리오를 근거로 하여, 비어 있는 장소나 공간을 활용, 재현, 창조하고, 그것을 미술적인 요 소로 형상화 또는 현실화시키는 행위를 의미한다.

세트 디자인에서 말하는 공간은 우주에 속한 모든 장소와 공간을 의미 하며, 곧 시나리오 상의 모든 장소와 공간을 말한다. 공간은 현실의 공간과 가상의 공간을 모두 의미한다. 현실 공간은 자연 공간, 인공 공간이 있으 며, 자연 공간은 산, 숲, 들판, 동굴, 바다, 호수, 강, 등의 모든 인공적인 손 길이 닿지 않은 상태의 자연 환경을 의미하고, 인공 공간은 도시 공간, 거리 공간, 예술 공간, 문화 공간, 공공 공간, 즉 인공적인 환경 모두를 포함한다.

인공적인 환경이란 건축, 건물, 주택, 빌딩, 도시, 공원 등 심지어 교통 수단인 비행기, 우주선, 기차, 차, 선박, 배 등의 모든 공간과 장소를 의미하며, 가상의 공간은 확인되지 않은 공간과 장소 또는 실제는 존재하지 않는 등의 공간과 장소, 즉 상상의 공간과 장소를 의미한다. 세트 디자인에서 말하는 공간에 대해서는 단순히 장소의 의미뿐만 아니라 시대, 역사, 시간의 의미까지 부여한 포괄적인 해석이 필요하다.

세트 디자인과 세트 데코레이션

여기서는 프로덕션 디자인의 분야 가운데 장소와 공간에 해당되는 부분을 세트 디자인과 세트 데코레이션으로 나누어 살펴보려고 한다. 세트 디자인이 일반적인 치장과 마감을 의미한다면 세트 데코레이션은 그 아름다움에 더욱 깊이를 주기 위해 부가되는 형상 또는 그 행위를 말한다. 우리가 실제로 거주하고 사용하는 건물에서도 구조와 외형을 주로 담당하는 건축 분야와 실내 장식을 주로 담당하는 인테리어 분야가 있듯이 영화적 공간을 다루는 분야도 나누어서 다루는 것이 맞다. 한국 영화 제작의 현실적 여건이 세트 디자인과 세트 데코레이션을 따로 나누어 작업할 수 있는 상황이 아닌 경우도 많지만 엄밀하게는 두 분야 각각의 전문성을 인정하고 더욱 심화시킬 필요가 있기 때문이다.

세트 디자인은 시나리오를 바탕으로 합의된 프로덕션 디자인의 아트워크 콘셉트를 기반으로 하는데 장소와 공간상으로 보자면 로케이션(외부, 내부)과 세트(로케이션 세트, 오픈 세트, 실내 세트, 특수 세트)로 구분할 수 있고 내용면으로 보자면 건축 관련은 세트 건축으로, 실내장식 및 인테리어 관련은 세트 데코레이션으로 범위를 정할 수 있다.

표현 영역에서 보자면 로케이션 디자인과 세트 건축은 세트 디자인이고, 공간 연출은 세트 데코레이션이다. 세트 건축의 요소에는 장소, 바닥,

벽체, 천장, 개구부, 그리드가 있으며, 세트 데코레이션 요소에는 의, 식, 주, 산업, 문화, 교육 등의 분야가 있다.

예를 들어 아파트를 분양받아 입주한다면, 이사하기 전 원래 제공되는 아파트의 상태(바닥, 벽면, 천장, 방, 거실, 욕실, 주방, 다용도실, 현관, 욕실 시설, 주방 시설, 전기 조명, 가스 배관, 상하수도 및 배관)를 세트 건축의 요소라고 보고, 입주 이사를 하면서 가지고 들어가는 이삿짐의 모든 것(침실 가구, 주방 가구, 거실 가구, 사무 가구, 거실 도구, 장식 도구, 주방 도구, 침실 도구, 욕실 도구, 현관 도구, 조명기, 가전제품, 패브릭 제품)을 세트 데코레이션의 요소

영화의 모든 장소를 담당하는 것이 세트이다. 실제 살기 위한 건물을 지을 때, 외형을 주로 담당하는 건축 분야와 실내 장식을 담당하는 인테리어 분야로 나누는 것처럼, 세트도 세트 디자인과 세트 데코레이션으로 나눌 수 있다. 세트 디자인은 건축에 해당되고 세트 데코레이션은 인테리어에 해당된다.

세트 디자인

세트 데코레이션

세트 데코레이션

라고 이해하면 쉬울 것이다.

　장소는 현실에 이미 있는 어떤 곳을 활용하기도 하는데 그것을 로케이션(location)이라고 한다. 이미 있는 장소라 하더라도 촬영의 용이성을 위하여 세트로 제작하기도 하며 기존에 없는 상상의 공간은 세트로 표현해야만 가능하다.

　세트 건축은 건축, 행사, 이벤트, 가설 형태, 공연, 방송무대 등 장소를 의미하는 모든 것을 말하며 자연적인 환경(산, 들판, 호수, 바다, 동굴, 숲, 사막)과 인공적인 환경(건축, 도로, 공원, 정원 등)을 포함하는 장소적 요소를 디자인하고 현실화시키는 것을 말한다.

　세트 데코레이션은 세트 건축이 표현하는 모든 이야기의 공간을 구성하는 것이다. 세트 디자인은 누가, 왜, 무엇을, 어떻게라는 물음에서 출발한다. 일반적인 건축물이라고 가정하면 그 건축물의 주체와 용도, 기능을 어떤 양식과 구조로, 어떤 재료를 가지고 완성했는가라는 물음에서 출발하여 그에 대한 대답을 미술적인 요소를 통해 찾아 내는 것이다.

　자연적인 곳이든 인공적인 곳이든 사람의 손길이 닿는 순간 거기에는 분명히 목표와 목적이 있게 마련이다. 건축에는 항상 목적이 정확하게 있는 것이기 때문에 그 목적이 무엇인지를 분명하게 풀어야만 건축 방법도 도출할 수 있다.

02 건축

공간에는 인공 공간, 자연 공간이 있으며 프로덕션 디자이너는 그 두 가지 공간 모두를 책임져야 한다. 그 가운데 인공적인 공간, 즉 사람이 만들어 낸 모든 공간을 건축이라고 할 수 있다. 건축은 시대적인 양식, 구조, 용도, 기능, 재료로 이루어진다.

　공간을 표현하기 위해서 프로덕션 디자이너는 기본적으로 건축을 이해하고 있어야만 한다. 프로덕션 디자이너의 역할 가운데 세트 디자인이 차지하는 비중과 위치는 절대적이다. 영화는 사람이라는 존재를 표현하는 것이고 사람을 표현하기 위해서는 시간과 공간이 필요하다. 사람에게 공간이라는 것은 필연이고, 공간은 곧 건축이며, 그러므로 프로덕션 디자이너의 건축에 대한 이해 역시 필연이다.

여기서는 건축의 양식과 구조, 기능과 용도, 재료 등에 대해서 자세히 논할 수도 없으며 논할 필요도 없다고 본다. 하지만 프로덕션 디자이너가 왜 건축을 제대로 이해해야만 하는지는 분명히 인식하고 그 이해의 분야가 어떤 것들이어야 하는지만 언급하고자 한다.

건축 양식

건축 양식은 형태, 기술, 물질, 기간, 지역 등의 영향을 바탕으로 건축을 분류하는 것을 말한다. 이는 건축의 진화 및 역사 연구와 관련되며, 건축의 역사에서 어느 특정한 건축 양식은 이러한 구조적 설계와 건축에 포함되는 전반적인 문화적 환경을 포함한다. 그러므로 건축 양식은 디자인 기능을 강조한 건축을 분류하는 하나의 방법이며 이를 통해 고딕 양식, 로마네스크 양식과 같은 용어가 생겨나게 되었다.

건축 양식은 원시 형태, 동아시아의 목조 형태, 중앙아시아와 서아시아의 찰흙이나 벽돌로 만든 형태, 유럽과 미국의 석조나 벽돌로 만든 형태, 현대 건축 등 크게 5가지로 분류할 수 있다. 이것들은 또 각각 시대의 양식으로 구분할 수 있는데 예를 들면 유럽의 건축 양식은 아르카익기, 고전기, 헬레니즘기, 초기 그리스도교기, 로마네스크, 고딕, 바로크, 로코코, 아르누보 등으로 분류하고, 현대 건축에 오면 건축가의 특성에 따라 르코르뷔지에 양식, 라이트 양식, 가우디 양식 등으로 분류한다. 건축 양식을 통해 건축의 성격, 그것이 만들어진 환경과 사회 또는 시대의 성격 등을 알 수 있다.

건축은 인간적 요구와 건축 재료에 의해 실용적, 미적 요구를 충족시키도록 만들어진 공간 구조물을 말한다. 단순한 건조 기술에 의하여 만들어진 구조물은 '건물(建物)'이라고 하고 구조물을 형성하는 공간에 작가의 조형 의지가 담긴 구조물을 '건축'이라고 한다.

건축의 종류는 매우 다양하다. 우선 사람들이 사는 집, 즉 주거용 건축은 사람들의 생활이 점차 복잡해짐에 따라 주생활이 변화하고 그 내용이 다양해지게 되었다. 사람들이 잠자고 쉬고 밥을 먹는 공간 이외에 간단한 석기나 골각기 등의 제작 작업을 하는 공간, 곡식과 생활 도구들을 저장하고 보관하는 공간 등이 점차 필요하게 되어 주거 건축과 별도로 독립된 작업장이나 창고 등의 부속 건축이 나타나게 되었다.

또 사회의 발전에 따라 통솔자의 주거나 통솔을 받는 사람의 주거의 변화, 즉 주거의 규모와 양식의 변화가 나타나기 시작하여 점차 궁전 건축이 확립되고, 귀족의 주택과 서민의 주택 등 계급이나 계층에 따른 주거 건축의 변화가 나타난다.

사회가 더욱 발전되어 국가적 형태를 갖추게 되고, 국가 간의 분쟁이 일어나게 되자 성곽 건축이 발생하게 되고, 통일국가로서의 형태가 갖추어지면서 국가 통치 업무를 맡는 관리의 업무 수행을 위한 공간, 즉 관아(官衙) 건축이 나타나게 되었다.

또 귀신이나 영성, 사직을 제사하기 위한 공간으로서 종교 건축이 나타났고, 사람들의 교류 범위와 교류량이 증가됨에 따라 교통로의 정비와 아울러 교량이 만들어졌다. 이러한 건축의 여러 종류는 그 건축에 요구되는 공간 기능을 충족시키기 위한 것들로서 사용 목적에 따라 분류한다.

또 건축을 구성하는 주요 자재에 따라 분류하는 방법도 있다. 즉 주요 자재가 목재인 경우 목조 주택이라 하며, 흙을 주요 자재로 했을 때는 토축(土築) 건축, 흙을 빚어서 구운 전(塼)으로 구축한 것은 전축 건축, 돌을 쌓아 만든 것은 석조 건축이라고 한다.

건축이 건립된 지역에 따라서 분류하는 방법도 있다. 서양에 세워지거나 그것을 모방한 건축을 서양 건축이라고 하며, 동양에 세워진 건축이나 이를 모방한 건축을 동양 건축이라고 한다. 동양 건축은 더 세분하여 한국 건축, 중국 건축, 일본 건축으로 분류하기도 한다.

〈사도〉의 인정전

영화는 사람을 표현하는 것이고 그러기 위해서는 시간과 공간이 필요하다. 사람에게 공간은 필연이고,
공간은 곧 건축이며, 그러므로 프로덕션 디자이너에게 건축의 이해 역시 필수불가결한 것이다. 영화에는 여러 공간이 등장한다.
자연적인 공간, 인공적인 공간, 상상 속의 공간 …… 프로덕션 디자이너는 이 모든 공간을 책임져야 한다.

〈구르믈 버서난 달처럼〉의 세트

〈강남 1970〉

〈판도라〉

프로덕션 디자이너의 역할 가운데
세트 디자인이 차지하는 비중과
위치는 절대적이다. 언제 어떤
모양과 형식의 세트를 만들어 내게
될지 알 수 없다. 시대별, 지역별,
기능별 건축의 양식과 구조에 대한
연구가 항상 필요한 이유이다.

〈불량남녀〉

따라서 우리나라의 전통적인 건축은 동양 건축의 범주에 들어가는 한국 건축이며, 대부분 목재를 주요 자재로 사용하는 목조 건축이 많다.

주거 건축, 궁전 건축, 관아 건축, 종교 건축 등이 목조 건축에 속하며, 성곽 건축의 성벽은 주로 석재 또는 흙으로 축조하지만, 성곽 내부에 세워지거나, 성곽 위에 세워지는 여러 가지 시설은 목조 건축이 많다.

한국의 건축 양식

한국 영화에서는 당연히 한국의 공간, 한국의 자연과 건축을 많이 다루게 된다. 그러므로 한국의 프로덕션 디자이너는 한국적 건축과 공간에 대한 공부와 연구가 필수적이다. 지금 현재 내가 만들고 있는 영화 한 편은 20~30년 후의 다른 영화 만드는 사람에게 텍스트가 되고 역사가 될 수 있다. 그러므로 지금의 나는 현재 만들고 있는 영화에 대한 책임뿐만 아니라 후배들의 작업에도 영향을 미칠 수 있다는 생각을 하고 책임 의식을 느껴야 한다.

한국의 역사에 대한 공부 역시 마찬가지이다. 한국 사람이므로 시대적인 역사나 흐름, 양식, 스타일을 모르면 의도하지 않은 거짓말을 하게 되고 오류를 범하게 될 수 있다. 그러므로 프로덕션 디자이너에게 어떤 시나리오가 주어지면 철저한 연구와 고증에 들어가야 한다. 수많은 관련 서적을 읽고, 새로운 사실을 발견해 내고, 그것을 시각화해서 보여 주어야 한다. 한국의 건축 양식에 대한 연구는 한국 영화 현장의 프로덕션 디자이너에게는 그 중요성을 새삼 설명할 필요조차 없는 사항이다.

한국 건축 양식의 특징은 선사시대부터 근세에 이르기까지 각 지방에서 풍부하게 생산되는 소나무가 주요 건축 자재로 사용되어 왔기 때문에 목조 건축이 주류를 이루었다는 점과 온대 계절풍 기후를 나타내는 대륙성 기후에 속하므로 겨울에 추위가 심하여 모든 건축이 내한적(內寒的) 건축으로 발달하여 왔던 점을 들 수 있다.

또한 우리나라는 전 국토의 70% 정도가 산지로 이루어져 있기 때문에 이들과의 조화를 위하여 큰 규모의 건축보다는 작은 규모의 건축이 많으며, 층수가 많은 높은 건축보다는 단층의 낮은 건축이 많다. 이러한 우리나라 건축의 특징은 어느 지역, 어느 민족의 건축에서도 피할 수 없는 그 지역의 지리적 조건에 따라 필연적으로 형성된 것이다.

또한 건축의 주요 자재가 소나무이므로 소나무가 가지는 재질의 특성이 건축에도 반영되었으며 이에 덧붙여 우리 민족 고유의 정서, 성향, 취향에 따라 정착된 특징들이 있다. 소나무는 수액이 많고 점성이 매우 강하기 때문에 목재가 비틀어지기 쉽고 치목(治木)한 뒤의 변형이 많으며 정밀한 치목이 불가능하다. 따라서 정밀하게 치목한다 해도 변형이 심해 그 효과를 발휘하지 못하기 때문에 건축의 세부 가공이 정밀해지기 어렵다.

우리나라 건축의 또 다른 특징 가운데 하나는 항상 자연경관과의 조화를 시도한다는 것이다. 우선 산이나 주변 경관과 잘 조화되도록 규모나 형태를 정하며, 자연경관을 해치거나 억눌러서 그 경관을 변형시키려 하지 않고, 오히려 건축에 의하여 그곳 자연경관의 허점을 보완하고 더욱 돋보이게 하는 방향으로 건축해 왔다는 것이다.

또 건축 자체로 보면 건축을 하나의 조형미술로서 아름답게 건축하기 위한 기법이나 구조역학적으로 안전도를 높이는 기법들은 그것이 아무리 어렵거나 복잡해도 버리지 않고 잘 보존하여 왔으며, 세부 장식 면에서는 기능과 상관없는 부가적인 장식을 많이 채용하지 않고 매우 간결하고 담백하게 만드는 특징을 가졌다.

세부 가공이 치밀하지는 못하나 주위의 경관과 어울리며, 조형미술로서 번잡하지 않고 균형적인 안정감이 넘치는 우리 건축의 특징은 역시 목조 건축이 주류를 이루는 중국의 위압적인 건축이나 일본의 규격화되고 수공예적인 감흥만을 노린 건축과는 확연히 구별되는 것이다.

한국 건축은 선사시대 건축, 고대(고조선, 부여, 옥저, 동예) 건축, 삼국시대(고구려, 백제, 신라) 건축, 통일신라시대 건축, 발해 건축, 고려시대 건축, 조선시대 건축과 근대 서양 문물 도입 이후의 근대 건축과 현대 건축으로 구분할 수 있는데 프로덕션 디자이너는 이러한 한국 건축의 각 시대별 특징에 대해서도 잘 알고 있어야 한다.

건축의 구조

사실상 건축이란 여러 분야에서 모색하는 가장 안전하고 내구적이며 쾌적한 환경을 만들기 위한 종합적 수단을 통하지 않고서는 초반 작업이 불가능하다. 결국 건축이란 그 과정이야 어떻든 만들어진 궁극적인 결과로서 존재 가치를 얻는 것이기 때문이다.

건축은 구조 재료에 의해서도 나무 구조, 벽돌 구조, 블록 구조, 철근 콘크리트 구조, 철골 구조, 철골 철근 콘크리트 구조로 분류할 수 있으며, 구조 양식의 측면으로 조적식 구조, 가구식 구조, 일체식 구조, 특수 구조(입체트러스, 절판 구조, 셸 구조, 현수 구조, 공기막 구조) 등으로 구별한다.

또한 시공 과정에 의해 분류를 하면 건식 구조, 습식 구조, 현장 구조, 조립식 구조로 분류할 수 있고 재해 방지 성능 상으로 내화 구조, 내구 구조, 방한 구조, 방화 구조, 내진 구조, 내풍 구조, 반공 구조로 구별한다.

예를 들면 고대 그리스 건축은 석조의 가구식 구조이고 르네상스 시대의 건축은 석조의 조적식 구조이다. 근대 건축은 철근과 콘크리트에 의한 일체식 구조이고 현대 건축은 발달한 금속, 합성수지 등 재료공학과 특수 구조 공학에 의해 구조 형식의 틀에 얽매이지 않고 새로운 창안이 무한히 가능한 건축이다.

한국 전통 건축의 구조 양식은 목조에 의한 가구식 구조 양식이며 이 구조법의 다양한 응용으로 양식적 특성과 조형성의 완성을 이루어 왔다고 할 수 있다.

이와 같이 건축의 구조는 그 자체가 이미 건축의 양식을 이루는 주요 요소가 되며 결국 건축미의 해석이라는 것도 이 구조에서 일차적으로 출발하고 전개된다.

건축의 기능과 용도

건축의 3요소는 구조(structure), 기능(function), 미(form)이다. 구조는 진실하고도 견실한 안정성을 말하며, 기능은 편리성과 유용성, 즉 어떠한 용도를 가진 건물에서 그 용도를 위해 덧붙여지는 작용이나 그 용도 때문에 갖는 역할을 말한다. 건축에서의 미는 기능과 구조를 만족시키면서 예술적이며 아름다운 미적 감동을 목표로 설계된 것을 말한다.

건축은 사람의 활동이나 행동, 반응 등과 유기적인 관계에 있으며 기능적 건축은 경제성, 역학, 합리성을 추구하며 합당하고 필요한 것만 수용한다. 각 건물은 필요에 따라 그 기능을 수용하게 되는데 주택이나 은행, 박물관, 학교, 아파트처럼 기능과 용도가 구분되어 건축된다. 또한 하나의 건축물 안에서도 기능과 용도에 따라 공간이 구별된다. 예를 들면 주택의 경우 방, 거실, 부엌, 화장실, 창고, 발코니, 다락방처럼 각각의 공간이 용도에 따른 기능을 수행하는 것이다.

건축의 용도는 '건축법'에서 건축물의 종류를 유사한 구조, 이용 목적 및 형태별로 묶어 분류한 것으로 정의된다.

도시가 건축의 집합체라면, 건축은 용도별 내부 공간의 집합체이다. 건축의 용도에 따른 분류를 통해 각각의 용도에 따른 건축 기준을 제시함으로써 구조적으로 안전하고 쾌적한 건축물을 건축할 수 있으며, 이에 따라 지어진 건축물은 해당 용도에 적합하게 사용되고 관리될 수 있다. 건축물의 용도는 하나의 목적에 국한되지 않고 또 새로운 용도의 공간이 필요해지기 때문이다. 오피스텔의 경우 본래의 목적은 업무용이지만 독신자나 신혼부부의 주거 용도로 더 많이 쓰이고 있는 것이나, PC방 인터넷 컴퓨터 게임 시설 제공업처럼 새로운 용도의 건축이 생기는 것이 그 예들이라고 할 수 있다.

'건축법'에서 규정하는 용도에 따른 건축물의 종류는 다음과 같다.

1) 단독 주택 2) 공동 주택 3) 제1종 근린 생활 시설 4) 제2종 근린 생활 시설 5) 문화 및 집회 시설 6) 종교 시설 7) 판매 시설 8) 운수 시설 9) 의

료 시설 10) 교육 연구 시설 11) 노유자(노인 및 어린이) 시설 12) 수련 시설 13) 운동 시설 14) 업무 시설 15) 숙박 시설 16) 위락 시설 17) 공장 18) 창고 시설 19) 위험물 저장 및 처리 시설 20) 자동차 관련 시설 21) 동물 및 식물 관련 시설 22) 분뇨 및 쓰레기 처리 시설 23) 교정 및 군사 시설 24) 방송 통신 시설 25) 발전 시설 26) 묘지 관련 시설 27) 관광 휴게 시설 28) 장례식장

건축 재료

건축 재료란 건축물에 사용되는 모든 재료의 총칭이다. 건재라고도 하는 건축 재료는 인류 역사상 각 시대별로 그 문화와 지리적인 조건에 따라 달랐으며, 구성 방법과 기술도 달랐다. 그 결과 선사시대 이후 석기시대의 건축, 이집트의 건축, 고대 서아시아의 건축, 페르시아 건축, 그리스 건축, 로마네스크 건축, 비잔틴 건축, 고딕 건축, 르네상스 건축, 아르누보 건축 등 시대별로 특유의 건축 양식을 낳게 되었다.

동양의 건축은 서양과 별도의 독자적인 양식을 가지고 발전하였으나, 근세에 와서 급속히 유럽의 영향을 받아 건축 재료와 구조에서 공통성이 짙게 되었다. 인도나 중국 대륙 지방에는 좋은 석재, 목재, 벽돌 등을 사용한 종교 건축과 목재, 죽재 등을 사용한 각종 건축이 발전되어 왔으나, 근세에는 세계적인 과학의 진보와 교통의 발달로 구미의 영향을 받아 신건축의 발전이 이루어지게 되었다.

건축 재료는 크게 생산 방법에 따라 천연 재료와 이를 소재로 한 인공 재료로 나눌 수 있다. 용도상으로 분류하면 구조 재료와 의장 재료로 분류하며, 각 부위별, 용도별 성능에 따른 분류도 가능하고, 또 설비 재료, 공사 재료 등으로도 분류된다.

구조 재료는 건물의 골격을 구성하는 재료이므로 이에 요구되는 조건은 역학적인 강도와 내구성이다. 즉 건물 전반에 걸친 외력에 대한 변형이나 파괴 등 구조적인 이상이 일어나지 않도록 해야 하며, 여기에는 시공의

난이, 장기 사용에 대한 성질, 중량, 가공성, 특수장소에 대한 내식성, 내화성 등이 크게 관련되며 중요시된다.

구조 재료는 석재, 벽돌, 목재, 철강재, 콘크리트 등이 주로 쓰이고 석재, 벽돌 등은 마감재로도 사용된다.

의장재는 구조체를 보호하고 건물의 각부 성능과 기능에 적합하도록 장식하는 재료로서 내장재와 외장재로 분류되며, 바닥재, 천장재, 마감재 등으로 분류하기도 한다.

마감재는 건물 내외부의 바탕과 피복과 함께 단열성, 방수성, 흡음성 등을 고려한 미적 감각을 나타내며, 물리적, 화학적 요구에도 적응하도록 된 재료이다.

벽체 마감재로서 주로 사용되는 것은 모르타르, 회반죽 등의 바름 재료와 타일, 유리, 금속판, 합판, 섬유판, 벽지 등의 붙임 재료 및 본타일, 각종 칠 등 뿜칠 바름 재료 등이 있다. 마감재로서 요구되는 성능은 주로 휨강도, 전단강도, 내충격성, 경도 등의 역회적 성질과 방화성, 방수성, 단열성, 내후성, 흡음성 등의 물리적 성질 이외에 미감, 시공성, 경제성 등을 아울러 충족시켜야 한다.

바닥재나 천장 재료로서는 테라초(terrazzo), 목재판류, 석재, 타일, 고무류판, 합성수지 제품류 등이 있으며, 각종 칠과 융단 등도 바닥 재료라 할 수 있다.

특히 바닥 재료로서 요구되는 성질은 마모, 패임, 흠집에 대한 역학적 성실이 우수해야 하며, 미감, 보행감, 촉감이 좋은 것이라야 한다. 최근에 마감 재료로 많이 사용되는 것은 합성수지 제품으로서, 특히 내장재로 많이 쓰인다. 이것들은 강도, 비중, 가공성, 내구성 등 물리적인 성질이 우수한 반면 화재시에 인체에 해로운 유독가스를 발생시켜 문제가 되기도 한다.

기타 건축 재료로는 특히 단열과 흡음을 목적으로 하는 마무리 재료로서 벽체 내부나 천장 속 또는 지붕 밑면이나, 바닥 밑면에 사용되는 각종 설비용 재료를 들 수 있다. 건물이 그 기능을 충분히 발휘하게 하려면 설계시에 각 재료의 특성을 충분히 고려하여 적재적소에 사용해야만 하므로 재료의 선택과 사용은 매우 중요하다.

03 로케이션 헌팅

로케이션 헌팅(location hunting)이란 프로덕션 디자인의 콘셉트와 의도에 맞는 공간 혹은 장소를 찾는 일이다. 그러기 위해서는 자연환경 및 지형, 지역, 광선 등의 여건을 파악하고, 섭외 여건, 교통 여건, 주변 환경 여건 등을 고려하여 세트 디자인의 설계에 따른 구조와 특성에 맞는지를 판단해야 한다. 그리고 리모델링(신축, 증축, 개축, 재축) 여부와 현장 실측 등을 통한 자료를 종합하여 최종 결정을 하며, 결정 이후에는 지역과의 유대 관계가 필수적이다.

로케이션 헌팅을 할 때는 미술적 요소와 현실적 요소를 분석하여 고려해야 한다. 우선 프로덕션 디자인의 콘셉트, 지리학적인 면에서의 풍수지리, 방향, 광선, 일조량을 고려한 뒤에 그것을 물리적이고 현실적으로 수급할 수 있는지를 따져 봐야 한다. 즉 인력 수급, 자재 조달, 교통, 운송 여건, 주변 환경, 시장 규모 등을 파악하여 설계에 반영해야 한다. 또한 연출적인 의도와 프로덕션의 진행, 촬영, 조명, 녹음, 제작에 관련되는 요소들도 파악해야 한다.

프로덕션 제작 진행을 위해서는 자연 날씨 및 계절 요소, 주변 공사 진행, 구경꾼, 잡음, 주택 제한 규칙, 법규, 통제 가능 여부 등을 고려해야 하며, 로케이션의 개조(신축, 증축, 개축, 재축)에 따른 허가, 법규, 절차, 제작 기간, 촬영 기간 등도 살펴야 한다. 로케이션 헌팅 시 실제로 존재하는 장소와 공간을 조사한 후 촬영지로 합당하다고 판단되면 사전 답사를 한다.

모든 요소들이 파악되고 로케이션 장소로 확정되면 프로덕션 디자인은 우선 실측으로부터 설계를 시작한다. 실측의 의미는 우선 확정된 로케이션 장소의 건축 도면(평면도, 입면도, 세부 입면도, 시방서, 설비 배관도, 전기 배선, 인터넷 설치 유무)을 파악해서, 실측을 통한 의도에 부합되는 계획과 설계를 한다. 설계할 때에는 광선의 조건, 기후, 계절, 방향 등의 자연 조건과 전기, 수도, 하수, 통신 유무, 작업 공간 확보, 자재 하적, 적재, 위급, 비상구, 엘리베이터, 사다리 차, 크레인 사용 유무 등의 조건도 파악해야 한다.

또한 작업 후 원상 복구, 손상, 보상의 관계와 촬영시 의상 공간, 분장 공간, 장비 보관, 식사와 음용수를 위한 공간, 모니터 공간, 사무 공간, 통신, 응급, 구급, 소방, 방재, 주연과 조연의 연기자 대기 공간, 보조출연 대기 공간, 직접 서비스 공간과 숙박, 식사, 휴식, 여가시설 등의 간접 서비스 공간도 확보해야 한다.

로케이션 헌팅의 결과는 프로덕션 디자인의 프로세스에서 중요한 분기점이 된다. 결정된 로케이션 장소에 공간 연출, 즉 세트 데코레이션만으로 진행할 것인지, 리모델링을 통한 세트 건축과 데코레이션으로 진행할 것인지, 로케이션과 실내 세트를 연결하여 진행할 것인지 등 수많은 경우의 수가 발생하는데 프로덕션 디자이너는 그 상황마다에 가장 경제적이고 합리적인 판단을 해야 한다. 최고의 선택 기준은 프로덕션 디자인의 콘셉트에 적합한지와 연출적인 요소에 가장 적합한지의 여부이다.

로케이션 헌팅 후부터나 또는 처음부터 세트로 결정할 때에는 세트를 건축하기 위한 스튜디오를 섭외하여, 계획된 세트 설계가 스튜디오의 크기에 합당한지를 파악하고 합당하게 스튜디오 활용에 입각한 설계를 해야 한다.

프로덕션 디자인의 콘셉트와 의도에 맞는 공간 혹은 장소를 찾는 일이 로케이션 헌팅이다.
로케이션 헌팅의 결과는 프로덕션 디자인 프로세스에 매우 중요한 영향을 미친다. 완전히 새로운 공간을 지어 넣을 것인지,
기존 건물이나 공간을 활용하고 리모델링할 것인지의 여부가 결정되기 때문이다.
〈불량남녀〉의 경우 로케이션 장소에 택시 회사를 새로 지었다.

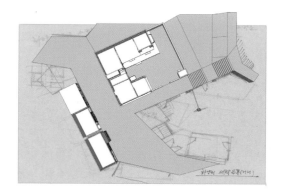

진짜 같지만 진짜는 아닌……

〈효자동 이발사〉의 경우, 로케이션 헌팅이 특히 힘들었다. 시나리오가 나오면 미술감독에게는 늘 두 가지 옵션이 있다. 이미 있는 기존의 공간을 그대로 쓸 것인가, 혹은 세트를 짓기 위한 새 공간을 찾을 것인가?

〈효자동 이발사〉는 두 번째 경우였다. 경복궁을 중심으로 서쪽인 효자동을 표현하되 경복궁 담장이 보여야 했다. 즉 로케이션 조건은 남향으로 앉은 마을로 만들어서 경복궁을 표현할 수 있는 지형을 찾는 것이었다. 인공적으로 설계할 수 없는 소나무 숲을 찾아야 했고, 전국 각지를 뒤져 전주 과학단지에 소나무 숲 공원이 있다는 것을 알았다. 소나무 숲을 보존한 곳이 있어 동쪽에 마을을 지었다.

기존의 건물이나 시설이 없어서 새 로케이션 세트가 들어가야 할 공간을 찾는 경우에도 로케이션 헌팅을 한다. 그러니까 세트를 짓는 것은 기존의 시설, 공간을 최대한 알아보고 적절하지 않을 경우의 마지막 선택이다.

〈리베라 메〉 같은 경우는 아파트 고층에서 불이 나야 해서 세트로 짓지 않고 기존 재개발 아파트를 리모델링해서 썼다. 주유소를 폭발시켜야 하는 경우, 실제 주유소에서 촬영할 수 없으니 로케이션 헌팅을 했는데 주유소뿐 아니라 도로, 주변 환경도 같이 지어야 함은 물론이다. 영화를 보는 관객들이 으레 주위에 있는 것처럼 느껴야 하기 때문에 사실 그 자연스러움을 표현하는 것이 더 어렵다. 허구에서 현실과의 차이를 느끼지 못하게 하는 것이 미술팀의 일이다.

〈효자동 이발사〉 세트

〈리베라 메〉의 주유소 폭파 장면 촬영 현장

〈리베라 메〉의 아파트 화재 촬영 현장

04
세트 디자인

건축과 세트

건축은 원본이고 세트는 모방이다. 세트가 가지는 마감이나 구조는 건축과 같다. 같은 공간이지만 건축은 사람이 살기 위한 공간이고 세트는 영화를 촬영하기 위한 공간이다. 보통 무대 미술, 영상 미술을 공부할 때는 세트에 대한 학습에 집중한다. 하지만 세트의 원본이 되는 건축에 대한 이해가 없다면 세트가 우스워질 수 있다. 그런 점에서 영화에서의 모든 공간을 책임져야 하는 프로덕션 디자이너는 건축에 대한 학습이 전제되어야 한다.

세트는 시나리오 상의 상황에 맞는 자연 현상 및 인위적인 여러 현상을 이해한 후에 설계해야 한다. 세트를 위한 구조공학은 건축과 마찬가지로 응용역학, 재료역학, 구조역학 등의 수학과 역학에서 출발한다. 건축은 기둥이 필요하고 공간이 필요하다. 그러나 세트는 면의 구조이다. 4면만 있으면 될 뿐 굳이 그것을 지탱할 필요가 없다. 사람이 들어가서 직접 생활할 공간은 아니기 때문이다. 세트의 마지막 목적은 촬영이기 때문에 최소한의 것을 동원해서, 공간으로서의 건축을 면으로 해석해 내면 된다.

건축에는 벽이 있다. 그런데 촬영을 위한 세트에서는 카메라가 벽을 넘나들어야 한다. 그러므로 세트는 그때그때의 상황에 맞게 조립하거나 변형이 가능하도록 짜맞춘다. 밑에 바퀴가 달려 있어서 언제든 쉽게 떼었다 붙였다 할 수 있도록 세트를 짓는 이유이다.

세트는 구조적으로 안전하게 시공하면서도 건축적 실용과 기능, 용도를 갖추어야 하기 때문에 세트만의 특별한 시공법을 사용한다. 세트 시공은 주로 이미테이션으로 가볍고 시공이 용이하며 접착 가능하고 일정 기간 유지 관리 가능한 재료들로 하며 해체와 분해 역시 가능해야 한다.

세트의 의미

영화 촬영을 위한 공간은 크게 둘로 나눌 수 있다. 현지 로케이션과 세트이다. 현지 로케이션 촬영이란 실제 존재하는 공간으로서 건물이나 자연

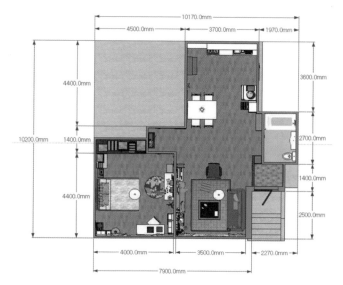

〈연가시〉의 세트

세트는 면의 구조이다. 4면만 있으면 된다. 세트는 촬영을 목적으로 한 것이기
때문에 항상 카메라의 움직임을 염두에 두어야 한다.

물 모두를 말한다. 세트는 실존하는 공간이 아니라 영화 촬영을 위해 인공적으로 조성한 것으로 세트 피스(set piece)의 줄임말이다.

현지 로케이션이 아니라 세트 작업이 반드시 필요한 경우가 몇 가지 있다. 1) 현지에서의 촬영 여건이 맞지 않을 때 2) 상상의 장소일 때 3) 영화적으로 예술적 의도가 명확할 때 4) 자연 환경, 시간, 비용 면에서 프로덕션의 원활한 진행을 위한 경우 등이다.

세트 디자인이란 영화 촬영을 위한 공간을 실현하는 모든 작업을 말한다. 이때의 공간이란 건축물이 될 수도 있지만 무대장치가 되기도 하고 그 외에 특수한 구조물이 될 수도 있으며 때로는 현실뿐만 아니라 가상까지도 포함하는 모든 장소와 공간을 일컫는다.

세트 디자인이라고 하면 가장 흔하게는 건축의 형태를 말하지만, 특수한 경우 비행기, 선박, 기차, 자동차, 동굴, 터널, 해저, 우주 등 영화의 촬영 의도에 부합되는 다양한 구조물이 모두 포함된다. 또한 세트 디자인은 연기자가 연기하는 장소가 되기도 한다.

세트를 어느 장소에 설치하고 제작하느냐에 따라 옥외에 세우는 오픈 세트(open set), 스튜디오 안의 스튜디오 세트(studio set), 로케이션 장소에 세우는 로케이션 세트(location set), 특수촬영용으로 만드는 특수촬영 세트

〈사도〉의 세트 디자인. 세트라고 하면 보통 건축물의 형태를 생각하지만 동굴이나 해저 등 영화의 이야기가 전개되는 모든 장소와 구조물에는 다 세트 디자인이 필요하다. 〈사도〉에서는 인정전이나 동궁 못지않게 중요한 세트 디자인이 바로 뒤주였다.

(shooting for special effects set)와 미니어처 세트(miniature set)가 있다.

세트 디자인은 시나리오의 분석과 해석을 통해 장소나 공간의 첫인상을 러프하게 스케치해 보는 과정에서 출발한다. 그리고 프로덕션 디자인의 콘셉트를 파악하여 장소나 공간을 설정하고, 사전 조사를 통해 장소를 물색하고, 현지 답사를 통해서 촬영에 사용할 수 있는지와 섭외 가능 여부를 검토하고 결정한다.

세트 디자인을 위해 시나리오를 분석할 때 고려해야 할 사항으로는 시대성(역사, 시간, 기후, 계절), 건축 양식(구조, 형태, 재료), 보편성(관객의 일반적인 상식 선), 형태(건축, 건물, 가건물, 특수구조물), 공간의 분석(주체, 목적, 용도, 기능), 환경 분석(지형, 지역), 인간 분석(삶의 방식, 수준), 제작 공법 등이 있다.

세트 디자인의 전제 조건

세트로 촬영을 결정한다면 우선 디자인을 시작으로 계획, 설계, 제작을 통해 촬영에 부합되는 조건을 충족시켜야 한다. 세트 디자인의 전반적인 과정과 각 과정에서 고려해야 할 점들은 다음과 같다.

첫째, 시나리오를 철절히 분석하고, 공간의 목적, 용도, 기능, 건축의 요소인 양식, 구조, 재료를 파악하여 크기(면적), 색감, 질감 등을 선택하며, 시대성 또는 시간성을 결정한다.

둘째, 시나리오가 분석되었다면, 프로덕션 디자인의 의도와 콘셉트에 부합되는지, 연출 의도의 동선 등에 부합되는지, 프로덕션 진행 시 촬영, 조명, 녹음 등에 효과적으로 대처 가능한지, 미술적 예산에 부합되는지를 협의하고 검토해야 한다.

셋째, 세트 디자인의 설계와 세트 제작에서 현재 기술과 기능으로 실현 가능한지를 검토해야 한다. 그러기 위해서는 세트 데코레이터와 세트 제작 실무실과 항상 논의하고 발전·모색을 협의해야 한다.

넷째, 설계가 완료되면 결과의 퀄리티를 위해 사전 시장 분석을 통한 자

세트 디자인의 시작 역시 시나리오 분석에서 출발한다. 그런 뒤 공간의 목적이나
건축적 양식, 시대성 등을 고려하고 프로덕션 디자인의 의도, 콘셉트에 부합하는지를 검토한 뒤
실현 가능성, 예산까지 파악해야 한다.

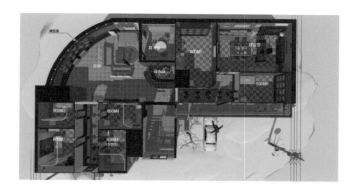

원 확보 및 조달, 원가 절감, 극적인 효과를 고려하여 작업 제작 및 일정을 짜고 인적 자원을 확보한다.

다섯째, 인적 자원, 일정, 물적 자원을 충분히 확보하고 조사했다면 예산을 확보하고 예산의 집행, 관리, 감리를 통해 최소의 비용으로 최대의 효과를 찾는 제작에 임하며, 최고의 퀄리티를 확보하기 위해 최선의 노력을 해야 한다.

여섯째, 세트 제작 완료 후에는 촬영 시 화면에 콘셉트와 의도가 잘 담길 수 있도록 운영, 관리, 서비스해야 하며, 촬영이 종료된 후에 재촬영 여부를 확인하고 재촬영이 없을 때나 또는 완전 촬영 종료 후 분해 해체하여 원상태로 복구해야 한다.

세트 디자인의 3요소

세트 디자인의 3요소 역시 건축의 3요소와 마찬가지로 구조(structure), 기능(function), 미(form)이다. 즉 안정성으로서의 구조, 편리성과 유용성의 기능, 미적 감동을 주는 미(美)를 말한다.

세트의 구조

세트의 건축 구조를 나누는 방법에는 여러 가지가 있다. 우선 구체적인 모양과 상태(사용된 소재, 외관의 형태)에 따라 나무 구조, 벽돌 구조, 블록 구조, 철근 콘크리트 구조, 철골 구조, 철골 철근 콘크리트 구조로 세분할 수 있다.

그리고 구조 양식에 따라서는 조적식 구조, 가구식 구조, 일체식 구조, 입체 트러스 구조, 절판 구조, 셸 구조, 현수 구조, 공기막 구조로 구분하기도 한다.

다시 시공 과정에 의해 건식 구조, 습식 구조, 현장 구조, 조립식 구조로 분류한다.

실제 세트를 지을 때는 대부분 여러 가지 형식이 복합적으로 쓰이는 경

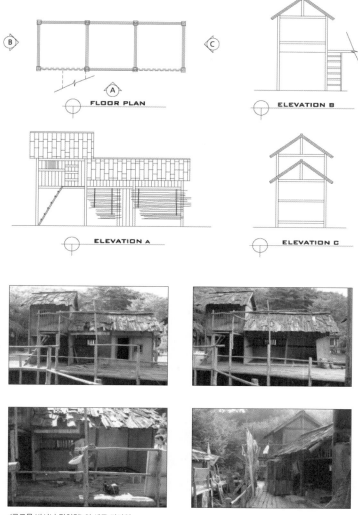

<구르믈 버서난 달처럼>의 세트 디자인

세트는 소재나 양식, 시공 과정에 따라 여러 가지 방법으로 나눌 수 있지만
실제 세트를 지을 때는 여러 가지 형식이 복합적으로 쓰이는 경우가 많다.

우가 많으며 구축해야 할 세트의 성격에 따라 다양한 응용 구조 형식을 취할 수 있는데 일반적으로는 조립식 구조를 많이 활용한다.

세트의 기능

세트의 기능은 두 가지 측면으로 해석되어야 할 것이다. 첫째는 시나리오를 해석하고 분석한 결과에 따른 장소나 공간의 기능이다. 그것들은 면의 기능, 면적의 기능, 각 공간의 기능, 그 기능들이 모인 미술적, 건축적, 미학적, 사회적인 기능을 한다. 면의 기능이란 배경으로서의 평면적인, 이를테면 벽과 같은 기능이다. 면적의 기능이란 넓고 좁은 등의 부피감과 거리감, 공간감을 나타내는 것이고 공간의 기능이란 안방, 거실, 서재처럼 고유의 특성을 지닌 곳으로서의 기능이다.

두 번째 기능은 촬영을 하기 위해 인공적으로 설치하는 구조물로서 쾌적한 환경과 물리적 환경을 제공해야 한다. 구체적으로는 배우의 연기가 자연스러워질 수 있게 뒷받침해 주어야 하고, 촬영, 조명, 녹음, 특수효과 등의 서비스 공간을 확보하고 제공해야 하며, 그 활동으로 발생하는 물리적 환경까지 고려해야 한다.

디자인 단계를 넘어서면 효율적인 미술 환경은 실용성이다. 예를 들면 10층짜리를 진짜 10층으로 지으면 카메라가 올라가기 힘들다. 그러므로 카메라 장비를 효과적으로 사용할 수 있도록 10층처럼 보이는 1층을 작업하는 것이다. 굳이 10층짜리를 지음으로써 그 층수를 보여 주려 한다거나 콘크리트로 지어서 떼어 낼 수 없는 벽을 만들면 안 된다.

떼었다 붙였다 바로 전환할 수 있는 기술적인 면을 생각해야 하고 카메라가 들어갈 수 있는 공간도 고려해야 한다. 또한 연출적인 동선이 효율적인지, 빛의 사용이 협의한 대로 가능한지를 생각해 봐야 하고 자연광선의 방향·주광의 방향·공간에 따른 협의가 되었는지도 살펴야 한다. 녹음 기술상 소음 차단의 문제, 공명 등이 나중에 문제되지 않을까 점검하고 또 점검해야 한다.

세트의 미

세트의 예술성은 단순히 아름다움을 목적으로 하는 것이 아니라 오히려 상당히 복합적인 의미로서 조형을 통해 그 목적이 달성된다.

이는 성능이 좋은 공간, 구조 기술의 솔직한 표현, 소재가 가진 본연의 아름다운 성질, 그리고 이들의 종합으로 이루어지는 균일한 관계에 의해 이루어진다고 볼 수 있다.

세트는 궁극적으로 시나리오의 해석과 미술 전체의 색깔을 유지해야 하고, 촬영의 조건을 충족시켜야 한다는 목적이 뚜렷하므로 그 목적을 실현시키기 위해 역량을 최대한 발휘해야 한다.

05
세트의 구성

장소

세트를 제작할 경우 꼭 장소(location)가 필요하며 장소를 어디로 선택하느냐는 작품의 직접적인 환경과 퀄리티에 영향을 준다. 야외에 오픈 세트를 설치할지, 로케이션 장소에 로케이션 세트를 설치할지, 실내에 스튜디오 세트를 설치할지를 먼저 결정해야 한다. 스튜디오는 촬영 요건(방음, 방재, 방화, 인공 조명 제어, 프로덕션 서비스 시설, 미술 제작, 운송, 분장, 모니터 룸, 휴식, 응급, 구급)을 갖춘 전문적인 장소를 사용하기도 하고, 창고형 또는 철거된 지역을 재활용하기도 한다.

장소 선택은 제작상의 예산과 경비에 직접적인 영향을 미치기 때문에 실이익을 잘 고려하여 선택해야 한다. 장소를 선택할 때는 물적 · 인적 자원 확보의 용이성, 운송 소요 시간 및 비용, 연기자 확보의 용이성, 숙박 및 식사의 용이성 등 사람과 자재, 장비 등 프로덕션 운용상의 효율성에 직결되는 제반 조건들을 고려해야 한다. 이것을 프로덕션 이동 거리라고 부를 수 있다.

로케이션 세트

로케이션 세트는 촬영을 위한 로케이션을 할 장소에 세트 구조물을 건

〈판도라〉의 세트 디자인

세트는 시나리오 분석에 충실히 따라야 함과 동시에 촬영의 요건도 충족시켜
주어야 한다. 세트의 예술성은 단순히 아름다움만을 목적으로 하는 것이 아니라
상당히 복합적인 의미로서 조형을 통해 그 목적이 달성되는 것이다.

〈불량남녀〉의 세트 시공 과정

축하는 것으로 건축물 하나를 세우는 것과 실내 장소에 부분으로 건축을 하는 방식이 있다.

건축물 하나를 건축하는 경우 부지가 꼭 필요하며 로케이션 장소에 맞는 콘셉트로 디자인과 설계를 하여 세트를 제작한다. 세트 제작시 외장·내장 모두를 마감해야 하며 마감 또한 철저한 계산이 필요하다. 비록 새로 지었지만 따로 지어 넣었다는 느낌이 나지 않도록 로케이션 분위기와 잘 어울리도록 설계 또는 완성해야 한다. 로케이션 세트 또한 오픈 세트의 일종이다.

오픈 세트

로케이션이 곤란한 경우에는 오픈 세트를 짓거나 민속촌같이 역사물 촬영에 적합한 시설을 이용한다. 오픈 세트는 야외에 세운 세트 구조물이다. 영화를 촬영하기 위해, 특히 시대물 제작시 시대상을 재현한 오픈 세트를 건축하는 경우가 많은데 실제로 오픈 세트는 현실에서 찍을 수 없는 것을 찍고자 할 때 이용한다. 선사, 고대, 근대시대를 배경으로 하는 영화를 만들 경우 대규모 오픈 세트의 건축은 영화의 가장 중요한 요소로 등장한다.

현실에서 찍을 수 없는 것을 찍기 위해 오픈 세트를 건축한 대표적인 한국 영화로는 일제 시대 종로의 모습을 재현한 임권택 감독의 〈장군의 아들〉(1990)과 조선 말기 종로를 재현한 〈취화선〉(2002), 비무장 지대 판문점을 재현한 박찬욱 감독의 〈공동경비구역 JSA〉(2000) 등이 있다. 이 세트들은 반영구적 세트로 지금도 다른 영화 작업의 세트로 활용된다.

스튜디오 세트

스튜디오 세트는 촬영을 위해 스튜디오 안에 세워지는 무대 장치를 말한다. 스튜디오 촬영은 영화 촬영을 위한 최적의 상황을 제공해 준다. 필요한 세트를 제작하여 활용할 수 있고, 날씨나 거리의 사람들처럼 촬영의 방해 요소나 다른 방해 요소 없이 오로지 프로덕션에 집중할 수 있는 환경을

제공한다.

스튜디오 촬영은 고정 세트를 건축할 수 있는 공간과 조명을 위한 공중 장비(baton), 충분한 케이블을 완비한 접속 배전함, 음식을 준비하고 제공할 공간, 편의 시설을 유지하기 위한 스태프 배치, 보안, 세트까지의 교통수단, 미술부가 제작하고 그릴 수 있는 공간, 보급 물품을 출납할 수 있는 선적 및 수령 공간, 소방·응급·방재 공간, 프로덕션 진행시 필요한 모니터룸, 촬영·조명·녹음 서비스 공간 등 모든 공간의 통제가 가능하고 현장 이동이 없으며 주야 촬영이 가능하다. 또한 전력 수급이 쉽고, 건축과 장식 기법에만 효과적으로 집중할 수 있다. 그러나 충분한 공간을 확보해야 하고 일정이 맞아야 하며 많은 비용이 든다.

또한 스튜디오의 촬영에서는 다음과 같은 철저한 안전 절차와 조치가 필요하다.

- 사고를 방지하고 쉽게 이동할 수 있으며 화재 발생 시 탈출 경로로 이용할 수 있도록 모든 비상구와 통로를 항상 깨끗이 유지해야 한다.
- 배우 및 스태프가 걸려 넘어지지 않도록 모든 케이블은 지지대를 설치해야 한다.
- 모든 층과 무대장치를 고정하고 확인한다.
- 모든 구조물과 도구는 조명 기구로부터 멀리 배치하여 화재를 예방한다.
- 모든 세트와 도구에 화염 지연제(방염도료)를 뿌린다.
- 모든 세트 밖의 연단과 계단에 안전 난간을 설치한다.
- 모든 도구들을 조심스럽게 점검하여 위험 상황이 발생하지 않도록 한다.

바닥

바닥(floor)은 주 촬영이나 배우의 연기 활동, 세트 디자인의 의도된 공간을 세분화하기 위해 필요한 내부 공간을 수평으로 구획하는 구조체이다.

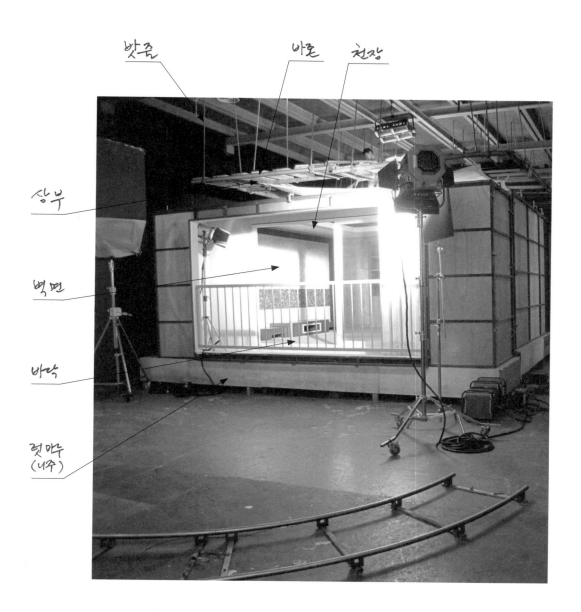

밧줄

바론

천장

상부

벽면

바닥

럿맛우
(너주)

바닥은 원래 하중을 지탱하는 기능이지만 동시에 벽이 세워질 수 있는 공간이 되고 또 기둥과 벽의 뼈대를 튼튼히 묶는 역할도 한다. 바닥은 여러 가지로 마감하는데, 우선 기존의 스튜디오 바닥을 사용할 것인지, 아니면 높이를 주어 사용할 것인지 결정하고, 덧마루(니주)를 설치하는 경우 고무판과 두꺼운 합판을 이중으로 깔아 녹음 시 발생하는 소음을 방지한다.

일반적으로 실내 거주 공간(room)에는 기름 먹인 장판지, 비닐 등을 쓰고, 마루나 거실 등에는 석재, 타일, 나무판, 비닐, 아스타일 등을 쓴다.

세트의 바닥은 구조체나 뼈대를 이루는 기초, 기둥, 바닥 등이 주요 구성 부분인데, 벽, 천장, 지붕, 계단 등을 설치하고 튼튼하고 안전하게 결합하는 역할을 한다.

바닥은 세트의 구조를 지탱하는 주요한 부분이면서 동시에 촬영과 배우의 연기가 이루어지고 스태프들이 활동하는 주요 공간이다. 그러므로 실제 세트 규모보다 넓게 계획하여 세트의 이동이나 촬영 장비의 이동, 조명기의 설치·이동 등이 안전하게 이루어질 수 있도록 고려해야 한다.

벽면

벽면(wall surface, 벽, 아치, 창문, 창호, 문)은 칸을 형성하는 수직판으로서 외벽과 내벽으로 구분한다. 건축에서의 외벽은 풍우와 한파를 막으며 도둑이나 동물의 침입을 막는 것이지만 세트의 외벽은 필요에 따라 마감을 할수도 있고 마감하지 않을 수도 있다. 내벽은 건물 내부를 계획에 따라 구획하는 칸막이이다.

벽의 뼈대는 내부 구조에 따라 달라지며, 쓰는 재료는 가공목재, 목재, 벽돌, 블록 등과 ALC 블럭, 샌드위치 판넬, 석고보드, 시멘트보드, MDF 등이 있다. 종류는 장막벽, 맞벽, 통벽, 내력벽, 중공벽 등이 있다.

세트 벽면의 주요 구성 부분은 벽, 창호, 창문, 문 등을 설치하여 의도된 세트 디자인 또는 촬영에 활용한다.

세트 벽면은 구획과 창문, 문이 있으며 문은 배우의 주요 동선을 유도하고, 촬영 스태프의 이동 경로로 활용되며, 창문은 주광을 유도하여 세트 공간의 빛깔과 색감, 분위기를 만드는 결정적인 역할을 하기에 크기, 디자인, 마감 등을 신중하게 고민해야 한다.

천장, 지붕

천장(ceiling)과 지붕은 세트의 공간 내부의 상부를 말한다. 세트 바닥과 벽면으로 구성된 구조를 결구하는 역할을 하며, 그 이점으로는 구조체를 감추어 별도의 의장을 할 수 있으며, 벽, 바닥과 같이 외부로부터의 영향을 어느 정도 차단 또는 흡수할 수 있다는 것이다.

세트 천장은 전부 덮어서 마감하는 방법과 조명기 설치, 촬영기의 앵글각을 위하여 부분 설치, 마감하는 방법이 있으며, 전부 덮을 경우에도 필요할 때는 개폐할 수 있도록 해야 한다.

세트 천장을 완전 개방, 부분 개방, 완전 밀폐 가운데 어떤 식으로 마감할지는 미술적인 요소보다는 프로덕션의 진행을 가장 원활하게 할 수 있는 쪽으로 선택하는 경우가 많다.

상부

세트 상부에는 그리드와 캣워크, 아시바, 리그, 조명, 작업 통로들이 있어야 한다. 그리드는 플라이스(flies)로도 알려진, 스튜디오 상부에서 세트를 내려다보는 방향으로 설치하는 벌집 모양의 격자판 구조물이다. 캣워크(catwalk)는 감아올리는 장치, 조명 아시바, 리그(rig), 조명 등을 포함하는 그리드에서 스태프들이 이동할 수 있도록 만든 작업 공간이다. 세트는 여러 가지 다른 도구들을 이용하여 그리드에 연결해서 올릴 수 있으며, 특히 세트의 모든 구조와 벽면은 바닥에도 고정되고 벽면과 벽면으로 결구되었다 하더라도 안전을 위하여 그리드에 묶어 매달아야 한다.

기계 장치로는 고가 들보의 바퀴 달린 운반대, 체인 장치, 도르래 시스템, 밧줄, 모터장치 등이 있는데 이것들을 바톤(baton)이라고 한다.

나의 느낌 그대로를 스크린에서 보이게 할 수 있을까?

아끼는 작품 〈님은 먼 곳에〉는 가장 힘들었던 작업이기도 하다. 이 작품을 위해 베트남전을 다시 공부했다. 천성적으로 자료를 찾고 공부하는 일을 재미있어 하기 때문에 새로운 사실의 발견과 함께 새로운 질문 거리가 생겨 즐거웠다. 가장 큰 의문점은 베트남이라는 작은 나라 사람들이 어떻게 골리앗같이 거대한 미국을 이겼을까 하는 것이었다. 질문의 답을 현장에서 찾았다. 베트남에 가서 구찌 터널이라는 곳을 들어가는 순간, 베트남 사람들이 이길 수밖에 없었겠다 느꼈다. 거기에는 말로 설명이 안 되는 무엇이 있었다.

작은 터널 안으로 20분 정도를 마냥 들어가다 보니 덥고 어둡고 고통스럽고 점점 숨을 쉴 수 없었다. 말로만 듣고 자료에서나 보았던 구찌 터널을 몸으로 겪어 보니, 이것은 사람이 살기 위한 곳이 아니고 저항하기 위해 존재하는 공간이었음이 몸으로 체감된 것이다. 저항할 생각이 없다면 만들 수 없는 구조물이라는 생각에 소름이 돋았다.

내가 몸으로 느낀 땅의 질감, 무더위, 색감, 이런 것을 그대로 표현해야겠다 생각했다. 카메라가 들어갈 수 없는 좁은 통로였기 때문에 똑같은 모양의 세트를 제작했다. 축소판으로 실제 제작한 세트는 길이가 백 미터 가량이었고, 대신 실제 터널보다 군인들이 머무는 공간을 넓게 디자인했다. 촬영도 가능해야 하고 배우들도 앉을 공간이 필요해 확보한 넓이를 실제 터널처럼 좁게 보이게 하기 위해 최소한의 조명만 썼다.

이 장면을 다시 볼 때면, 당시 좁은 구찌 터널을 통과할 때의 전율, 더위, 땅의 질감과 어둠을 다시 체감하곤 한다. 유한한 인간이지만 영원히 아카이브로 남을 영화를 통해 그 안에 각인된 시간으로 회귀할 수 있음에 감사할 뿐이다.

〈님은 먼 곳에〉 촬영을 위해 제작한 구찌 터널 세트

〈님은 먼 곳에〉의 한 장면

06
세트의 마감

세트는 본질적으로 건축의 모방이므로 세트의 재료 역시 건축의 재료와 동일하다. 구조 재료와 의장 재료 모두 건축의 재료와 같다고 보면 된다.

세트의 마감은 외장 및 내장으로 구분하는데, 외장 공사는 세트의 외부에 하는 마감 공사의 총칭이며, 내구성, 내후성이 풍부하고 미적 감각이 충족되면서, 공법의 용이성도 갖추어야 한다. 마감의 종류로는 지붕 마감, 방수, 미장, 타일, 석재, 창호, 금속, 유리, 도장 등이 있다

내장 마감은 세트의 공간을 구성하는 구조체의 내부면에 대한 마무리와 장식을 겸한 재료로 판형 재료가 주가 되어 면을 이루게 되는데, 내구성, 질감, 촉감 등 각종 요구 성능을 충족시켜야 한다.

내장 마감은 내부 공간의 기능과 요구되는 각 성능을 충족시키며, 쾌적

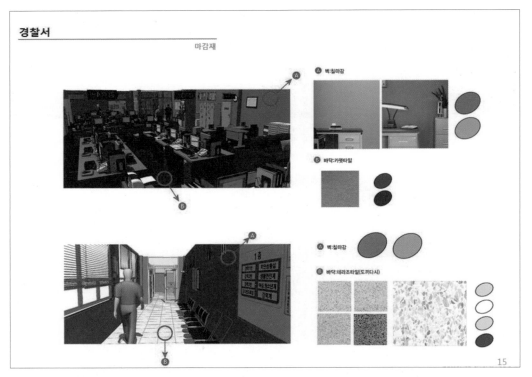

〈불량남녀〉의 세트 마감재

한 실내 환경을 얻기 위한 소재로서, 풍우, 한서, 일서, 불, 열, 소음의 차단 구실을 한다. 내장은 그 공법과 사용 재료에 따라 구조체 자체로서 내장을 겸하게 하는 경우도 있으나, 일반적으로 구조체와는 별도로 붙이거나 발라서 마무리한다.

대부분 각종 소재로 된 판형 재료가 주가 되어 면을 이루게 하는 것이 많으며, 이들의 내구성, 질감, 촉감 등 각종 요구 성능을 충족시키는 것이어야 한다. 이를 천장, 벽, 바닥의 세 가지로 분류하며, 각각의 요구 사항이 별도로 충족되어야 한다.

세트의 시간성을 표현하기 위한 마지막 단계로 에이징(간지) 효과를 가미하여 전체적인 명도와 채도를 맞추어 톤을 조정하며, 최종 단계는 세트 데코레이션 작업 후 전체 세트의 톤을 조정한다.

07 세트의 종류

기본 세트

무대 구성 요소에 필요한 세트를 조립식으로 꾸미는 유닛 세트 시스템(unit set system)을 현장에서는 보통 기본 세트라고 부른다.

기본 세트는 경제적일 뿐 아니라 짧은 시간 내에 많은 작업을 할 수 있는 이점이 있어서 다양한 세트를 제작하는 데 용이하며 한 번 사용하고 나서 폐기하는 1회용 세트와는 구별된다. 기본 세트는 재사용과 다목적을 위해 만들어져야 하므로 견고하고 여러 형태로 전환이 가능해야 한다.

바닥 유닛

바닥 유닛에는 덧마루(니주)가 있으며, 크기는 120cm×240cm×15cm, 30cm×45cm×15cm, 30cm×60cm×15cm가 기본 유닛이다. 유닛은 튼튼해야 하고 변형이 없어야 하며, 들고 장치하기도 쉬워야 한다. 또한 녹음을 위한 소음방지도 되어야 한다.

재료는 구조각재와 합판으로 사용하며 소음 방지로 기본 방음재를 설치한다. 장치 설치 시 합판, 고무판을 깔고 마감을 하면 방음에 더욱 효과적이다. 장기적(2주 이상)으로 세트를 설치할 때에는 3~5cm 가량 콘크리트로 설치하여 소음 및 구조를 지탱한다.

벽체 유닛

벽체 유닛에는 벽체(가배)가 있으며 크기는 120cm×240cm×5cm, 30cm×240cm×5cm, 45cm×240cm×5cm 등이 있다. 튼튼하고 변형이 안 되고 소음이 없어야 한다.

배경 세트와 가림 세트

배경 세트(profile pieces)는 필요한 장면을 위해 나무나 빌딩 등의 구체적

벽체유닛

바닥유닛

기본 세트 조립 과정

인 모양을 나타내는 형상화된 낱장의 세트를 말한다. 스튜디오 현장에서는 '떼어낸 벽체', '오려낸 벽체'라고도 불리며 이것은 아무 성격 없이 칠을 한다든지 벽지를 바른다든지 해서 쓰는 무지 벽체와는 구별하여 사용된다.

배경으로는 그림이나 사진을 활용하며, 축척법에 맞는 스케일로 축소해서 세트로 제작하여 활용하기도 한다. 최근에는 컴퓨터 그래픽의 발달로 그린(geen) 또는 블루(blue) 매트를 사용하여 합성하거나 또는 창작하여 사용하기도 한다.

가림 세트(masking piece)는 세트의 높이 문제를 해결하기 위해 화면의 윗부분에 사용하는 세트로서 멀리 있는 세트의 윗부분이 카메라에 잡히지 않도록 조절해 준다. 잘 설정된 가림 세트는 조명의 영향 때문에 세울 수 없는 천장의 역할까지 해 낼 수 있다.

특수 촬영용 세트

일반적인 세트나 로케이션에서 직접 촬영할 수 없는 장면을 특수 촬영용 세트로 제작하여 촬영하기도 한다. 특수 촬영용 세트의 종류에는 화재 촬영용 세트, 수중 촬영용 세트, 폭파 촬영용 세트, 액션용 세트, 크로마키 촬영용 세트, 미니어처 촬영용 세트 등이 있다.

화재 촬영용 세트는 일반 세트의 구조와 형식을 가지고 있지만 구조재와 마감재는 화재에 손상이 안 가거나 오래 버틸 수 있는 재료를 사용한다. 재료로는 구조재는 금속, 목재를 사용하고, 벽체용으로 밤 라이트, 시멘트 보드, ALC 블럭과 판넬, 석고보드, 철판 등이 있고 도장은 방염도장을 필수적으로 해야 한다.

또한 화재 효과 촬영 후 빠른 연기 제거를 위해 천장과 벽체를 분리할 수 있도록 장치한다. 그 외 구비해야 할 도구는 소화기, 소화전, 화재 진압용 도구와 안전 조치로 비상탈출구를 확보해야 하며, 구급, 응급 시설도 구비해야 안전하다.

화재 촬영용 세트〈평양성〉

수중 촬영용 세트는 세트를 구성하기 전에 먼저 설계한 세트를 건축할 수 있는 수조를 건축하거나, 수조 세트를 사용해야 한다.

수조 세트 건축 시에는 사용하는 물 사용량에 따라 수압을 계산하여 수압을 충분히 견딜 수 있는 구조와 재료를 선택해야 한다. 일반적으로 바닥은 철근 콘크리트를 10cm 가량 설치하고 벽체는 철판과 금속 또는 철근 콘크리트를 두껍게 설치하여 수조 세트 바깥으로 구조 보강재를 설치한다.

세트는 기본 구조재가 수조 세트에 튼튼하게 지지되어야 물을 저장했을 때 부양하지 않는다. 또한 구조재와 벽체에 콘크리트를 철저하게 도포해야 하며, 완료 시에는 작업 부유물이 촬영을 방해하지 않도록 철저하게 청소하고 제거해야 한다.

수중세트 촬영 시는 수중에서 시야 확보를 위한 깨끗하고 맑은 물을 사용해야 하고 배우의 컨디션을 위해 수온을 신중하게 체크하고 조치해야 한다.

구비 도구로는 수중 방수복, 오리발, 수경, 산소 호흡기, 산소 마스크, 산소통, 무게를 유지하기 위한 납과 벨트, 안전장치, 보온, 구급, 응급 시설 등을 갖추어야 안전한 촬영을 할 수 있다.

폭파 촬영용 세트는 일반적인 세트 구조와 마감으로 완성을 하고 폭파

폭파 촬영용 세트〈판도라〉

할 부위를 정하여 폭파하거나 액션으로 부딪혀서 안전할 수 있는 재료를
사용하여 완성한다.

안전한 재료로는 코르크, 아이스핑크, 스티로폼, 스펀지, 우레탄 폼, 갈
석과 시멘트 혼합물 등을 사용하여 마감한다. 모든 재료와 소재는 안전한
특수 물질로만 완성해야 한다.

안전한 촬영을 위해서 구급, 응급 시설 또한 갖추어야 한다.

크로마키 촬영용 세트

크로마키(chroma key) 촬영이란 화상 합성을 위한 특수 기술로 두 가지
화면을 따로 촬영하여 한 화면으로 만드는 합성 기법이다. 합성할 피사체
를 단색 판을 배경으로 촬영한 후 그 화면에서 배경색을 제거하면 피사체
만 남게 되는 원리를 이용한 것이다. 이때 배경이 되는 단색판을 크로마백
(chroma back)이라고 한다. 크로마백은 대개 TV 삼원색인 RGB 적색, 녹색,
청색 중 한 색을 사용하면 되지만 주로 청색이 많이 쓰이는데 이는 사람의
얼굴색에서 청색의 비중이 적기 때문이다.

내고자 하는 피사체가 인물인 경우, 살색과 보색인 청색 배경 앞에 인물
을 세워 카메라로 촬영하고 그 출력에서 청색 성분을 제거하면 배경은 검

게 되고 인물만 빼 낼 수 있다.

이때 인물의 의상이나 소지품 등에 청색 계통의 색을 이용하면 그 부분이 없어진 피사체를 빼 낼 수 있다. 청색 의상을 입으면 얼굴과 손발만 빼낼 수 있다.

보통 이러한 크로마키의 기능은 움직이는 영상이나 영화에서 직접 현실로 옮기지 못할 때에도 많이 쓰인다.

미니어처 촬영용 세트

미니어처(miniature)는 실제 촬영하기 어렵거나 불가능한 장면을 위해 축소하여 만든 모형 일반을 말한다. 대형 건물의 화재, 비행기 폭발 장면, 여객선 침몰 등 재현이 어려운 장면을 촬영하기 위해 빌딩, 비행기 등의 축소 모형을 만들어 특수 촬영하는 경우가 많다. 또한 실제 촬영이 불가능하거나 막대한 비용이 드는 경우에 미니어처를 사용하여 촬영한다.

또한 무대장치의 건물, 정원, 풍경을 축소시켜 스튜디오 촬영에서 롱 샷을 잡을 때 활용하기도 한다.

08
세트의 활용

세트 플랜과 세트 설계도면

세트 플랜(set plan)은 세트 장치의 평면도, 세트의 구조, 양식, 재료(구조재, 의장재, 마감재) 등을 축소시켜 위치를 나타낸 것으로 세트 디자이너가 작성하고 아트디렉터와 프로덕션 디자이너가 확인한다. 프로듀서와 영화감독은 세트 플랜을 바탕으로 스테이징 플랜을 짜며, 스튜디오의 제작·장치 파트는 이것으로 스테이지에 세트를 건축한다.

세트 플랜에는 기본 세트, 작업 동선, 작업 자재 보관 장소, 제작 공간, 기계 설비 공간, 휴식 공간 등의 작업 환경을 표시하며, 촬영시 연출 모니터 공간, 촬영 장비, 조명 장비, 미술 도구 공간, 분장 공간, 의상 공간, 배우 대기실, 보조 출연 대기실, 음식 조리 및 식사 공간, 식·음료 공간, 기타로 사무 공간, 전기 시설, 수도 시설, 응급, 구급 안전 조치 및 안전 대비 확보 등을 계획·설계해야 한다. 세트의 규모에 따라 세트보다 더 많은 면적과 규모의 스튜디오가 필요한 것이다.

세트의 면적은 1인이 최소한 필요한 단위를 9자(尺)×9자×9자=270cm ×270cm×270cm=약 2평=약 6.6제곱미터로 산정하는데 그 이유는 이 면적을 한 사람이 자연스럽게 움직일 수 있는 최소한의 넓이로 보기 때문이다.(수형의 공간인 독방은 약 0.9평) 가로×세로×높이를 기본으로 세트의 용도와 기능을 분석하여 구조와 면적을 디자인 설계한다.

3.3제곱미터, 즉 1평은 6자(尺)×6자(尺) = 180cm×180cm를 기본 값으로 한다. 그러나 디자인 콘셉트에 따라 인물, 배경 등의 화면 구성 요소를 의도적으로 축소, 왜곡하기 위해 세트 역시 축소 혹은 왜곡할 수 있는데 그럴 때는 실행과 동시에 운영면도 고려해야 한다. 즉 경우에 따라서는 한 평이 실제보다 더 커지기도 하고 작아지기도 한다. 또한 세트의 1유닛의 기본값 240cm×240cm=1평(坪)으로 값을 정하여 적용한다.

세트 플랜에는 장소(위치), 장소의 면적, 세트 건축 규모, 세트 건축 면적, 연면적, 건폐율, 용적율, 최고 높이 공법(기초, 지상), 구조재, 지붕재, 외벽 마감재, 창호재, 내장 마감재, 조경 설계, 평당 건축비 등이 기재되어야 한다.

세트 도면

세트 설계도면은 전체 배치도(아트 워크, 프로덕션 서비스, 연출), 평면도(현장 평면), 입면도(입면, 창호도), 단면도, 상세도, 구조도(기초, 바닥, 골격, 지붕, 천장), 제작도, 설비, 시방서(전기 배선, 설비, 마감, 재료 마감) 등으로 구성하고 표시되며 제작 방법에 따라 필요·불필요를 판단하여 작업한다.

전체 배치도에는 아트 워크 관련 및 연출, 프로덕션 관련까지 표시한다. 세트 평면도는 제작, 장치하고자 하는 세트의 부감에서 보는 시점으로 설계한 것이다. 세트 평면도 안에는 세트의 구조, 바닥의 높낮이, 벽체의 두께, 바닥 마감 등이 표시되어야 한다.

입면도에는 제작·장치하려는 세트를 측면에서 보는 시점으로 표시해야 하는데 벽체의 재료, 마감, 창호, 문, 계단 등이 나타나야 한다.

천장도는 제작·장치하려는 세트를 하늘로 보는 시점으로 천장의 마감, 구조 등을 표시하며, 제작·장치하려는 세트를 단면으로 잘라서 보는 시점의 단면도, 그 외에 세트 제작의 방법이나 설치 또는 재료의 선택 등을 표시한 시방서, 설비, 전기 시공서, 상세도 등이 있다.

세트 조립 및 전환

촬영과 촬영 조건을 보다 쉽게 하기 위해서는 세트의 조립 및 전환이 필요하다. 세트 조립은 세트와 세트를 연결하는 작업인데 영화 세트는 여러 조각의 세트들로 구성되어 있다. 각각의 세트들은 종종 독자적으로 사용되기도 하지만 한 면의 크기에 따라서 다른 세트들과 연결해서 사용한다. 못을 사용해 직접 세트와 세트를 연결시키는 방법, 또는 보다 정교하고 조직적인 방법으로 여러 가지 세트 연결 기구를 이용하는 등 필요에 따라 여러 가지 방법을 사용할 수 있다.

　세트 연결 기구를 사용하면 못으로 직접 조립하는 방법보다 경비가 많이 들고 또 세트 하나하나를 정확한 도면 제작에 의해 정교한 제작을 해야 하는 번거로움이 있지만 세트의 수명이 연장되고 빠른 시간 내에 해체할 수 있다는 장점이 있다.

　스튜디오에서 일정한 공간에 여러 세트를 바꾸어 써야 한다거나, 세트를 여러 가지 방법으로 이동시켜 좁은 공간을 다양하게 쓰기 위한 세트 전환 방법에는 겹쳐 세우기, 접어 올리기 등이 있다.

설계 도면 기호

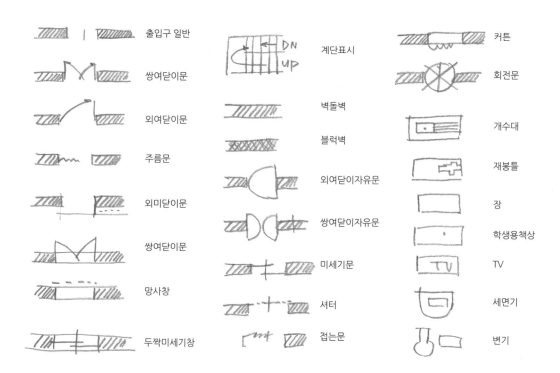

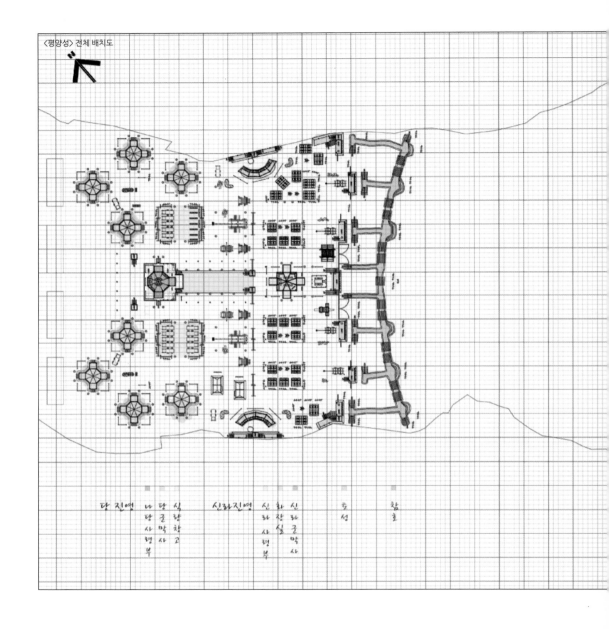

〈평양성〉 전체 배치도

당진영				신라진영				호성	참호
나 당 사 령 부	당 군 막 사	심 문 창 고		신 라 사 령 부	화 장 실	신 라 군 막 사			

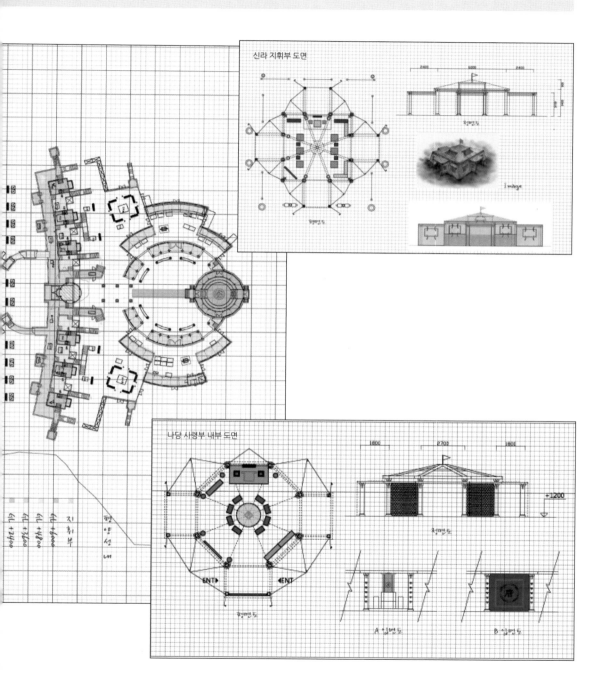

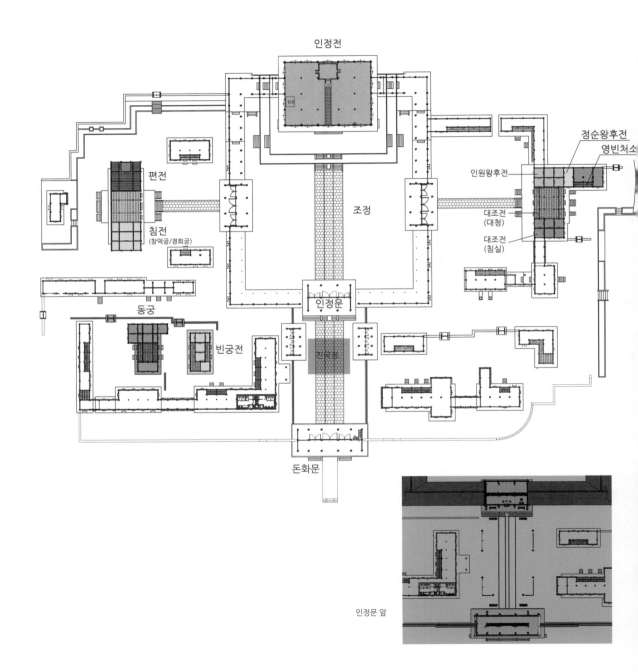

인정전

정순왕후전

영빈처소

인원왕후전

대조전
(대청)

편전

조정

대조전
(침실)

침전
(창덕궁/경희궁)

동궁

빈궁전

인정문

진연청

돈화문

인정문 앞

돈화문 공간 연출

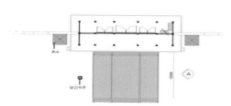

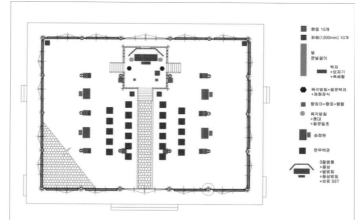

인정전 공간 연출

다만, 공간으로 말하라

　　프로덕션 디자이너가 감정을 다루는 방법은 공간을 통해서이다. 이 공간이 저 공간으로 바뀐다는 것은 배우가 표현하는 감정을 뒷받침하는 배경을 만들어 주는 일이기 때문이다.

　　영화 〈사도〉의 예를 들어 보겠다. 원래 사도세자가 뒤주에 갇혀 있던 곳은 창경궁의 문정전이었다. 그러나 실제의 문정전은 영화를 두 시간 가까이 끌고 나갈 공간으로는 약해 보였다. 문정전은 영조의 집무실인 편전 앞이다. 편전은 왕의 서재로 일상적인 집무실이었기 때문에 그곳에서 나오는 조정인 마당도 클 필요가 없었다. 그러나 영화의 이야기가 거의 이 마당에서 이루어져야 했고, 그 이야기가 가진 비극성을 드러내려면 왕의 잔혹한 위엄에 대비되는 사도의 뒤주는 가능한 한 초라하게 비쳐야 했다. 그것을 상징적으로 보여 주기 위해 문정전을 사료의 그것과 달리 드넓은 마당으로 디자인했다.

　　또 하나 사실과 다른 점은 문이었다. 원래 문정전으로 드나드는 문은 하나였지만, 뒤주를 중심으로 사방이 모두 뚫린 구조인 조정(朝廷) 형태로 만들었다. 전정(殿庭)이 동쪽에만 문이 있다면 조정은 문이 동서남북 다 있다. 그렇게 되면 뒤주를 놓고 모든 정적(政敵)들이 다 모여 있는 구조가 된다. 왕, 가족의 공간, 대신의 공간마다의 문들의 위치가 뒤주를 향해 모여 있다는 것은 뒤주에 갇힌 사도세자의 답답함을 확장시킨다. 역사적으로 맞는 것과 감정적으로 맞는 것 중간에서 타협점을 찾은 것이다. 문정전을 인정전 형태로 바꾸었다. 이야기를 따라가느라 마당의 크기나 문의 위치에 의혹을 품은 사람이 없었다.

　　시나리오를 미술적으로 접근한다는 것은 프로덕션 디자이너에게 필수적으로 요구되는 상상력의 영역이다. 프로덕션 디자이너가 연기자의 내면이나 처리를 요구할 수는 없다. 그것은 감독의 몫이다. 그러나 역사적 사실보다는 감정의 확장, 무수리의 아들로 태어나 왕이 된 영조가, 8일간 매일 집무를 보며 서서히 죽어가는 아들을 바라보는 잔혹한 이야기의 시지각적 지도를 만드는 일은 프로덕션 디자이너만이 할 수 있다.

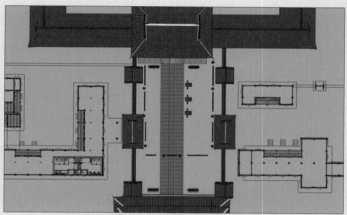

원래 사도세자가 뒤주에 갇혀 있던 곳은 영조의 집무실인 문정전이었다. 그러나 영화의 세트를 실제 문정전과 같이 디자인하면 이야기를 끌고 나갈 만한 공간적 힘이 부족할 것이라고 판단했다. 그래서 사료와 달리 문정전 마당을 넓게 디자인하고 동서남북 사방으로 문을 배치했다.

<사도>의 세트 디자인

6. 세트 데코레이션

세트 데코레이션(set decoration)은 공간 연출 디자인이라고 표현할 수 있는 데, 공간의 외양을 아름답게 치장하고 꾸미는 조직적이고 전체적인 장식의 의미를 기본으로 한다. 그러나 완성도 있는 세트 데코레이션은 장소나 공간을 채우거나 장식하는 일차적인 목적 외에, 등장인물을 해석하고 그의 히스토리를 유추하여 세트 안에 데코레이션 요소들을 미술적으로 의미 있게 배치하는 데에도 주목해야 한다. 즉 공간 사용자의 삶의 방식에 따라 데코레이션 요소 하나하나에 생명을 불어넣는 과정과 결과까지를 세트 데코레이션의 의미로 포함시켜야 한다. 이러한 포괄적 의미의 세트 데코레이션은 기능적, 장식적 역할에서 한 걸음 더 나아가 시나리오의 이야기 주체로서 화면의 미장센 역할을 한다.

세트 데코레이션은 창조, 재현, 답습 등의 방법을 통해 세트의 외부와 내부를 각각의 목적과 용도에 맞게 계획하고 형태화하는 작업이며, 그 대상은 공간과 장소로 범위는 거의 모든 인공 건축물과 자연물을 포함한다. 주택을 비롯하여, 사무실, 상점, 병원, 호텔, 레스토랑, 카페, 백화점, 미용실, 의상실, 공장, 학교 등 인간이 거주하고 활용하는 많은 건축물이 공간 연출 디자인에 해당된다.

근대 산업의 발달로 도시가 형성되고 사람들이 도시 생활을 하게 되면서 생활의 대부분을 실내에서 보내고 있다. 그러므로 인간의 쾌적한 삶을 위해 실내 디자인의 중요성은 점점 더 커지게 되었다. 그러한 삶의 성향을 분석하여 세트 데코레이션을 설계하는 것이다.

세트 데코레이터는 공간의 목적에 따라 디자인 기준을 적용해야 하며, 동선과 순환의 패턴, 자연광과 인공 조명의 필요성과 강도, 음향 효과, 유지 관리, 공간 분위기, 적절한 심미성과 경제성을 고려한 재료의 선택, 미술 예산, 연출과 프로듀서의 요구 조건, 기후, 풍토, 디자인의 의도에 맞는 선택적 집중 표현 등을 고려해야 한다. 이와 같은 조건들을 항시 염두에 두고 동시에 공간을 이용할 연출, 배우, 촬영, 조명, 녹음에게 가장 편안한 공간을 제공해 주어야 한다.

세트 데코레이션은 인테리어의 패브릭(fabrics), 엘리먼트(element), 크래프트(craft), 데코레이션(decoration)을 모두 수용한다. 지금 우리가 살고 있는 소비 사회는 물건 하나하나의 의미에 주의를 기울이지 않는 시대이다. 하지만 영화 안에서의 물건들은 그것이 놓이는 장소와 시간에 따라 새로운 역사를 가지고 새롭게 태어날 수 있다.

01 세트 데코레이션 양식

세트 데코레이션 양식은 크게 모던(modern), 내추럴(natural), 클래식(classic), 캐주얼(casual), 믹스 앤 매치(mix & match) 5가지로 분류할 수 있는데 영화에서 가장 흔히 사용하는 양식은 내추럴, 즉 자연스럽게 표현하는 양식이 가장 일반적이다.

더 세분화하면 프로방스(provence), 앤틱(antic), 모던(mordern), 클래식(classic), 미니멀(minimal), 젠(zen), 퓨전(fusion), 포크로어(folklore), 컨트리(country), 오소독스(orthodox), 내추럴(natural), 프로빈셜(provencial), 엘리먼트(element), 로맨틱(romantic), 에스닉(ethnic), 오리엔탈(oriental), 빈티지(vintage)로 구분되며, 환경, 기후, 풍토를 따라서 단순히 동양풍, 한국풍, 일본풍, 북구풍 등으로 말하기도 하며, 남성적인 것과 여성적인 것으로 대조하기도 한다.

프로방스 양식은 시골풍과 모던함이 결합된 스타일이며, 앤틱 양식은 낡고 고풍스러운 스타일, 모던 양식은 근대 양식이다. 아르누보 양식은 창조, 단순, 자연주의를 이상으로 추구하는 스타일이며 클래식 양식은 19세기까지의 서양 귀족 문화를 총칭하는 것으로, 사회적으로 안정된 계층이 선호하는 기품 있고 웅장하며 화려하고 고급스러운 이미지이다. 미니멀 양식은 표현을 최대한 절제한 스타일로, 간결, 간편, 간단하면서도 필요한 요소는 모두 갖추고 있는 스타일이고, 젠 양식은 미니멀과 비슷하지만 자연적인 소재와 색을 사용하며, 동양적인 절제미를 가지고 있는 스타일이며, 퓨전 양식은 크로싱이라고도 하는데, 모든 장르 사이의 벽을 허물고 의, 식, 주 전반에 걸쳐 다양한 영향을 끼친 스타일이다.

포크로어 양식은 컨트리와 비슷하며 농민의 생활 모습에서 전승되어 온 스타일이고, 컨트리 양식은 꾸미지 않고 멋스러운, 편안하며 자연 소재를 많이 이용한 스타일이다. 오소독스 양식은 예를 들면 〈대부〉에서 말론 브란도의 거실처럼 캐주얼보다는 다소 격식이 있는 차분한 스타일이다. 내추럴 양식은 자연적인 소재를 살린 스타일이고 프로빈셜 양식은 컨트리나 포크로어보다 시골풍으로, 지역성이 짙은 스타일이다. 엘리먼트 양식은 우아하고 품위 있는 스타일로서 화려하고 여성적인 면이 더해지면 로맨틱한 스타일이 된다. 로맨틱 양식은 우아하고 여성적인 부드러운 분위기이며, 부드러운 선의 가구를 사용한다. 에스닉 양식은 지역성, 민속적인 아름다움을 표현한 스타일로 주로 색감이 강하고 화려하며 여름에 잘 어울린다. 아프리카의 토속적인 요소가 대표적이다.

오리엔탈 양식은 터키, 이집트, 페르시아, 인도, 중국, 일본 등의 풍속을 모티브로 해서 동양적인 신비를 표현하는 스타일이고, 빈티지 양식은 오래 되고 시간이 흘러도 변함 없는 멋과 가치를 지닌 스타일을 말한다.

이외에 계급, 계층별 삶의 방식, 국가별 역사적 근거를 유추하여 데코레이션 방식을 분류하기도 한다.

빈티지한, 허름한, 낡은, 복잡한 vs 모던한, 정리정돈된, 세련된, 도시적인

〈파이프 라인〉의 데코 양식

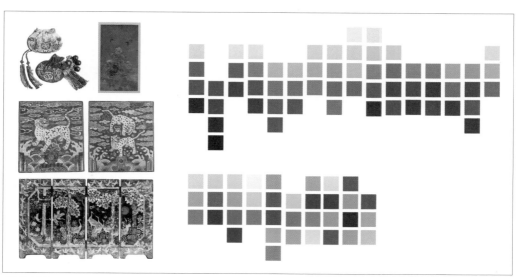

데코 컬러 차트

02
세트
데코레이션
요소

세트를 데코레이션하는 것들이 넓은 의미에서의 소품이라고 할 수 있다. 요리에 비유해서 얘기하자면 소품은 요리의 재료들이고 세트 데코레이션은 요리의 방식이라고 할 수 있는 것이다. 세트 데코레이션 요소들은 양과 종류, 범위가 어마어마하다. 영화에서 다루는 분야가 어떤 것이냐에 따라 세트 데코레이션은 인류의 삶을 과거와 현재, 동양과 서양을 종횡으로 가로질러 모두 표현해 내야 하기 때문이다. 그러므로 적절한 방법으로 그것들을 분류해 놓아야만 한다. 도서관의 다양한 책들을 쉽게 찾아볼 수 있도록 적절한 범위와 기준에 의해 분류하듯이 세트 데코레이션 요소들도 용도와 기능, 재질별로 분류해 놓으면 효율성이 극대화됨은 물론 여러 면에서 유용하다. 예를 들면 현대물과 시대물을 모두 포괄해서 다음과 같은 기준으로 분류할 수 있다.

세트 데코레이션 분류표

의	관모	관, 입, 건, 모, 관건식, 입식		
	의류	궁중복, 백관복, 평상복, 종교복, 의례복, 내의, 부분품, 군복		
	대/구			
	신발			
	장신구	신체 장식, 의복 장식, 기타		
	관/복함			
	기타			
식	음식기	음식, 반상, 저장 운반		
	취사	취사		
	가공			
주	건축부재	장식부재, 배관설비		
	생활용품	가구	주거	침실, 주방, 거실, 사무, 응접, 현관
			사무	사무, 응접, 휴게
			유흥	커피점, 주점, 사교장, 카페
		침구		
		조명구		
		난방구		
		문방구		

		화장구	
		위생도구	
		재봉구	
		신변잡구	
		장식용구	
전자통신	생활제품	TV, 냉장고, 에어컨, 히터, 컴퓨터, 전화기, 인터폰	
	사무제품	복합기, 프린터, 복사기,	
	보안정보	CCTV	
	부속부품		
산업·생업	농업	파종 경작, 운반, 수확 탈곡, 도정, 저장	
	어업	어로	
	축산	양, 우마, 양계	
	양잠봉	양봉	
	수렵	사냥구, 채집구	
	공업	목공, 야금, 염직, 금속공, 석공,	
	상업	계측, 계량, 계산, 화폐, 유가증권	
	전자	컴퓨터, 모니터	
	관련도서	금융업	
	서비스업	호텔, 모텔, 숙박, 음식, 편의점, 할인매장	
	유통	소매, 도매, 백화점	
교통·우편	교통운송	육상, 수상, 해상, 공상	
	마구	제어, 안정, 장식	
	통신	우편, 전기통신	
	운송 서비스	퀵, 택배, 화물,	
과학기술	천문	시간 측정, 성좌 측정, 천문도, 역서	
	지리	지도, 지리, 풍수, 방위	
	의료	진료, 치료, 제약, 보관, 의서	
	인쇄	활자, 인쇄도구	
	인장	인장, 인장도구, 기타	
	판류	판류	
사회생활	의례생활	출산, 혼례, 생일, 상장, 제례, 예서	
	사회제도	문서, 교육, 족보, 호적, 신표, 형장구	
	의전	기, 치	
종교·신앙	불교	의식, 예배, 공양, 교화	
	유교	경전	

	천주교	
	이슬람교	
	민간신앙	동신신앙, 무속신앙, 점복, 주술
문화·예술	문헌	문학, 문집, 서간
	음악	악기, 현악기,타악기,관악기
	서화	글씨, 회화, 탁본
	미술	그림, 조각,디자인,
	사진	
	공연	무용, 연극, 뮤지컬, 민속극
	놀이	
언론·방송 ·미디어	방송	보도, 예능, 드라마, 교육, 장비, 차량
	신문	장비, 차량
체육· 스포츠	시설	
	기구	
	도구	
치안	교통	
	경찰	
	소방	
	관재	
군사무기	육군	보병, 장갑부대, 수색, 지원, 특공,의무, 기갑
	해군	전투함, 항공모함
	공군	전투기, 헬기
	근력무기	도검, 궁시, 타격기
	화약무기	총
	공성무기	
	장비	신호지휘, 궁술, 갑주

**03
세트
데코레이션의
재료와 재질**

세트 데코레이션 요소들을 기능면에서뿐만 아니라 재료나 재질별로 분류하는 것도 유용하다. 실제 현장 작업에서는 세트 데코레이션을 위한 구체적인 품목들은 아웃소싱으로 제작을 의뢰하는 경우가 많기 때문이다. 금속, 도자기, 유리 목재 등 재료별로 분류해 놓는다면 혼선이나 중복 없이 해당 업체를 효율적으로 관리할 수 있다. 이런 작업은 업무의 시간적 효율을 높여 줄 뿐만 아니라 예산 운용 면에서 경제적인 효율성도 높일 수 있다.

금속	은, 금동, 동합금, 철, 복합금속, 주석
토제	
도자기	백자, 갈유, 석간주, 옹기
석	화강암, 현무암
유리/보석	유리, 호박, 밀화, 옥, 진주, 산호, 석웅황, 파란
초제	볏집, 칡, 왕골, 댕댕이, 삼, 보릿짚, 박
나무	고리버들, 느티나무, 단풍나무, 대나무, 물푸레나무, 박달나무, 소나무, 싸리나무, 등나무
골각패갑	수골, 수각, 상아, 대모, 나전, 화각
지	양지
피모	우피, 어피, 말총, 꿩털
사직	견, 마, 면, 저, 모직, 합성섬유
기타	합성고무, 합성수지, 밀랍

이 많은 물품들은 그동안 인류가 생존해 오면서 사용했던 것들이므로 영화에서 과거를 표현할 때만 필요한 것이 아니라 현재의 인간 생활을 나타내는 데도 꼭 필요하며 미래의 인간상을 그릴 때도 역시 필수적인 품목들이다. 또한 앞으로 이런 소재는 더욱 다양해질 수밖에 없을 것이다.

도자기나 나무라 하더라도 그 아래 다시 여러 가지로 세분되는 재료들을 모두 다 구별해서 데코레이션을 할 것이냐 아니냐는 현장 작업에서는 중요하면서도 어려운 문제이다. 작품의 디테일한 퀄리티를 고려할 것인지, 작업상의 편의성, 예산 문제를 먼저 고려할 것인지가 충돌할 수 있기 때문이다.

하지만 위와 같이 재료와 재질 별로 분류해 둔다면 설사 품목이 다르다 하더라도 같은 재료를 다루는 작업자에게 의뢰해서 통합 관리할 수 있기 때문에 디자이너의 미학적인 원칙과 고려를 유지하면서도 아웃소싱의 경제적 효율성을 높일 수 있다.

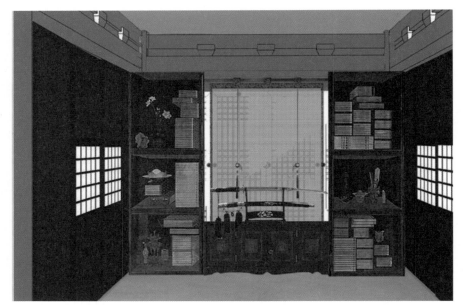

〈사도〉의 세트 데코

〈강남 1970〉의 세트 데코

04
세트 데코레이션 플랜

세트 데코레이션의 플랜은 배치도(아트 워크, 프로덕션 서비스, 연출), 평면도(현장 평면), 입면도(입면, 창호도), 단면도, 상세도, 제작도, 설비, 시방서(전기 배선, 설비, 마감, 재료 마감) 등으로 구성하고 표시한다. 디자인 콘셉트에 따라 꼭 필요한 우선 순위에 따라 제작 방식은 필요 혹은 불필요를 판단하여 제작할 수도 있지만 삭제하거나 제거하는 등 집중과 선택이 필요하다. 실생활과 달리 영화에서는 꼭 보이지 않는 부분은 삭제를 할 수도 있고 보이는 부분 역시 꼭 필요한 요소들만 필요 우선 순위에 따라 표현한다.

세트 데코레이션 플랜은 세트 데코레이션 장치의 평면도, 대도구, 소도구, 가구 등을 축소시켜 위치를 나타낸 것이다. 이것은 세트 데코레이터, 디자이너가 작성하고 아트 디렉터, 프로덕션 디자이너의 확인을 통해 프로듀서와 영화감독은 이것을 바탕으로 스테이징 플랜을 짜며, 세트 드레서는 플랜으로 스테이지에 세트 데코레이션 또는 세트 드레스를 한다.

세트 데코레이션의 평면은 세트 바닥을 부감으로 보는 시점으로 계획한 것으로 바닥에 설치되는 카펫, 러그와 바닥 마감의 재료, 소재, 패턴, 컬러, 질감, 설치 공법 등을 표시하고 대도구, 소도구, 가구 등의 요소의 배치를 설명한다.

세트 데코레이션 입면도는 제작·장치하려는 세트의 각각의 벽면을 측면에서 보는 시점으로 그린 것이다. 세트 데코레이션 입면도는 세트 입면도에 벽체의 재료, 마감, 창호, 문, 계단 등이 표시되어 있는 벽면에 설치하는 대도구, 소도구, 가구의 배치를 설명하고, 창문의 커튼, 벽면의 마감 관련 패턴, 자재, 시공 방법, 샘플을 제시하고 표시한다.

천장도는 제작·장치하려는 세트를 하늘로 보는 시점으로 천장의 마감, 조명 등을 표시하며, 그 외에 세트 데코레이션의 시공 방법, 제작의 방법이나 설치 또는 재료의 선택 등을 표시한 시방서, 설비, 전기 시공서, 상세도 등이 있다.

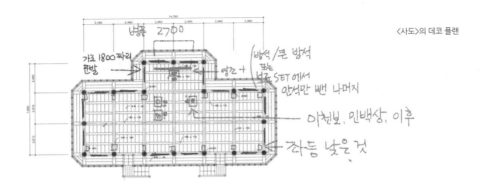

〈사도〉의 데코 플랜

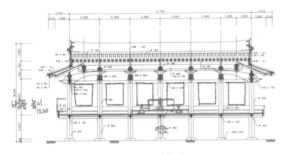

그림 47. 완월정 횡단면도

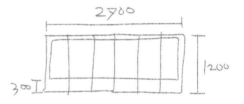

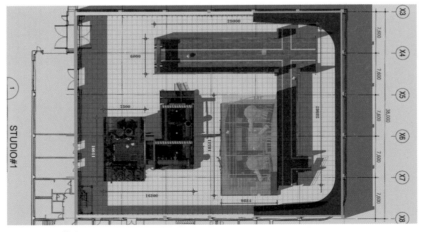

〈판도라〉의 데코 플랜

자재창고 / 과거연구실 Materials Storage and Past Laboratory

STORAGE

LAB 1,2

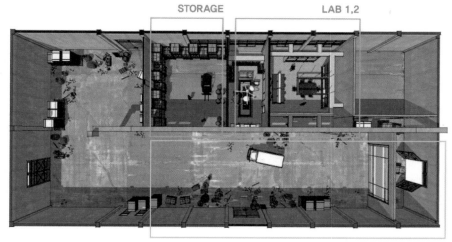

PASSAGE

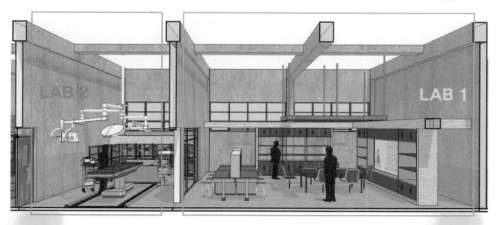

LAB 2

개의 내장에 연가시 유충을 이식하는 연구원들

LAB 1

복잡한 화학공식들로 가득찬 연구실

〈연가시〉의 데코 플랜

그러나······ 빈 집

영화 〈강남 1970〉의 배경이 된 집, 즉 하꼬방 넝마주이들이 사는 공간은 원래 마구간이었다. 동물이 살도록 지어진 공간을 사람들이 자기 공간으로 바꾸어 놓은 것이 콘셉트였다. 따라서 세트는 애초에 마구간처럼 짓고, 세트 데코레이션은 사람이 사는 곳처럼 디자인했다. 건축 구조는 실제 사람이 거주하기에 맞는 실질적 기능을 갖추되 도배나 마감은 그 당시 신문지를 이용했다. 20년 전의 신문이나 삐라라 불렸던 반공 전단, 당시 국민 영웅이었던 레슬링 선수 김일 포스터 등 그 시대 풍속을 반영하는 것들을 찾아 구했다. 옛 포스터나 전단을 보관하는 사람들을 찾았는데 의외로 많은 자료를 보유하고 있었다.

가건물처럼 엉성하고 바닥에는 찢어진 멍석과 밀가루 포대가 깔린 공간에서 부뚜막도 없이 살아가는 사람들, 따뜻한 것이라고는 흔들리는 호롱불 하나, 그 호롱불에 의지해서 살아가는 이들의 집을 만들었다. 종일 목청 높이 외치며 들고 다녔을 슈사인 보이의 구두닦이 통이 놓여 있고, 불 쪼일 곳 하나 없는, 그래도 그들에게는 지붕이 덮인 쉼터가 되어 준 그 공간은 내가 아직도 애착을 가지고 있는 집이다. 그 마을의 집들을 유기적으로 연계하고 있는 것은 개천이었는데 마을로 들어가면 근대화되기 전의 골목 문화가 있었다. 설정한 개천 주위로 마을이 둥그렇게 그 집을 둘러싼 형상이었다.

내 삶과 오버랩되는 시기의 디자인 작업은 좀 더 애착이 간다. 이 작품을 '내가 좋아하는 나의 영화 베스트 3'에 꼽는 까닭이기도 하다. 그런데 이렇게 진짜처럼 지어진 세트가 사실 진짜는 될 수 없다. 난방·배관 설비가 없기 때문이다. 영화 촬영은 전기를 이용하기 때문에 자체 천장 등이나 조명이 없다. 사람이 잠시 머물렀다만 떠나는, 빈 집이다.

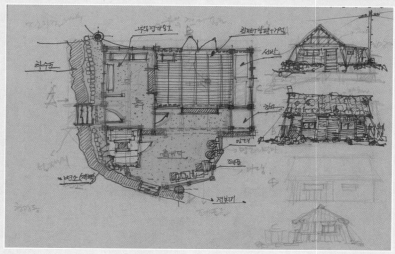

〈강남 1970〉

7. 소품 디자인

프로덕션 디자인은 세트 디자인, 세트 데코레이션 외에도 고정화(장치, 세팅, 드레싱)되어 있지 않은 상황을 연출해야 한다. 예를 들어 행사, 이벤트, 공연, 사건, 사고, 응급, 액션 등의 다양한 상황을 연출하며, 자연환경에서 오는 상황 역시 연출해야 한다. 이를 소품(props) 디자인이라 한다.

소품 디자인에는 또한 연기자가 이야기 전달을 위해 필요로 하는 미술적인 요소가 포함되며 연출적인 의도에 의해 연기자가 사용해야 하는 도구와 독자적으로 이야기를 전달하는 도구 모두가 소품 디자인의 범주에 속한다.

소품 디자인은 이미 세트 데코레이션에 공간적으로 연출되어 있는 것을 그대로 활용하기도 하고 또는 상황에 따라 의도된 디자인으로 추가해서 사용하기도 한다.

또한 같은 소품이라 하더라도 연출 의도에 따라 용도와 기능을 달리하여 사용할 경우 연출 의도에 부합되는 소재와 재료를 연구하여 디자인, 설계, 제작해야 한다. 소품 디자인은 상황 연출 소품, 연출 소품, 소지 도구로 분류할 수 있다.

01
상황 연출 소품

시나리오에는 장면마다 배우의 대사, 방백, 독백 등이 있고 동시에 지문을 통하여 어떠한 장소나 공간에서 누가 무엇을 어떻게 한다는 것이 명시되어 있기 때문에 사건이 전개되는 과정이나 상황이 드러나게 된다. 그러므로 어떠한 경우에도 상황은 필연적으로 만들어지기 마련이다.

소품 디자인은 장면마다의 상황의 암시나 지시를 분석과 해석을 통해서 파악하여 연출의 의도 즉 영화감독의 생각과 프로덕션 디자인의 콘셉트를 반영한 미술적 요소를 적극 활용하여 상황을 만들고 연출하는 디자인 분야이다.

예를 들어 시나리오 상에 '책을 읽는다', '음주단속을 한다'라고 되어 있다 하자. 그렇다면 책을 읽는 상황을 만들어야 하며 그 상황에서는 어떤 책, 어떤 장르의 책을 놓아야 할지 결정해야 한다. 책상, 의자, 조명기, 주변의 재떨이, 찻잔에 담긴 음료는 커피 혹은 홍차 등 단순한 상황을 전개하는 데에도 수많은 미술적 요소가 있고, 그 요소를 선택하기 위해서는 캐릭터의 성향을 파악하여 디자인, 설계해야 한다. 또한 음주 측정이라는 단순 명료한 단어 속에는 수많은 연출적, 미술적 요소가 내포되어 있다.

그러므로 상황 연출 소품은 '어디서, 누가, 무엇을, 어떻게, 왜?'의 의미를 찾아내서 풀어야 하며, 그에 따른 캐릭터, 도구, 소지 도구, 장비, 차량 등 콘셉트와 의도에 맞는 요소들을 선택하여 배치하고 활용해야 한다.

어떠한 곳에서 어떤 것을 가지고 무엇을 할 것인지를 동시다발적으로 보여 줄 수는 없다. 그러므로 연출자는 가능한 여러 가지 모습 가운데 단 한 가지만을 선택해야 한다. 그럴 때 그 모습은 전달하고자 하는 이야기와 의도, 내용이 있어야 하며 소품 디자인은 그것에 동원된 요소들이 단지 그 물건 이상의 효과를 낼 수 있도록 의도해야 하며 이것이 소품 디자인이 지향해야 하는 최고의 목적이다.

집들이 장면을 예로 들어 보자. 등장인물 한 명이 들어온다. 그는 빈손으로 올 수도 있고 선물을 들고 들어올 수도 있다. 선물은 꽃이 될 수도 있고 케이크가 될 수도 있다. 케이크라면 일반 베이커리에서 파는 기성품일

〈구르믈 버서난 달처럼〉

〈불량남녀〉의 경찰서 안 풍경

수도 있지만 특별한 수제 케이크 집에서 맞추어 온 것일 수도 있다. 그렇다면 그 케이크에는 들고 온 사람만의 특별한 의미가 이미 담겨 있는 것이다. 이렇게 작은 소품 하나가 엄청난 이야기를 할 수 있다. 우리가 무심히 보는 영화 한 장면 속의 그 어떤 것 하나도 그냥 거기 있는 것은 없다. 치밀한 계획과 계산 아래, 그 소품은 거기 놓여 있는 것이다.

상황에는 수많은 경우와 사례가 있으며 사건, 사고, 화재, 재난, 교통, 경찰, 액션, 회의, 미팅, 여러 사회적인 활동과 사적인 부분들이 있다.

요리를 할 때 재료 하나하나에 제각각의 목적이 분명히 있고 요리사는 그 재료들을 활용하여 훌륭한 요리를 완성시킨다. 소품 역시 마찬가지이다. 소품 하나하나에도 분명한 히스토리가 있으며 요리와 마찬가지로 모두를 합하여 하나의 이야기를 형성하여 전달할 수 있다.

02
연출 소품

연출 소품은 이야기를 특별히 담은 소품을 말한다. 이야기를 의도하는 것이라고 볼 수 있다. 영화감독은 연기자의 행동, 대사, 분위기 등을 통해서 이야기를 전달할 뿐 아니라 미술적인 요소를 통해서도 이야기 내용을 전달하고자 한다.

미술적인 요소가 연기자의 행동이나 대사에 인서트 형식으로 첨가되면 이야기의 내용은 극대화된다. 인서트란 장면 사이에 연상퀴즈처럼 다른 장면 하나가 들어오는, 즉 어떤 소품 하나가 의도적으로 보여지는 것을 말한다.

연출 소품은 시나리오, 스토리보드, 콘티로 영화감독이 직접 주문하는 미술적 요소들로서 디자이너는 연출의 명확한 의도를 파악하고 이해하여 미술적인 요소들을 활용하여 디자인하고, 결과물은 사전에 영화감독과 배우에게 적합한지를 확인받고 실행해야 한다.

〈강남 1970〉의 연출소품

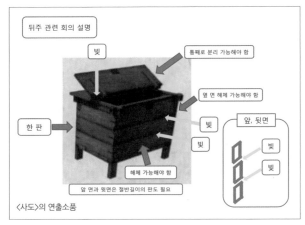

〈사도〉의 연출소품

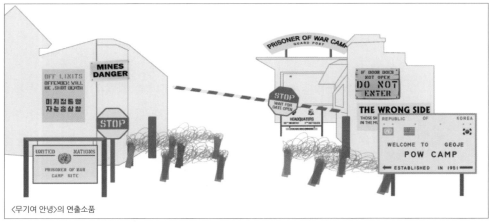

〈무기여 안녕〉의 연출소품

03
소지 도구

소지 도구(personal props)는 등장인물이 가지고 있거나 사용하는 물품 또는 소지품이다. 캐릭터를 드러내는 역할로 상징적 기능·장식적 기능·이야기 소재의 기능을 하며, 연기자가 몸에 부착하고 있거나, 소지하고 있거나, 직접 사용하는 도구를 의미한다.

소지 도구의 상징적 기능은 선택적 도구와 필연적 도구로 분류할 수 있으며, 선택적 도구는 연출을 하기 위해 상황을 전달하거나, 이야기의 주체로서 표현하기 위해 사용한다. 필연적 도구는 성, 연령, 계층, 계급, 직업 등의 신분 표시 기능과 시대, 장면 상황 등을 표현할 때 소지해야 하는 물품을 말하며, 군인, 경찰, 구조대, 소방관, 운동선수 등 직업에 따른 도구나 개인의 필수적인 소지품도 필연적 도구에 포함된다. 예를 들어 학생은 학생의 신분을 표현하는 교복과 가방이 필요하며, 도구로는 이름표, 모표, 학교 배지, 가방과 가방 안의 책, 노트, 필기구 등과 지갑, 학생증, 교통카드, 현금 등이 있어야 한다.

소지 도구의 장식적 기능은 개성과 화려함을 추구하기 위해 사용하는 것으로서, 기능미, 재료미, 구조미, 단순미 등을 포함한다. 장식은 주로 의식을 치르기 위해 사용되며, 주술적 의미나, 건강, 계절, 축제, 할로윈, 종교 등과 사회 풍습의 관혼상제 및 특별한 상황을 연출하기 위해 사용되기도 한다.

또한 장식은 신체에 직접 치장을 하는 신체 장식의 일회성 장식과 영속적 장식, 장신구, 주얼리 등의 액세서리 및 소품, 의복에 장식을 하는 장신구 등으로 분류할 수 있다. 장식은 일반적인 장식과 특별한 장식 모두를 포함하여 사용된다.

이야기 소재의 기능은 이야기의 핵심 소재로서 내러티브를 이끌어 가는 모티브의 기능을 한다. 내러티브는 스토리텔링과 유사한 의미로서 실화나 허구의 사건을 직접 묘사할 뿐만 아니라 시간과 공간에서 발생하는 인과관계로 엮어진 실제 혹은 허구적 사건들의 연결의 의미로서 이야기를 조직하고 전개하기 위해 동원되는 다양한 전략, 관습, 코드, 형식 등을

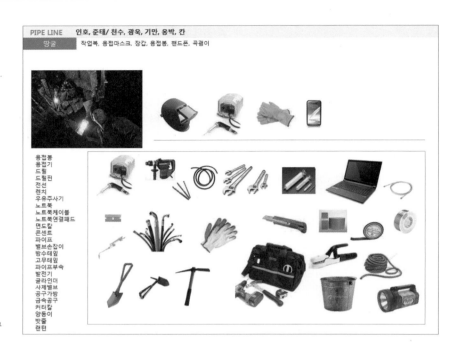

〈파이프 라인〉의 소지도구

〈방황하는 칼날〉의 소지도구

포괄하는 개념이다. 내러티브는 관객에게 펼쳐지는 내용에 대한 합리적인 설명을 제공하고 이를 기초로 어떤 사건이 벌어질 것인가를 예측하게 해 준다. 그럼으로써 어떤 사건이나 감정의 발생이 어떻게 가능하게 되었는 지 그 전개 과정에 대한 동기를 부여한다.

소품 디자인은 주연, 조연, 단역, 보조출연 등 모든 등장인물들이 사용하는 도구를 설계, 계획, 제작, 배치하여, 상징적 기능, 장식적 기능, 이야기 소재의 기능을 하게 하는 것이다.

04 소품의 종류

영화의 소품실은 거대한 마트의 창고와도 같다. 소품을 필요로 하는 사람들은 여러 사람이지만 소품실에 직접 출입할 수 있는 것은 미술 파트 사람들뿐이다. 그러므로 미술 파트에 소속된 사람들은 소품에 어떤 것들이 있는지 그 종류를 잘 알고 분류해 두어야 한다.

소품이 제대로 분류되어 있다면 전체 소품의 운용과 관리를 매우 효율적으로 할 수 있다. 머릿속에 소품들이 잘 분류되어 있고 소품실의 각 재료들 역시 적절히 분류되어 있다면 비용이나 시간의 낭비를 줄일 수 있고 스태프들 간의 커뮤니케이션에도 큰 도움이 된다.

도구

도구는 어떤 일을 할 때 이용하는 장치를 말하며, 도구를 활용함으로써 사람이 일을 할 때 노력을 덜 들이고 편하게 할 수 있다. 잘라내기, 힘을 집중시키기, 안내하기, 보호하기, 붙잡기, 필기 등의 기능을 가진 도구는 기계, 기구, 공구 등 모두를 포함하는 것으로서, 인류 역사의 탄생 이후 과학의 발전만큼이나 다양하고 복잡해졌다.

일반적으로 영화 미술에서 도구는 대도구, 소도구, 소지도구 등으로 분류한다. 기능으로 분류하기에는 너무 다양하고 많은 사례가 존재하므로 여기서 그 모두를 논하기는 어렵다.

재료 및 소재로 분류를 하면 금속(은, 금동, 동합금, 철, 복합금속, 주석), 토제, 도자기(백자, 갈유, 석간주, 옹기), 석(화강암, 현무암), 유리/보석(유리, 호박, 밀화, 옥, 진주, 산호, 석웅황, 파란), 초제(볏짚, 칡, 왕골, 댕댕이, 삼, 보릿짚, 박), 나무(고리버들, 느티나무, 단풍나무, 대나무, 물푸레나무, 박달나무, 소나무, 싸리나무, 오동나무, 등나무), 골각패갑(수골, 수각, 상아, 대모, 나전, 화각), 지(양지), 피모(우피, 어피, 말총, 꿩털), 사직(견, 마, 면, 저, 모직, 합성섬유), 기타(합성고무, 합성수지, 밀랍) 등으로 분류하며 방법이나 방식에 따라서 분류하기도 한다.

또한 사용 방법에 따라, 제작의 재료나 방법에 따라, 그래픽 디자인 및 인쇄, 출력, 공예, 수공업, 경공업, 중공업 등 생산 방식으로 분류하기도 한다.

장비

장비는 갖추어진 차림이나 장치와 설비를 총칭하는 의미로서 예를 들어 군대의 전투력을 이루는 무기, 장치, 설비, 또는 기술적인 준비와 차림을 말한다.

〈님은 먼 곳에〉에서 쓰인 여러 장비들

장비의 종류에는 개인 장비, 계기 장비, 부유 장비, 화력 장비, 안전 장비, 소방 장비, 경찰 장비, 응급 장비, 군용 장비, 일반 장비, 항공 장비, 암호 장비, 계측 장비, 휴대 장비, 방제 장비, 특수 장비, 관개 장비, 보조 장비, 방호 장비, 목공 장비, 기상 장비, 캠핑 장비, 운용 장비, 사냥 장비, 의료 장비, 통신 보안 장비, 비상 생존 장비 등이 있다.

또 각 장비별로 그 하부에 갖추어야 할 여러 장비들이 있다. 예를 들면 경찰 장비에는 작전 장비, 해안 감시 장비, 해양 경찰 장비, 경호 장비, 대테러 장비, 진압 장비, 생활 안전 장비, 교통 장비, 수사 장비, 과학 수사 장비, 기동 장비, 무기, 탄약, 최루 장비, 정보화 장비, 정보 통신 장비, 항공 장비, 의료 장비 등이 있다. 그외 응급 장비, 방재 장비, 소방 장비, 군용 장비 등 수도 없이 많은 장비들이 있다.

차량

차량은 교통 수단으로서 육상 교통, 항공 교통, 해상 교통, 기타 교통 수단으로 분류한다. 육상 교통의 차량은 일반 차량, 소방 차량, 경찰 차량, 응급 차량, 군용 차량, 긴급 차량, 내연 차량, 장갑 차량, 전투 차량, 철도 차량, 무한 궤도 차량, 특수 차량 등의 동력 차량과 가마, 말, 인력거, 수레, 등의 무동력 차량이 있다.

항공 교통은 비행기로서 크게 민간기와 군용기로 구별된다. 민간기에는 여객, 화물, 우편무인비행기, 농업용 비행기, 로케트 비행기, 수상 비행기, 위생 비행기, 육상 비행기, 정찰 비행기, 수륙 양용 비행기, 군용 항공기, 열기구, 헬기, 비행기 등이 사용된다.

수상 혹은 해상 교통은 뗏목, 돛단배, 나룻배, 증기선, 디젤 기관선, 유람선 등의 선박, 항양선, 거룻배 등이 있다.

동물

동물은 애완동물, 초식동물, 연체동물, 육식동물척추동물, 야생동물, 해면동물, 잡식동물, 기생동물 등으로 분류할 수도 있고, 포유류, 양서류, 조류, 곤충류, 거미류, 파충류, 어류로 분류할 수도 있다. 포유류는 다시 발굽포유동물, 식충포유동물, 육식포유동물, 해양포유동물, 설치/토끼류, 유대류, 영장류 등으로 분류한다.

식물

식물은 꽃, 야생화, 허브, 나무, 버섯, 다육, 수산식물로 분류하며, 꽃은 봄,

여름, 가을, 겨울의 개화시기 별로 분류한다.

현재 지구상에는 35만여 종의 식물이 살고 있는데, 방대한 식물군을 분류하는 방법도 여러 가지이다. 그 중 대표적인 분류는 남조식물, 홍조식물, 황조식물, 황조적식물, 황갈조시물, 갈조식물, 녹충식물, 녹조식물, 차축조식물, 선태식물, 양치식물, 종자식물 등으로 분류할 수 있다. 인공적인 노력이 가해지지 않는 야생상태에서 개화하는 식물을 야생화라 한다.

음식

식생활은 문화와 종교, 도덕과 윤리 의식, 영양 등에 영향을 받으며 주로 일반적인 조중석식의 주식과 분식, 다과, 음료 등이 있고, 특별한 종교의식, 문화의식, 관혼상제, 축제, 행사, 이벤트, 개인의 기념일 등에 알맞는 형식, 예법, 요리를 가지고 표현해야 한다.

요리는 주로 한국 요리, 중국 요리, 일본 요리, 동양 요리, 서양 요리로 분류하고 현대의 인스턴트 식품, 패스트푸드 등도 있다.

요리류에는 밥/죽, 면류/만두, 국/탕, 찌개/전골, 구이/조림, 볶음, 무침, 튀김/부침, 찜/삶기, 김치, 젓갈/장아찌, 회, 샐러드/수프, 기타 요리류가 있고 주식, 부식, 기타 부식, 별식, 다과 등으로 나누기도 한다.

한국은 계절과 절기의 변화에 따라 생산되는 식품으로 음식을 만들어 거기에 의미를 부여해 가며 먹었는데, 입춘일, 설날, 정월대보름, 삼짇날 등과 같이 절기별 음식도 있고 관혼상제에 따라 요리가 구별되기도 했다.

또한 음식을 식재료별로 육류, 곡물류, 채소/버섯류, 과일류, 해산물류, 난류, 씨앗/견과류, 면류, 장류, 드레싱/소스류, 조미료/향신료, 유지류, 가루류, 기타 식재료류로 분류하기도 하고, 빵/과자류, 떡/한과, 가공/즉석식품, 우유/유제품, 음료류, 빙과류, 주류, 기타식품류(담배, 껌 등)과 건강 기능 식품 등의 식품류로 분류할 수도 있다.

8. 특수 디자인

특수분장이란 영화에서 출연자의 특성을 강조해 주거나 일반 분장으로는 보여 줄 수 없는 3차원적 효과를 내기 위해 하는 분장을 말한다. 특수분장은 공상 과학 영화, 공포 영화 등의 배경이나 분위기를 살리기 위한 특수효과와 함께 발전한 기술이다. 현재 특수분장은 영화 등의 영상 매체에서는 없어서는 안 될 전문 분야로 자리 잡고 있다. 영화, 방송, 광고 등에서 특수효과를 이용하는 사례가 늘면서 특수분장사는 유망한 전문 직종으로 주목받고 있다.

특수분장사는 특수분장에 대한 의뢰를 받으면 먼저 극의 분위기, 시대적 배경, 출연자의 특징 등을 검토하고, 연출자와 협의를 거쳐 특수분장 계

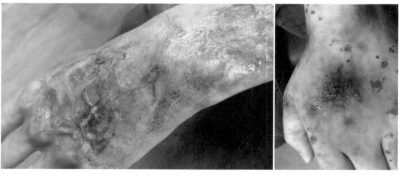

〈판도라〉의 특수분장을 위한 테스트

획을 세운다. 그런 다음 극중 성격에 맞도록 배우의 얼굴이나 신체에 화학 물질 등으로 만든 변형물을 부착하기도 하고, 특수한 효과를 내기 위해 분장 재료를 사용하여 마스크나 특수소품을 만들기도 한다.

특수분장사가 되기 위해 특별히 요구되는 자격 요건은 없다. 그러나 업무의 성격상 분장에 필요한 각종 메이크업 제품, 특수분장에 필요한 분장 재료에 대한 지식과 이를 잘 적용할 수 있는 능력을 갖고 있어야 한다. 그 밖에 색과 조명, 화면 구성에 대한 이해와 미적 감각이 있어야 하며, 공동 작업이 많으므로 원만한 대인 관계를 유지할 수 있는 성격도 갖추고 있어야 한다.

02 특수소품, 안전소품, 더미, 애니메트로닉스

특수소품은 특별한 용도를 위해 제작한 소품을 말하는데, 칼은 칼이지만 안전한 다른 소재로 만든 안전소품도 특수소품의 하나이다. 영화상에서는 같은 인물이 하나의 칼을 사용하는 듯이 보여도 소품 면에서는 여러 가지일 수 있다.

더미는 인공 인체 모형이다. 예를 들면 개에 물린 장면을 표현하고자 할경우 더미를 이용하고 병원 장면 등에 쓰이는 인체도 더미이다. 애니메트로닉스는 더미에 제어 장치가 들어간 것으로, 실제처럼 움직임을 보여 주고자 할 때 사용한다.

소품 담당자는 의뢰받은 소품의 디자인이나 설계도를 검토하여 소품의 규격, 색깔, 재질, 개수 등의 세부 사항을 확인한 뒤 목재, 플라스틱, FRP 유리섬유강화플라스틱, 스티로폼, 스펀지, 우레탄, 라텍스 등을 사용하여 규정된 치수대로 재단하고 톱, 타카 등 각종 수동공구와 접착제를 이용해 재료를 절단하고 연결하거나 붙인다.

그런 뒤 거친 면은 사포, 줄 등으로 연마하여 소품의 형상을 만든다. 작품에 어울리는 색을 입히기 위해 도장하거나 시트지를 붙이기도 하는데 때로는 무대장치 도장 담당자에게 완성된 소품의 도색 및 그림을 의뢰하기도 한다.

50X50 이하 특수안전소품

No.	씬넘버	콘티 이미지	내용	실사 이미지	수량
1	#16/ 16A		들쥐 더미 제작		2
	#21				
2	#22		안전소품 석고 재질 천장 슬레이트 (KCC 아미텍스 300 x 600 x 6T)		7
3	#22		안전소품 석고 재질 천장 슬레이트 (사이즈 필요)		5
4	#35		안전소품 유리 조각		1
5	#68		방사능 측정기 바늘 작동		1
6	#62		안전소품 벨브 레버 및 부속들 (50X50이하 사이즈 다양하게)		3
7	#63		안전소품 떨어지는 배관들 (50X50이하 사이즈 다양하게) 색감 짙은 검은색		8

〈판도라〉의 특수안전소품 리스트

제4장

매니저
Manager

앞에서도 이미 설명했듯 프로덕션 디자이너에게 경영의 능력은 매우 중요하고도 필수적인 요소이다. 물론 영화 미술을 위한 크리에이터로서의 능력이 프로덕션 디자이너에게는 무엇보다 중요하지만 많은 프로덕션 디자이너나 프로덕션 디자이너 지망생들이 영화 현장에서 자신의 실력을 제대로 발휘하지 못하는 이유가 경영에 대한 이해 부족에서 온다.

창의적인 일일수록 경영의 능력이 그 창의성의 결과물에 영향을 준다. 창의적인 작업을 하는 팀원들을 격려하면서도 돈과 시간이라는 물리적 수치에 근거하여 완성되는 영화 현장에 발맞춰 가려면 그 팀의 책임자, 프로덕션 디자이너는 뇌와 심장 두 축의 균형을 잘 잡고 있어야 한다. 한 영화의 프로덕션 디자인의 성공 여부는 프로덕션 디자인이 단독으로 얼마나 대단한가에 달려 있는 것이 아니다. 영화의 전체적 완성도를 측정하는 저울인 스토리, 시간, 자본, 사람의 효율적인 시너지의 일부가 될 때, 프로덕션 디자인이 제 빛을 발할 수 있다.

1. 프로젝트 경영

01
프로젝트
경영의 원리

경영의 주체는 기업, 국가 등 다양한 형태의 집단을 내포하고 있으나 여기에서는 한편의 영화를 프로젝트라고 하고 설명해 보자. 즉 영화의 시작부터 마지막까지, 곧 아이디어, 시나리오, 투자, 프리 프로덕션, 프로덕션, 포스트 프로덕션, 마케팅, 배급의 전 단계를 프로젝트의 기본 단위로 하는 것이다. 곧 이하의 프로젝트 경영은 프로덕션 디자인의 전 과정과 일정을 의미한다.

프로덕션 디자이너의 프로젝트 경영은 한 편의 영화를 프로젝트라 명명하고 프로젝트에 적용되는 프로덕션 디자인의 조직 목표를 설정하고 고도의 미술적 업무 수행을 위한 조직의 재원과 자원의 효율적인 사용에 관한 의사 결정을 행하는 행동을 말한다.

경영(management)을 한다는 것은 프로젝트의 경제 단위를 그 설립의 목적에 부합되도록 의식적으로 계획하고 유도하고 지휘하는 것을 말한다. 프로젝트 경영은 위험성을 미리 예상하고 그 위험성을 극복하여 더욱 큰 이익을 추구함으로써 그 경제 단위의 설립 목적을 달성하려는 것이다. 이렇게 볼 때 프로젝트 디자이너의 프로젝트 경제 단위는 프로덕션 디자인이다.

프로덕션 디자인의 프로젝트 경영은 미술적 퀄리티의 추구를 목적으로 경영 활동을 수행하는 개별 경제 단위이며, 경영은 프로젝트의 목적을 수행하기 위해 갖추어야 할 기술 또는 수단이다.

프로젝트 경영의 1차 행위는 목적의 결정이다. 종류, 규모, 예산 규모 등 항구적, 기본적인 목적이 우선 결정되어야 한다. 그리고 그러한 목적 결정을 바탕으로 일정 기간의 계획을 단기, 중기, 장기로 입안(立案)하고 계획을 구체화하기 위한 예산 편성 등 직접적인 목표를 정함과 동시에 이에 수반되는 인적, 물적 자원 등을 배치해야 한다.

그리고 나면 계획을 집행하는 단계이다. 프로젝트 사정의 변화를 파악하고 그에 맞추어 예정된 계획을 실현에 옮기는 행위이다. 프로젝트에 참여하는 인력들은 담당이나 지위에 따라 그 기능을 달리 하더라도 프로젝트 전 과정에서 공동의 목표 아래 유기체처럼 통일되게 행동하고 공동의 목적을 실현시키기 위해 노력한다. 그러한 단계 속에서 프로젝트 매니저, 즉 프로덕션 디자인의 경우 프로젝트 디자이너는 각 부서 및 담당자를 조정하고 보고받는 단계를 거쳐 각 집행 과정이 예정이나 계획과 차질이 없도록 지휘·감독해야 한다.

프로젝트 경영의 원리로는 선택성 원리, 적응성 원리, 창조성 원리를 살펴봐야 한다.

선택성 원리

선택성 원리는 한 마디로 선택의 중요성을 말한다. 경영 활동은 물적 자원과 인적 자원을 동원하고 이를 합리적으로 결합시켜 그 목적 달성에 유효하게 활용하는 것이다. 그러나 어떤 목적을 달성하는 데는 여러 가지 수단과 방법이 있으므로 그중 가장 유리한 것을 선택해야 하고 이것이 경영의 의사 결정이며 선택의 원리이다.

적응성 원리

프로젝트가 유지되고 발전하려면 그 프로젝트 자체가 소속되어 있는 영화 산업 및 시장 경제의 변화 상황에 따라 순발력 있게 잘 적응해야 한다. 프로젝트 디자인의 경우, 인건비의 상승 혹은 하락, 목재 등 자재 가격의 변화, 유류 값의 변동, 환율의 변동 등이 작업 진행에 직접적인 영향을 미칠 수 있다. 프로젝트 디자이너는 늘 그런 시장 상황의 변화를 파악하고 적절하게 적응할 수 있어야 한다.

프로젝트는 고립적으로 존재할 수 없으며 항상 주위 환경, 특히 시장 수요 또는 소비 구조의 변화에 크게 영향을 받는다. 만일 시대적 변화에 역행하는 경영 활동을 해 나간다면 치열한 경쟁 환경 속에서는 도태되고 말 것이다. 사회의 미래 변화를 예측하고 잘 통찰하여 변화하는 외부 환경에 경영을 적응시키는 것이 곧 적응성 원리이다.

창조성 원리

프로덕션 디자이너는 프로젝트의 유지, 발전을 위해서 창조적 활동을 계속하지 않으면 안 된다. 낡은 방법으로 보수적 경영을 지속하면 낙오되기 마련이다. 의욕적이고 적극적이며 혁신적인 활동은 조직에 생기를 불어넣고 최고 퀄리티의 프로젝트 결과물을 만들어 낼 뿐만 아니라 영화 산업의 향상에도 기여하게 된다.

이상의 선택성 원리, 적응성 원리, 창조성 원리는 경영의 3가지 기본 원리로서, 이들은 따로 분리된 것이 아니고 서로 밀접한 관련성을 가진다.

02
프로젝트 경영의 활동과 기능

프로젝트 경영의 활동에는 기술 활동, 영업 활동, 재무 활동, 보전 활동, 회계 활동, 경영 관리 활동 등이 있다.

기술 활동(technical activities)으로는 생산, 제조, 제작, 가공 등의 활동이 있다.

영업 활동(commercial activities)으로는 구매, 매입, 교환 활동이 있다.

재무 활동(financial activities)에는 자본의 조달과 운용이 있다.

보전 활동(security activities)에는 장비 및 인적 자원의 보전이 있다.

회계 활동(accounting activities)에는 재산 목록, 대차 대조, 원가 계산, 통계가 있다.

경영, 관리 활동(managencal activities)에는 조직, 지휘, 조정, 통제가 있다.

프로젝트 경영의 기능에는 계획, 조직, 지휘, 조정, 통제의 기능이 있다.

계획(planning)은 장래를 연구하고 노동계획을 수립하는 것이다.

조직(organizing)은 프로젝트의 물적 및 인적인 구조를 형성하는 것이다.

지휘(directing)은 각자에게 부여 된 활동을 지속시키는 일이다.

조정(coordinating)은 모든 활동과 노력을 결합하고 통일화하고 조화시키는 것이다.

통제(controlling)는 모두가 설정된 규칙이나 내려진 명령에 따라 움직이도록 감리하고 계획에 따라 진행되도록 강제하는 것이다.

계획, 조직, 지휘, 조정, 통제라는 경영 또는 관리의 이 모든 기능이 바로 경영 또는 관리의 원칙을 형성하는 것이며, 그것은 전반적이고 종합적인 관리의 원칙인 동시에 부문별 관리에도 통용되는 원칙이다.

03
프로젝트 관리의 원칙과 체계

프로젝트 관리의 원칙에는 명령 통일의 원칙, 관리 폭의 원칙, 특수화의 원칙, 권한 이양의 원칙, 계획의 원칙, 방침의 원칙, 통제의 원칙, 표준화의 원칙, 단순화의 원칙, 과업의 원칙, 자극의 원칙이 있다.

명령 통일의 원칙은 조직체의 각 구성원이 오직 1인의 장에 보고하고 명령 지휘를 받는 것이다.

관리 폭의 원칙은 직접 관리할 수 있는 효과적인 범위를 정하여 효과적으로 지휘 감독하는 것을 말한다.

특수화의 원칙은 관리 능률을 증대하기 위해 업무를 특수화하는 것이다.

권한 이양의 원칙은 경영 방침과 표준 절차의 설정에 의해 실시 권한을 부하에게 위임함으로써 관리의 능률을 향상시키는 것이다.

계획의 원칙은 충분한 성과를 달성하기 위해서 활동을 사전에 계획해야 한다는 것이다.

방침의 원칙은 경영 방침을 명확하게 함으로써 관리의 능률을 높이는 것이다.

통제의 원칙은 통제 수단에 의하여 계획과 표준과의 일치를 확인해야 성과를 확보할 수 있는 것이다.

표준화의 원칙은 작업 표준, 제작, 유통, 재무 등 방법 절차를 표준화해서 관리의 능률을 올리는 것이다.

단순화의 원칙은 작업, 사무 등을 방법 절차를 단순화하여 관리의 능률을 촉진하는 것이다.

과업의 원칙은 모든 작업은 일정 시간에 수행해야 할 일정한 양을 할당함으로써 성과를 올리는 것이다.

자극의 원칙은 각각이 일정 과업 또는 성과를 달성하려고 노력하도록 하기 위해서는 어떠한 경제적 또는 비경제적 자극을 제공해야 한다는 것이다.

프로젝트 경영의 관리는 프로젝트의 성공적인 완성을 목표로 움직이는 활동을 말한다. 여기에는 프로젝트를 구성하는 각각의 활동 계획 입안, 일정표 작성 및 진척 관리가 포함되며 프로젝트 관리 활동은 작업 계획, 위험도(risk) 평가, 작업 완료를 위한 자원 추정, 작업 조직, 인적 자원 확보, 물적 자원 확보, 업무 할당, 활동 지시, 프로젝트 집행 제어, 진전 보고, 결과 분석이 포함된다. 프로젝트를 관리하려면 범위, 시간, 비용, 품질, 리스크를 잘 다루어야 한다.

프로젝트 관리의 개념이 확립되기 이전에는 프로젝트를 맡은 팀원 가운데 경험 많은 사람의 감(느낌)이나 개성에 따라 진행되는 경우가 많았다. 그러나 프로젝트 관리 방법을 사용함으로써 기술의 전달이나 표준화가 가능해져서 프로젝트의 성과가 보다 나아지게 되었고 효율적인 업무 수행이 가능하게 되었다.

프로젝트 관리의 수반 활동으로는 기획, 위험(risk) 측정, 작업 분류 체계의 작성, 비용 산정, 팀원에의 작업 할당, 진척 관리, 목적에 따른 결과가 도출되도록 작업의 방향성 유지, 달성한 결과를 분석하는 것들이 있다.

프로젝트 관리 체계로는 전체적인 '통합 관리(integration management)', 업무의 책임 범위와 관련된 '범위 관리(scope management)', 업무 수행 시간과 관련된 '일정 관리(time management)', 자금 운용과 관련된 '원가 관리(cost management)', 자재부터 업무의 결과까지 연결되는 '품질 관리(quality management)', 업무와 연관된 사람들에 관한 '인적 자원 관리(human resource management)', 지시, 협의 등의 '의사 소통 관리(communications management)', 사고나 재난, 재해 등의 '위험 관리(risk management)', 운송 및 운반 관련한 '조달 관리(procurement management)'가 있다.

이 가운데 프로젝트 수행을 위해서 가장 중요한 것은 돈, 사람, 시간, 즉 예산, 인적 자원, 일정이다. 경영의 3대 포인트인 이 세 가지에 대해서 좀 더 상세하게 짚고 넘어가도록 하자.

2. 프로젝트 예산

프로젝트 예산(project budget)이란 한 편의 영화 제작에 앞서 추산한 총 제작비 중 프로덕션 디자인에 소요되는 미술 스태프 인건비, 로케이션 비용, 세트 제작비, 세트 데코레이션비, 소품 비용, 의상 비용, 분장 및 헤어 비용, 즉 실 제작에 소요되는 직접 비용과 운송, 경비, 관리비 등의 간접비용 모두를 산출하여 집행할 제작비를 말한다.

예산은 프로젝트를 수행함에 있어서 수입, 지출에 관한 계획서 및 재정 용어로서 일정 기간의 재정적 지출이 재정적 수입과 함께 일정한 체계하에 운영되고 그것에 대하여 제작자가 심의, 의결된 자금의 원칙을 말한다.

01
프로젝트
예산의 원칙

프로젝트 예산의 원칙에는 공개의 원칙, 명료의 원칙, 단일의 원칙, 완전의 원칙, 통일의 원칙, 한정성의 원칙, 사전 예산의 원칙이 있다. 각 원칙의 의미를 살펴보면 다음과 같다.

공개의 원칙
예산은 공개되어야 하며, 자기 검열과 지휘 통제를 위한 승인이 필요하다.

명료의 원칙

그렇게 하기 위해서 일정한 체계 아래 수지가 명료하게 나타나야 한다.

단일의 원칙

예산은 여러 개로 나누는 것보다 단일화하는 것이 바람직하다.

완전의 원칙

총 예산의 원칙 수입과 지출은 각각 그것에 대응 프로젝트 활동을 투영한 것이므로 그 차인 차액만을 나타내는 것이 아니고 반드시 총액을 나타내야 한다.

통일의 원칙

특정한 수입과 특정한 지출과의 관계를 각각 독립적으로 표시할 것이 아니고 총수입과 총지출을 통일적으로 표시해야 한다.

수입이나 지출에 있어서 그 속에 포함되어 있는 각 항목은 시간과 사항별로 명확한 한계를 갖고 있어야 한다

한정성의 원칙

한정성에는 질적 한정, 유용 금지의 한정, 양적 한정, 예산 초과 지출 및 예산의 지출을 금지하는 원칙, 시간적 한정 회계 기간 독립의 원칙 등이 있다.

사전 예산의 원칙

예산은 그 성질상 프로젝트가 시작되기 전에 결정되어야 한다.

그러나 예산과 결산의 차이가 너무 커서는 안 되며 가능한 한 결산액에 가까운 예산을 편성하도록 한다.

프로젝트 예산의 기능으로는 재정 통제적 기능, 정치적 기능, 법적 기능, 관리적 기능, 경제적 기능이 있으며, 각 기능의 의미는 다음과 같다.

재정 통제적 기능

예산은 제작사, 투자사를 통해서 프로듀서가 프로덕션 디자인의 제작을 통제하는 수단이다. 즉 예산은 투자자의 대표 기관인 제작사를 통하여 프로덕션 디자인에 재정적 활동을 허용하는 형식이기 때문에 이를 수단으로 하여 프로덕션 디자인의 자의적 행정을 견제할 수 있는 것이다. 프로덕션 디자이너 또한, 프로젝트 예산을 통하여 미술 각 부서의 자의적 행정을 통제할 수 있다.

정치적 기능

예산은 여러 부서의 주장과 이익을 조정하고 통합하는 역할을 한다. 여러 부서에서 서로 권리와 이익을 더 많이 확보하려고 하는 과정에서 타협과 조정이 이루어져 그 결과 생겨난 최종적 산물이 바로 법률이며 예산이다. 이와 같이 예산은 프로젝트의 진행 과정에서 여러 부서간의 타협과 조정 속에 이루어지는 결정이므로 정치적인 조절과 통합의 의미를 지닌다.

법적 기능

예산은 그 지출의 목적, 금액, 시기 등이 프로덕션 디자인 또는 프로덕션 디자이너가 미술 각 부서를 구속하는 법적 기능이 된다. 프로젝트 예산은 투자, 제작, 프로듀서에서 심의 의결로 성립된 것이므로 엄밀히 사회적 법률과 구별되는 것이기는 하다. 그러나 프로젝트 예산은 투자, 제작과 프로듀서와의 협의에 의하여 확정된 것이므로 당시의 예산 과목과 정해진 금액을 일정 기간 내에 지출해야 한다는 구속력이 분명히 있다.

그러나 그러한 구속력이 법적으로 어떠한 성격인지를 논하기 전에 직업의 윤리적 요소를 인식하는 것이 더 중요하다. 예산은 서로간의 약속이다. 그러므로 그에 대한 책임을 져야 한다. 영화 미술인으로서의 윤리 의식을 가지고 주어진 예산을 가장 효율적으로 충실히 집행하지 않는다면 그 결과 돌아올 결과는 어떤 면에서는 법적 구속력보다 훨씬 더 치명적이다.

관리적 기능

예산은 프로듀서의 예산 기간이 각 부서의 예산을 사정, 조정, 지도, 관리한다는 점에서 관리적 기능을 가진다고 말할 수 있다. 즉 프로듀서 예산 기관은 각 부처의 예산 요구서를 받고 제시된 계획과 그 소요 자금이 과연 타당성이 있는지 그 중요성은 어느 정도인지를 검토하는 등 사정을 하게 된다. 이 사정 과정을 통해 각 부서의 계획을 승인하기도 하고 거부하기도 하며 또 예산액을 조정하기도 한다. 뿐만 아니라 예산이 성립되어 배분된 후에도 각 부서의 예산 집행에 대하여 관리상의 지도와 통제도 가하게 된다.

경제적 기능

예산은 곧 돈이 그 핵심을 이루므로 예산의 기능 중 가장 중요한 것이 경제적 기능이다. 예산의 경제적 기능은 경제 안정 기능, 경제 성장 촉진 기능, 소득 재분배 기능, 자원 배분 기능 등으로 요약된다.

03 프로젝트 예산 편성

프로젝트 예산은 편성, 의결, 집행, 결산의 절차를 거친다.

프로덕션 디자인의 예산 편성은 프로덕션 디자이너의 고유 권한으로 미술 경영 파트에서 주관한다. 미술 각 부서에서 제출한 예산 요구서를 토대로 미술 경영 파트에서 예산안을 만들며 프로덕션 디자이너의 심의를 통해 프로듀서의 승인을 거쳐 확정된다.

이때 미술 각 부서는 프로젝트 진행 시작 전에 예산을 제출하는 것이 일반적이며, 부서별 예산안을 제출하고, 제출된 예산안에 대해 프로덕션 디자이너와 연출자인 영화감독이 심의하고 조정하여 최종 프로듀서의 의결을 거친다.

예산 편성 방법은 각 업무 부문에서 각 부문 예산 원안을 제출하는 방법, 투자자가 결정한 부분 예산을 지시하는 방법, 투자자의 예산의 결정 전에 각 부문의 의향을 들어보는 절충의 방법이 있지만 일반적인 편성 방법은 투자자가 먼저 각 부문에 예산 편성 방침을 시달하고, 이에 의거하여 각 부문이 제출하는 예산안을 프로듀서가 조정하는 방법을 쓴다.

예산 편성에 있어서는 경제주의 원칙, 최소의 경비와 최대의 효과에 입각한 수익성 원칙, 통제 가능비와 통제 불능비와 책임 구분의 원칙, 관련자가 예산 편성에 모두 참여하는 참가의 원칙, 실정의 변동을 고려한 예산 탄력성 원칙 등이 적용되어야 하며, 예산의 집행 단계에 들어가서는 예산 제도에 의한 집행 활동의 관리가 유효 적절하게 이루어지도록 해야 한다.

예산 관리 활동으로는 예산에 대한 인식의 제고, 프로젝트 중 체크, 프로젝트 말 차이 분석과 조치가 있으며, 예산집행에 있어서는 각 업무에 대하여 사전에 예산 의식을 철저하게 주지시키는 것이 무엇보다 중요하며, 예산 항목별로 관리 담당 책임자를 두는 것이 가장 엄격한 방법이라 하겠다.

예산 기간 중에는 자금이 정확하게 집행되어야 하며 예산과 프로젝트 진행 사항과의 관계를 계속 체크해야 한다. 발생한 지출에는 단계별로 확실한 정산 과정이 있어야 하고 그러한 과정을 비교적 엄격하게 지키는 것이 중요하다.

기록과 체크를 각 부문에 위임하는 것을 자기 통제라고 한다. 프로젝트 말기의 차이 분석에서는 매 회차별로 수익 면에서의 예산과 실적의 차이 그리고 비용 면에서의 예산과 실측의 차이를 계측한다. 단순한 차이의 파악만으로는 무의미하며 그 차이의 원인이 무엇인가를 분석하고 또 차이가 통제 가능한 것인가 또는 불가능한 것인가를 판별하여 시정 조치를 강구하는 일이 중요하다.

04 원가 관리

프로젝트 예산 편성 중에 가장 중요한 요소는 원가이다. 원가는 상품의 제조, 판매, 배급 따위에 든 재화와 용역을 단위에 따라 계산한 가격으로서, 물건을 사들였을 때의 값인 매입 원가도 같은 말이다.

원가 관리(cost control)는 원가에 의한 경영 관리 활동의 계획과 통제, 요구되는 퀄리티의 결과물을 경제적으로 생산, 제작하는 것을 목적으로 한다.

영화 제작은 최소의 비용으로 최대의 효과를 얻는 데 그 목적이 있으므로 영화 미술 운영에서 원가 관리는 제일 중요한 덕목이다.

원가 관리는 시장의 추이에 맞는 여러 가지 상황과 여건을 수시로 검토하고 시장의 변화를 알고, 그에 합당한 요소를 계획, 실행하여 영화 투자에 대한 손실을 줄일 뿐만 아니라, 그에 따른 효과를 극대화하는 것과 늘 불가분의 관계에 있다.

원가의 산출 방법과 과정은 다음과 같다.

(1) 표준 원가를 설정한다.

표준 직접 재료비 = 표준 단가 ×표준 소비량

표준 직접 노무비 = 표준 임금표 ×표준 작업시간

표준 간접비 = 부문별로 일정 기간의 예정액으로부터 산출한다.

(2) 표준 원가를 제작 각 부분의 관리자에게 전달한다.

(3) 생산 활동의 실적이 표준 원가에 맞도록 지도한다.

원가 계산은 실적 원가를 정확히 계산한다.

(4) 표준 원가와 실적 원가 차이의 원인을 분석하고 검토한다.

(5) 적절한 개선 조치를 하여 이후의 경영 관리 계획에 참고로 한다.

(6) 제조 원가 계산은 직접비(재료비 + 노무비 + 경비) + 제조 간접비로

합계한다.

개인의 예술 작업에서는 손해가 생기면 본인이 책임지면 된다. 그러나 영화는 그 손실이 투자사에 돌아가게 된다. 예를 들면 미술에 대한 예산을 100만 원이라고 잡아 놓고 1000만 원이 들면 그 손해는 고스란히 투자사에 돌아가는 것이다. 이는 단순히 수익의 문제만이 아니라 프로젝트인 영화 자체의 존립과 직결되기도 한다. 그러므로 프로젝트 디자이너에게 정확한 원가 개념과 관리는 매우 중요한 요소이다. 특히 이 부분은 프로젝트 디자인에 관계된 많은 사람들에게 가장 부족한 부분이기도 하므로 특별히 강조하고 싶은 부분이기도 하다.

겸손하라, 특히 자연 앞에서

세트를 제작하기 전에 스태프들이 배우처럼 오가며 시뮬레이션을 하지만 시뮬레이션과 현장이 달라지는 경우도 있다. 오차를 최소화하기 위해서다. 모형이든 가상 컴퓨터 그래픽이든 문제점들을 수정하면 남는 것은 현장이다. 영화 현장은 매 순간이 비용, 시간, 약속된 합의 이행이므로 시뮬레이션에서 포착되지 못한 문제가 발생되었다 하면 촬영에 들어가기 힘들게 된다.

문제가 발생하는 경우 중 첫 번째는 기본적인 설계가 잘못된 경우이다. 두 번째는 설계는 무난한데 작은 문제들, 예를 들어 광선의 각도 같은 디테일이 문제가 되는 경우이다. 첫 번째 경우로 고생한 경험이 내게도 있다. 지형을 잘못 파악해서 설계 오류가 생긴 경우였다.

영화 〈효자동 이발사〉의 경우 오픈 세트를 지어야 해서 전주를 찾았다. 만 평의 오픈 세트를 제작하는 과정에서 문제가 발생했는데, 바로 지형 문제에서 간과한 것이 있었기 때문이다. 영화의 배경인 경복궁 옆의 서촌 마을은 평지인데, 이곳은 언덕에 가까운 경사지여서 평지의 느낌으로 가야 했다.

흙을 깎아 시각적으로 평지를 만드는 일도 어려운데, 수맥까지 훼방꾼으로 등장하는 것이 아닌가? 수맥이라는 것이 눈에는 보이지 않으니, 평탄 작업을 하는 중에 수맥이 잡히면서 계속 물이 나오는 것이었다. 지하수 물길까지 잡아야 했다. 물길을 잡으려고 땅 1미터를 파내는 작업은 단순히 촬영뿐 아니라 그 상태가 일 년 이상을 버텨야 함을 의미한다. 세트를 만드는 시간뿐 아니라 촬영과 편집이 끝날 때까지, 그리고 만약에 있을 재촬영 기간까지 고려하여 유지해야 하기 때문이다.

실제로 1미터 평탄 작업이 사실은 3미터 이상의 작업을 필요로 했다. 시뮬레이션에서는 나오지 않았던, 아니 나올 수 없었던 문제였다. 따라서 시뮬레이션 단계에서 수맥이나 지형에 대해서도 관찰을 해야 한다. 이 경험에서 비싼 수업료를 치르고 나니 그 다음부터는 세트 작업에 들어가기 전에 지형과 수맥을 연구하게 되었다. 그러다 보니 덤으로 풍수지리에 밝아지고 땅도 잘 보게 되었다. 이제는 어느 공간에 들어가면 힘이 모이는 자리도 보인다. 이 방향으로 집을 앉혀야지 하는 감도 바로 온다. 지형의 매운 맛을 알고 나서야 조심하고 겸손해진 프로덕션 디자이너에게 온 선물이라 생각한다.

〈효자동 이발사〉의 오픈 세트

3. 프로젝트 예산안

01
인건비

프로덕션 디자인의 인력은 프로덕션 디자이너, 아트 슈퍼바이저, 아트 코디네이터, 콘셉트 아티스트, 캐릭터 디자이너. 아트 디렉터, 세트 디자이너, 세트 데코레이터, 세트 드레서, 프롭 마스터, 프롭 디자이너, 그래픽 디자이너, 현장 진행, 아트밴 기사, 의상 디자이너, 메이크업 아티스트, 헤어 스타일리스트 등으로 구성된다.

　　인건비는 인력의 직무와 직위, 직책, 직급에 따라 달라지는데, 직무(職務, Job)란 직책이나 직업상에서 책임지고 맡은 일을 말하고 직위(職位, Position)란 직무와 직책에 규정되는 위계를 말한다. 직책(職責, Responsibilities of office)은 직무상의 책임이고 직급(職級, Class)은 직무의 등급이다.

02
일반 경비

인건비는 직무, 직위, 직책, 직급의 차이와 단위, 단가, 기간을 고려하여 책정한다.

　　일반 경비는 크게 사전 준비에 소요되는 경비와 프로젝트 진행 경비로 구분되는데, 사전 준비 경비에는 작업 장비와 관련 소모품, 작업 인원의 식사와 간식 및 교통 유류 비용, 작업 공간 전반 비용, 즉 임대료, 경상비 등이 있다.

03
**로케이션
비용**

로케이션 비용은 장소 임대료, 경찰, 소방관, 보안 요원 비용, 교통비, 숙박비, 생활비, 유류대와 주차비, 로케이션 복구비, 구매, 임대, 전화, 우편, 배달 서비스, 기타 등으로 구성된다.

04
**세트 디자인
시공 비용**

세트 시공비는 공정별로 산출하여 명시한다. 공정별 노무비 + 재료비 + 경비를 기준으로 공정별 공사비를 산출한다. 그 공정은 가설 공사, 토공사, 기초 공사, 철근 콘크리트 공사, 블록 및 판넬 공사, 철골 공사, 조적 공사, 블록 공사, 석공사, 타일 공사, 테라코타 공사, 목공사, 방수 방습 공사, 지붕 및 홈통 공사, 금속 공사, 커튼 월 공사, 미장 공사, 창호 공사, 유리 공사, 플라스틱 공사, 도장 공사, 수장 공사, 조경 공사, 특수 건축 공사, 해체 공사, 기타 공사가 있다. 이 모든 공사비의 산출 내역을 종합하여 원가 계산을 하며 원가 내역에는 노무비(간접노무비 + 직접노무비), 재료비(직접재료비 + 작업부산물). 경비(기계경비 + 산재 보험료 + 보건관리비 + 고용보험료 + 기타경비 + 환경보전비 + 건강보험료 + 연금보험료 + 공사이행보증수수료 + 하도급지급보증서발급수수료)가 있다. 원가가 산출되면 공사비 원가 계산 + 일반 관리비 + 이윤이 공사 원가가 된다. 공사 원가의 10%는 부가가치세로 계산하며, 직접 또는 별도의 계약이 필요하다.

05
**세트
데코레이션
비용**

세트 데코레이션 비용은 장소, 공간별 품목으로 나누어야 한다. 품목은 가격 + 경비 + 재가공 가격이다. 이 품목들의 결과물을 얻는 방식, 즉 실행 방식에는 제작, 대여, 구입, 협찬 등이 있다.

제작은 100% 제작과 부분 제작을 통한 조립으로 분류하고 사용 이후 소유권은 제작사에 있다. 대여 비용은 일반적인 물건의 경우 상품의 시장 소매가격의 30 ~ 50% 선이 적당하며 사용 후 반납하는 조건이며 혹시 분실, 파손에 관한 세부적인 내용은 별도로 계약해야 한다.

인건비 예산

부서	직무	직위	직책	직급	단위	단가	기간	금액	비고
감독	프로덕션디자인	미술감독	감독		1개월		6개월		
디자인	아트 디렉터	실장	책임						
	콘셉트	콘셉트아티스터	진행						
디자인	캐릭터	디자이너	진행						
	세트	디자이너	진행						
	데코	디자이너	진행						
	소품	디자이너	진행						
세트	세트 콘스트럭터	실장	책임						
		팀장	진행						
데코	세트 데코레이터	실장	책임						
	세트 드레스	팀장	진행						
소품	프롭 마스터	실장	책임						
		팀장	진행						
경영	아트 수퍼바이저	실장	책임						
	아트 코디네이터	팀장	진행						
의상	의상 디자이너	실장	책임						
	의상 코디네이터	팀장	진행						
분장	메이크업 아티스트	실장	책임						
		팀장	진행						
헤어	헤어 디자이너	실장	책임						
	헤어 드레서	팀장	진행						

일반 경비 예산

구분	품명	단위	단가	수량	금액	비고
경상비	임대료	월		개월		
	관리비	월		개월		
	장비대	set				
	사무용품	월		개월		
식·간식	식대	식		1일 3식		
	간식					
	음용수					
차량	프리	대				
	프로덕션					
유류대	프리					
	프로덕션					
교통비	프리					
	프로덕션					
운송비	프리					
	프로덕션					
리서치	자료조사					
	도서구입					
	저작권					
촬영 진행	식사					
	숙박					
	소모품					
	미술용품					
포트폴리오	제본 프린트					

로케이션 비용 예산

구분	품명	단위	단가	수량	금액	비고
장소 임대료	임대료					
경상비	숙박비					
	식사					
	간식					
	생활비					
	교통비					
	비품					
	사무용품					
	장비					
통신	전화					
	우편					
	배달					
운송	운송					
교통	유류비					
	주차비					
복구비	장비대					
	인건비					
	환경보전					
	운송비용					
	서류비용					
	법률비용					

세트 디자인 시공 비용 예산 (공정 순서별)

(단위:천원)

장소		품명	단위	수량	재료		노무		경비		합계		비고
대 공간	소 공간				단가	금액	단가	금액	단가	금액	단가	금액	
		가설공사											
		토공사											
		기초공사											
		철근콘크리트 공사											
		블럭 및 판넬공사											
		철골공사											
		조적공사											
		블럭공사											
		석공사											
		타일공사											
		테라코타공사											
		목공사											
		방수방습공사											
		지붕 및 홈통공사											
		금속공사											
		커튼월공사											
		미장공사											
		창호공사											
		유리공사											
		플라스틱공사											
		도장공사											
		수장공사											
		조경공사											
		특수건축공사											
		해체공사											
		철거공사											
		기타											

공사 원가 산출내역서

○ ○ ○ (공사명)

비품			금액	구성비	비고
공사원	재료비	직접재료비			
		작업부산물			
		(1) 소 계		재료비+노무비+경비합계	
	노무비	직접노무비			
		간접노무비		직접노무비5%	
		(2) 소 계			
	경 비	기계경비			
		산재보험료		노무비3%	
		산업안전 보건관리비		노무비2%	
		고용보험료		노무비0.67%	
		기타경비			
		환경보전비			
		퇴직공제 부금비			
		건강보험료			
		연금보험료			
		공사이행 보증수수료			
		하도급지급 보증서 발급수수료			
		(3) 소 계			
	(4) 소 계				
	일반 관리비			10%	
	(5) 소 계				
	이윤			10%	
	(6)공사원가				
	VAT			10%	
합계/총합계					

구입은 도·소매시장을 통한 100%의 가격으로 매입하여 사용하는 경우이며 사용 후 소유권은 제작사에 있다.

협찬에는 100% 협찬과 부분 협찬이 있다. 협찬에는 까다로운 조건들이 첨가되기 때문에 세밀한 약속과 별도의 계약이 필요하며, 사용 후 반납의 조건까지도 약속해야 한다.

06 소품 디자인 비용

소품 디자인비 역시 장소, 공간별 품목이 도출되면 품목별 가격은 가격＋경비＋재가공비로 결정한다. 품목들의 수행 방법 역시 제작, 대여, 구입, 협찬 등으로 구분되고 세부 내용은 공간 연출 디자인과 같다.

07 의상 디자인 비용

의상 디자인 비용은 우선 캐릭터 별로 나누고, 주연, 조연, 단역, 보조 출연으로 구분해서 소요 비용을 산출한다. 그리고 나서 장소, 공간별로 의상 품목을 도출한다. 품목별 가격과 수행 방법은 위의 공간 연출 디자인, 소품 디자인의 경우 등과 같다.

의상 디자인 비용의 세부 소요 품목으로는 제작 재료비와 노동비, 의상·의류 구매비, 임대비, 협찬 외에도 세탁, 염색 비용, 손실, 재가공 비용 등이 있다.

08 분장·헤어· 특수분장 비용

분장·헤어·특수분장의 비용 역시 품목을 산출하고 각 품목에 대한 수행 방법을 결정해야 한다. 가격 산정과 수행 방법은 공간 연출 디자인, 소품 디자인, 의상 디자인의 경우 등과 동일하다.

분장 및 헤어의 품목에는 화장·미용 물품비, 가발 구입·임대비, 보철, 화장 도구 비용 등이 추가된다.

세트 데코레이션 예산

장소		품명	단가	제작		구입		대여		계	합계	비고
대공간	소공간			수량	금액	수량	금액	수량	금액			

소품 디자인 예산

인물		품명	단가	제작		구입		대여		협찬	합계
대공간	소공간			수량	금액	수량	금액	수량	금액		

의상 디자인 예산

인물		품명	단가	제작		구입		대여		협찬		계	합계	비고
대공간	소공간			수량	금액	수량	금액	수량	금액	수량	금액			

4. 인력 자원 관리

인력 자원 관리란 조직의 목표를 효과적으로 달성하기 위하여 조직을 합리적으로 편성하고 능률적으로 관리하는 데 적용되는 보편적인 원칙을 말한다. 인력 자원 관리의 원칙에는 조직의 원리, 분업화의 원리, 부성화의 원리, 계층제의 원리, 통솔 범위의 원리, 명령 통일의 원리, 조정의 원리 들이 있는데 각 원리의 의미를 간단히 보자면 다음과 같다.

조직의 원리는 조직의 편성 및 관리에 적용된 유일한 최선의 방법을 탐색하는 과정에서 정립된 것으로 분업화의 원리, 부성화의 원리, 계층제의 원리, 통솔의 범위, 명령 통일의 원리, 조정의 원리를 적용한다.

분업화의 원리는 업무 능률의 증진을 위해 조직 전체의 업무를 종류와 성질별로 가능한 한 세분하여 조직의 구성원에게 가급적 한 가지의 단일 업무만 전담시키도록 한다는 조직 구성 원리이다.

부성화의 원리는 동질적이거나 서로 연관된 업무를 묶어 조직 단위를 구성해야 한다는 원리이다.

계층제의 원리는 조직 내의 권한과 책임 및 의무를 정도에 따라 설정하는 것을 말한다. 조직 구성원들 간에 상하 계층이나 등급을 설정함으로써 조직 관리가 더 효율적으로 이루어질 수 있다.

통솔 범위의 원리는 인간의 주의 능력에는 한계가 있으므로 상관의 능률적인 감독을 보장하기 위해서는 통제하는 부하의 수가 적정하게 제한되어야 한다는 것이다.

명령 통일의 원칙은 조직체의 어떤 구성원이라 할지라도 오직 한 사람의 상관으로부터만 지시와 명령을 받고 그 사람에게만 보고해야 한다는 것이다.

조정의 원리는 조직 목표의 효과적 달성을 위해 세부적으로 분화된 조직의 활동을 통합하는 것을 말한다.

다음으로는 프로덕션 디자이너가 경영해야 할 인력 자원들에 대해 살펴보자.

01 프로덕션 디자인 파트의 인원 구성

프로덕션 디자이너가 책임져야 하는 파트를 보통 미술 부서라고 부르는데, 미술 부서의 인원 구성은 다음과 같다.

02
프로덕션
디자이너

우선 프로덕션 디자이너 스스로 자신의 역할과 책임을 잘 알고 있어야 한다. 프로덕션 디자이너는 앞에서도 말했다시피 텍스트를 바탕으로 영화를 시각화하는 첫번째 담당자로서 영화의 톤 앤 매너와 룩과 비주얼을 완성하고, 영화의 외양과 시각적인 디자인을 책임지는 사람이다.

즉 시나리오를 시각화하여 공간감, 시대감, 색감, 질감, 빛깔 등의 요소로 표현하며 상상으로서 영화의 이미지를 실제화시키는 것이 프로덕션 디자이너가 책임져야 할 가장 기본적인 임무이다.

프로덕션 디자이너는 프리 프로덕션 초기부터 비주얼 콘셉트 수립과 구체적인 디자인화를 위해 감독, 촬영감독, 프로듀서와 긴밀하게 일한다. 또한 미술 부서 전체를 총괄하여 세트와 로케이션 등 영화의 장소를 건축하고 조정하며 표현하는 데 필요한 미술 인력과 의상, 헤어, 메이크업의 작업을 감독하여 영화적 톤의 일관성을 만들어 낸다.

03
미술 경영 파트

아트 수퍼바이저

아트 수퍼바이저(art supervisor, 미술 경영 책임)는 영화 제작 시 프로덕션 디자인의 예산을 편성하고 집행 및 결산하며, 프로덕션 디자인의 인적, 물적 자원을 관리·수급·배포하며, 일정 관리를 한다. 물적 자원에 대해서는 구매·임대·제작·협찬 등의 방법으로 수급하며, 관리한다.

아트 코디네이터

아트 코디네이터(art coordinator, 미술 경영 회계)는 미술 예산을 관리·기록하고, 경제적인 요소를 관리하며, 입·출금, 정산, 결산, 세무 처리, 회계 처리, 보험 관련, 연금, 건강보험, 정기 건강 검진, 계약 관련, 연락처 관리, 관련 업체, 담당자, 연락처, 세무 관련 업무를 이행하고, 인력 자원의 복지, 즉 숙소, 식당, 식음료, 차량, 교통, 업무 출퇴근 관리, 휴일 근무 관리 등을 한다. 아트 수퍼바이저의 조력자로서 세부적인 역할과 직접적인 일들을 한다.

04
콘셉트
디자이너 파트

콘셉트 아티스트

콘셉트 아티스트는 프로덕션 디자인의 아이디어나 영화적 비전을 좀 더 구체적으로 시각적으로 보여 주기 위하여 그림을 그려 주는 일러스트레이터이다. 특히 큰 예산이 들어가는 SF나 판타지, 역사물 등에서 스텍터클한 장면들을 표현해 주기 때문에 디테일하고 완성도 높게 정리되어 있는 콘셉트 디자인 한 장은 영화의 프리 프로덕션에서 투자자를 끌어 모을 수 있는 좋은 발판을 마련해 준다.

캐릭터 디자이너

캐릭터 디자이너는 시나리오에 나타난 인물을 분류하고 직업과 성격적 특성에 맞는 캐릭터를 부여하기 위한 이미지 리서치 스케치를 담당한다.

05
세트 디자인 및
제작 파트

아트 디렉터

프로덕션 디자이너의 명령을 받으며 실제 프로덕션 현장을 진행하고, 미술부 예산과 스케줄을 관리하고 최종적으로 전체적인 퀄리티를 컨트롤하는 것이 아트 디렉터(art director, 세트 디자인 책임)의 일이다.

아트 디렉터는 세트 디자이너와 유기적으로 움직이면서 프로덕션 디자이너 밑에서 예산과 스케줄을 관리하며 촬영 현장에서의 전체적인 퀄리티를 책임지며 프로덕션 디자이너가 없을 때 생기는 디자인적인 판단에 대한 결정을 내리게 된다. 특히 건축 파트와 긴밀한 관계를 맺고 현장 진행을 컨트롤하는 역할이 중요하다.

세트 디자이너

세트 디자이너는 프로덕션 디자이너의 생각을 토대로 건축적 설계를 그리거나 추상적인 도안을 그림으로써 세트의 구조와 실내공간에 대한 실제화를 예상할 수 있게 하는 사람이다.

세트 디자이너는 프로덕션 디자이너, 감독, 촬영감독과 함께 세트가 어떻게 보이고 찍히고 활용될지 긴밀하게 협의할 수 있다. 세트 내에 필요한 구조물을 설치하고 대도구 및 소도구를 적절히 배치하는 일을 한다.

세트 코디네이터

세트 코디네이터(set coordinator)는 세트 제작에 대한 책임자이다. 세트 코디네이터는 세트를 제작할 때 먼저 도면에 대한 도해와 이해, 해석을 통해서 일정과 인력, 자재를 수급해야 한다. 그리고 일정에 따라 인원을 배치하고 운영, 관리하며, 자재에 대한 시장 분석과 수급, 물동량을 파악해서 가장 경제적인 방법으로 세트를 제작할 수 있는 방법을 고안해 내야 한다. 또한 세트 제작의 기술 계발, 공법 연구 등에도 성의를 다한다. 세트 제작에서 가장 중요한 것 중 하나는 결정된 세트를 약속된 일정과 예산 안에서 완성하는 것이다.

그러므로 세트 코디네이터는 디자인적인 콘셉트도 이해해야 하고 디자인적인 해석도 할 줄 알아야 하며 제작 도면의 해석을 통해 물량과 인원, 전문 분야도 산출할 수 있어야 한다.

세트 코디네이터는 프로덕션 디자이너, 아트 디렉터, 세트 디자이너와 프리 프로덕션 단계부터 회의와 답사, 현장 확인을 통해 주기적으로 원활한 소통을 해야 한다.

세트 디자인 및 제작에 관계하는 사람들

목공: 목재를 재단·제작·장치하는 분야로 세트 제작에서 가장 많은 부분을 차지하며 그 역할도 가장 크다. 목공의 구성 인원은 재단, 제작, 장치로 구분하며 1조 10명 구성이 기본이다.

철공: 주로 세트의 구조와 벽면, 또는 건축 상의 마감, 구조를 보조해 주는 역할로서, 창틀, 샷시, 알루미늄, 금속 관련 모든 세트 제작 업무를 수행한다.

도장(Set painter): 세트를 칠하는 일로, 나무결 모양을 내거나 물체를 낡아 보이도록 하는 등의 작업도 담당한다.

도배: 벽면과 천장을 마감하는 역할이다. 초배지를 통한 기초 작업과 마감으로 분류하며, 어떤 경우는 세트 벽면의 도장도 일차 도배를 하고 도장을 해야 마감이 깨끗한 경우가 있다. 재단사, 풀칠, 도배사의 1조 3명을 기본으로 구성한다.

타일: 타일을 시공하는 일이다. 타일, 조적, 유리 블럭 등의 작업과 줄눈매김 마감 등을 하며 1조 3인이 기본 구성이다.

전기: 전기 배선을 말한다. 세트의 총 사용 전기 용량을 산출하고 용량에 따른 자재 선택과 시공법을 고려하여, 사용되는 부분마다에 적당한 전기 배선을 노출시키거나 감추는 방식으로 작업한다. 중앙 컨트롤 박스와 주 전력선을 연결하고 분산 배치하도록 구성하며, 세트 제작 시 제작 전기 배선과 배급, 촬영 시 조명기의 사용 및 사무용 전자제품 등 여러 전기 전자 제품을 사용하게끔 배선, 배급한다. 1조 3인이 기본 구성이며, 전기 기사, 전기 기사 조력으로 구성되어 있다.

설비: 수도관과 하수관을 설치하여 물 공급과 배수를 담당한다. 에어컨, 환풍기, 닥트 등의 작업도 한다.

조경 그린맨: 화분, 조경수 등을 관리, 설치, 조경하며, 자연 조경수, 인조 조경수 모두를 관리, 설치한다.

배경 화가: 배경 그림을 작화하며 세트의 제작 시 관련된 도식화를 담당한다.

바이어 진행: 세트 촬영 진행시 원활한 세트 촬영이 될 수 있도록 전환·조립·제작·설치 등과 세트의 안전 관리, 세트의 상태 유지, 다음 촬영을 위한 준비, 제작, 촬영 스케줄 확인 등의 업무를 담당한다. 세트 제작 시에도 제작 진행을 맡고, 사용 자재, 공법, 업체, 장비 업체, 세트 제작 자재의 구매, 섭외, 인력 관리, 식사, 숙박, 교통 등의 업무를 한다. 경리 업무, 집행, 정산 등의 업무도 한다.

06
세트 데코레이션 및 제작 파트

세트 데코레이터

세트 데코레이터(set decorater)는 무대의 장식을 담당하는 사람으로, 세트, 로케이션 혹은 실외, 실내 등 영화의 모든 보여지는 장소에서 장식이라는 책임을 맡는 총괄자이다. 세트 데코레이터는 영화 촬영을 위해 필요한 모든 물품에 옷을 입히듯이 치장을 전담하는데, 가구, 의자, 카펫, 사진 등과 다른 소품들의 위치를 감독하고 미술감독이나 제작 디자이너의 시각을 서로 조정하는 역할을 한다.

영화 안에서 장식이라는 의미의 범위는 벽 위에 설치되는 벽이나 혹은 커튼, 카펫 등을 포함한다. 세트 데코레이터는 프로젝트 디자인의 콘셉트에 맞게 감독과 프로젝트 디자이너의 의도를 잘 반영해야 한다. 영화에서 장식이 지니는 중요성 때문에 세트 데코레이터는 아트 디렉터와의 유기적인 조화 속에서 프로덕션 디자이너의 양 날개 중 하나가 되어야 한다.

세트 드레서

세트 드레서(set dresser)는 세트 데코레이터를 보좌하며 세트의 장식적 요소를 배치하고 유지하는 사람이다. 세트 드레서는 세트 데코레이터가 구한 소품들을 가져다 세트에 배치하는데, 가구를 배열하고 카펫을 깔며 커튼을 걸고 조명 기구 등을 설치한다. 세트 드레서는 세트 세팅의 일반적인 인테리어에 관한 기본 감성과 영화 속 내러티브에 따른 시대, 인물, 사건의 특성을 보여 주어야 한다.

셋팅되어 완성된 하나의 세트는 촬영 중 조명의 변화나 카메라의 앵글에 따라 움직이기도 하고 다시 배치되기도 해야 하므로 탈착이나 이동이 용이해야 한다. 세트 드레서는 스크립터, 소품 담당과 함께 세트의 콘티뉴어티를 책임진다. 촬영 중에는 대개 한 명 이상의 조수가 세트 드레서를 보조한다.

스윙 갱

스윙 갱(swing gang)은 리드 맨(lead man)이라고도 하는데 그 역할은 공간 연출 제작이다. 스윙 갱은 세트 데코레이션 팀에서 제작, 구입, 대여, 협찬 등을 통해 준비한 것들을 배치하거나 설치하는 일을 한다. 그러므로 스윙 갱에게 세트 데코레이션의 설계 도면 이해는 필수적이며 각각 목공, 금속, 조각, 그림(회화), 도장, 도색, 공예 등의 전공 분야와 시공 기술을 가지고 있다. 스윙 갱은 보통 1조 10명으로 구성된다.

07
소품 연출 및
수행 파트

프롭 마스터

프롭 마스터(props master, property master)는 연출 소품, 상황 소품, 소지 도구 등의 모든 요소에 대한 책임자로서 제작이나 구입, 임대, 협찬 등 적당한 방식으로 필요 물량을 확보하는 것이 주 업무이다. 프롭 마스터는 시나리오와 디자인 콘셉트를 충분히 이해한 뒤 도면 계획을 통해 예산을 산출한다. 그리고 프로덕션 디자이너의 승인을 통해 예산을 집행하고 진행한다. 인력 구성과 관리, 배치, 교육 등을 통해 기술을 개발하고 작품의 퀄리티를 높이기 위한 방안도 고민해야 한다. 촬영이 끝나고 나면 준비된 모든 물품을 원 상태로 정확히 돌려놓아야 하고 예산에 맞추어 정산도 해야 한다.

프롭 디자인

프롭 디자인(props design)은 특수하게 제작해야 하는 소품의 디자인을 담당한다.

그래픽 디자이너

그래픽 디자이너는 영화 속에서 진행되는 이야기의 시대와 환경을 보여주기 위해 필요한 소품들의 일러스트레이션, 타이포그래피 등의 그래픽을 담당하는 사람이다.

　예를 들면 거리의 간판, 상점 안의 사람들이 들고 있는 책, 신문, 잡지, 지도 등과 지갑 안의 신분증, 신용 카드, 지폐 등에 그래픽 디자이너의 손길이 필요하다.

스탠 바이 맨

스탠 바이 맨(stand-by-man)은 준비된 연출 소품, 상황 소품, 소지 도구 등을 관리하고 필요시에 운영한다. 촬영 현장에서의 대기, 연출, 일정 관리, 화면 구도 관리, 수거, 보수, 제작 등을 관리하는 업무를 담당하는 스태프이다. 누구하고든지 소통이 원활하고 낙천적이며 언제나 미소를 가지고 일한다.

　미술 분야뿐만 아니라 다른 부서의 업무를 충분히 파악하여 리스크를 최소화해야 하고 특수 상황이나 위급 상황에 대처할 수 있는 임기응변력이 필요하며 늘 긴장하고 계획하고 준비가 되어 있어야 한다.

아트 밴

아트 밴(art van)은 촬영 시 필요한 미술적인 요소들을 보관하거나 진행하기 위해 필요한 미술 업무 차량을 관리하고 운전하는 사람이다.

08
캐릭터 연출 및
실행 파트

의상 디자이너

의상 디자이너는 영화에 등장하는 각종 의상을 만들고 선택하여 조정하는 의상 담당 디자이너이다. 의상은 시대의 사실성을 반영하도록 디자인하고, 줄거리와 상황, 그리고 등장인물의 개성을 보충할 수 있도록 만들어야 한다. 특히 역사물의 경우 고증을 통해 적합한 복장을 제공하게 되는데, 지리학적 장소와 등장인물의 당대 스타일, 색상, 장신구 등을 고루 갖추어야 한다.

장편 영화의 경우 의상 디자이너는 특히 그날그날의 촬영 시 입을 옷을 체크해야 하며, 주연배우에서부터 보조 연기자에 이르기까지 모두 특별히 디자인되었거나 선별된 옷을 입히는 것이 의상 디자이너의 책임이다.

메이크업 아티스트

메이크업 아티스트는 배우들의 분장을 전문적으로 하는 사람이다.

영화 작품 내용과 인물의 성격에 따라 직업, 지위, 연령, 기질 등에 맞게 배우를 분장시키는 일을 전문적으로 수행하는 사람 또는 그러한 직업을 말한다. 영화의 메이크업 아티스트와 아름다움을 목적으로 하는 뷰티 메이크업 아티스트를 혼동하거나 혼용하는 경우가 있는데, 엄밀한 의미에서 구분되어야 한다. 메이크업 아티스트는 영화의 분장 대행사 또는 프리랜서로 활동한다.

영화의 메이크업 아티스트는 다른 스태프들과 촬영 현장을 지키며 시시각각으로 분장을 해야 하는 경우도 있기 때문에 건강은 필수이고 배우의 성격과 극의 내용이 일치할 수 있도록 표정 하나하나까지 세심하게 신경 써야 하는 등 성실함과 꼼꼼함이 요구된다.

헤어 스타일리스트

헤어 스타일리스트는 출연 배우의 헤어 스타일을 만든다거나 염색, 가발 등 모든 미용상의 업무를 전담하는 스태프이다. 헤어 스타일리스트는 연기자의 성격과 분위기 표현을 돕기 때문에 감독, 의상 디자이너, 분장사, 경우에 따라서 제작 설계자나 PD와 긴밀하게 협조하며 일한다. 대개 미용사는 촬영 시작 바로 직전에 일을 하지만 시대극의 경우에는 특정 시대의 머리 형태를 연구할 시간이 필요하다.

촬영시 헤어 스타일리스트와 의상 디자이너, 메이크업 아티스트는 긴밀하게 협조하여 일을 하는데 특히 헤어 스타일리스트는 실제 인물로 보여야 하는 연기자의 머리 모양을 담당하기 때문에 장면 사이사이에 머리 손질을 하기 위해 항상 촬영 현장에 있어야 한다.

09
특수 제작 파트

특수분장

특수분장은 출연 배우들과 협의하여 분장 방법을 결정한다. 특수분장에 필요한 재료를 선택하고, 화장품과 분장용 재료를 사용하여 출연자의 피부를 분장하고, 가발, 수염 등을 붙인다. 헤어 스타일리스트, 메이크업 아티스트, 가발 제작원 등과 협의하여 작업을 진행하며, 촬영 중에도 조명, 카메라 감독과 협의한다. 새로운 효과를 만들기 위해 출연자의 골격이나 얼굴선 등을 고려하여 출연자의 몸에 재료를 붙이거나 변형한다. 극의 분위기에 맞게 촬영 장소에 필요한 특수효과 소품을 제작한다.

특수소품

특수소품은 시중에 기성 상품이 없는 경우나 영화적으로 사용될 특별한 소품의 제작을 담당하는 부서이다. 안전 소품, 기계 장치 및 효과를 위한 소품 등을 제작하여 미술에 도움을 준다. 개인일 수도 있지만 회사 또는 업체를 선정하여 납품을 받기도 한다. 특수소품이 담당하는 영역은 무궁무진하고 특징별로 전문성이 요구되는 작업 영역이다.

전문 트레이닝 파트

특수하거나 전문적인 분야를 다루는 영화일 경우 관련 분야의 전문가들에게 도움을 받는다. 예를 들어 동물이 주된 소재이거나 등장하는 영화라면 동물 조련사들의 도움이 필요하고 꽃이나 나무 등에 관한 이야기가 들어가는 영화라면 그 분야의 전문가로부터 여러 가지 도움을 받아야만 한다. 음식 관련해서도 한식이냐, 양식, 일식, 중식이냐에 따라 전문가들이 따로 있고 커피나 차, 다도 전문가의 도움을 받아야 하는 경우도 있다. 영화가 전쟁을 배경으로 한다면 여러 가지 총기류를 비롯해서 전쟁 관련 장비들에 관한 지식과 기술적 도움을 받아야 하고 화재 영화는 화재 영화대로 의료 영화는 의료 영화대로 트레이닝 파트가 꼭 필요하다. 전문 트레이닝 파트는 해당 분야의 지식과 기술을 비롯한 여러 가지 전문적 지원을 해 준다.

미술 관련 크레딧 및 직책, 직분

마지막으로 미술 관련 크레딧과 직책, 직분에 대해 살펴보겠다. 현재 한국 영화의 프로덕션 디자인 파트에서는 아래와 같이 역할과 직분을 모두 세분화해서 작업하지는 못하는 실정이지만 정리가 꼭 필요한 부분이다.

프로덕션 디자이너 ○ ○ ○

미술 경영	아트 수퍼바이저 ○○○ 아트 코디네이터 ○○○
디자인 파트	콘셉트 디자이너 ○○○ 캐릭터 디자이너 ○○○ 콘셉트 아트 ○○○
세트 디자인 파트	아트 디렉터 ○○○ 세트 디자이너 ○○○ 세트 책임 ○○○ 세트 제작 ○○○ 세트 장치 ○○○ 세트 작화 ○○○ 세트 진행 ○○○

세트 데코레이션 파트	세트 데코레이터 ○○○
	세트 드레싱 ○○○
	세트 세팅 ○○○

소품 파트	프롭 마스터 ○○○
	소품 디자인 ○○○
	소품 진행 ○○○

의상 파트	의상 디자이너 ○○○
	의상 제작 ○○○
	의상 코디네이터 ○○○

| 분장 파트 | 메이크업 아티스트 ○○○ |
| | 헤어 아티스트 ○○○ |

5. 물적 자원 관리

　프로덕션 디자이너가 경영해야 할 대상은 쉽게 말하자면 프로덕션 디자인을 위한 물건, 사람, 돈이다. 인적 자원 관리가 사람에 관한 문제라면 물적 자원 관리는 프로덕션 디자인에 필요한 모든 물건에 대한 관리를 말한다.

　물적 자원이란 세트와 세트 데코레이션, 소품, 분장, 의상 등에 관련된 재료들 모두를 말한다. 물적 자원 관리란 앞서 크리에이터 부분에서 언급했던 세트, 의상, 소품, 분장, 헤어 등에 필요한 모든 재료와 요소들을 효율적으로 사용하고 관리하는 것을 말하는데, 여기서는 물적 자원 관리를 위해서 필요한 사항들만 간단히 짚어 보기로 하자.

　세트와 관련된 물적 자원들을 제대로 관리하기 위해서 프로덕션 디자이너와 관련 팀원들은 창호, 문, 벽면, 유닛 등 세트의 구성 요소들에 대한 이해를 바탕으로 하고 있어야 한다. 그리고 나서 각 자재들의 단가와 운송 비용을 제대로 파악하고 있어야 하며 자재의 이동을 위해 화물차의 적재 중량과 크기에 따른 적절한 무게와 재단 사이즈에 대한 파악도 하고 있어야 한다. 또한 포장과 이동을 위한 수량과 물량을 항상 점검해야 하며 자재 사용 이후의 폐기 가능 여부, 자재가 환경에 미치는 영향, 우기나 태풍, 동계 등 자연 재해와의 연관 등을 사전에 인식하고 관리할 수 있어야 한다.

　세트 데코레이션이나 소품 관련해서는 각 품목들의 제작, 구입, 대여,

협찬 등에 따른 비용과 처리 방법을 숙지하고 있어야 하며 그외에 촬영 후의 지적 권리에 대한 법적 해석에 대해서도 잘 알고 관리해야 한다.

　이상의 촬영을 위한 프로덕션 디자인 작업과 직결되는 물자 이외에도 기타 관련 장비와 공구, 차량 등을 관리하는 것 역시 물적 자원 관리의 대상이다.

하늘의 시간은 사람의 시간에 관심이 없다

현장에서 프로덕션 디자이너의 미술적 사고란 여러 변수를 고려하는 것이다. 특히 로케이션의 경우에는 계절과 기후에 따라 촬영이 영향을 받게 마련이다. 영화 〈효자동 이발사〉의 경우 한 달 30일 가운데 22일 내리 비가 왔다. 비가 많은 여름에 로케이션 촬영을 한다는 것은 시간과 퀄리티의 싸움이 된다.

하늘의 시간은 사람의 시간에 관심이 없다. 회차를 맞추기 위해 비를 플랜대로 내려 주는 하늘은 없다. 두 달 60일 가운데 20일 동안 일을 못 한다는 것은 단순히 제작 일정의 차질뿐 아니라 프로덕션 디자이너의 입장에서는 당장 세트 퀄리티에 영향을 받음을 의미한다. 실내는 인공 광선이라 상관이 없지만 로케이션 촬영은 많은 시간을 기다린다. 그래서 처음부터 갖은 변수에 대비하여 디자인을 하고, 그리고 기다린다. 할 일을 하고 기다리는 것이 순리라 생각한다.

현장의 상황이 영화에 따라 다르기 때문에 세트뿐 아니라 체력적인 문제도 고려해야 한다. 영화 〈리베라메〉는 불에 관한 재난 영화라 밤에만 촬영을 했다. 불을 잘 보이게 하려면 다른 것이 어둠에 있어야 하기에 6개월 남짓 계속 밤 신에 불과 있어야 하는 상황은 심리적으로 체력적으로 힘겨울 수밖에 없었다. 영화를 마치고 체력적으로 가장 회복이 오래 걸렸던 영화이기도 했다.

영화 〈실미도〉의 경우는 아무 것도 없는 섬이라는 닫힌 공간에 갇혀 촬영을 했기 때문에 모든 것을 다 가지고 들어가야 했던 경우다. 그래서 영화를 시작할 때, 일어날 수 있는 만일의 경우와 변수를 생각하여 최대한 상상력을 동원할 수밖에 없었다.

이미 촬영이 시작된 것처럼 머릿속에서 현장을 시뮬레이션하고 가능한 모든 상황을 유추하는데, 이 경우도 역시 순리에 따르는 마음이었다. 만일의 경우를 생각하고 상상할 수 있는 모든 악조건에 대비하는 과정을 겪다 보면 감정의 진폭이 잦아들고 덤덤한 사람이 되는 것 같다. 늘 머릿속에서 무엇인가 상상하고 있으니 말수도 줄어든다. 20년 넘게 프로덕션 디자이너 생활을 통해 마음 수련을 배웠으니 감사한 일이다.

촬영 내내 섬이라는 공간에 갇혀 있어야 했던 〈실미도〉. 이런 경우 프로덕션 디자이너는 촬영에 들어가기 전에 향후 발생할 수 있는 거의 모든 변수를 상상하고 예측해야만 한다.

6. 시간 관리와 일정 관리

01
시간의 특성

모든 물적 자원은 인간이 임의적으로 그 양을 늘릴 수도 있고 줄일 수도 있다. 즉 탄력적으로 운용이 가능하다. 그러나 시간이라는 것은 하루 24시간으로 한정되어 있고 그것은 절대적이며 변용 불가능하다. 즉 시간은 완전히 비탄력적인 자원으로서 아무리 수요가 늘어도 공급은 한정되어 있는 독특한 자원이다.

시간은 저장할 수 없으며 사용 여부에 관계 없이 소모되어 버린다. 또한 공급이 절대적으로 부족한 자원이며 대체재가 없는 자원이며 모든 것에 소요되는 유일무이한 자원이며 누구에게나 같은 기준으로 적용되는 공평한 자원이며 시작과 끝이 분명히 있어 사용이 엄격하게 제한되는 자원이다.

또한 하루 24시간이 있다고 해서 그 24시간을 모두 한 곳, 또는 한 가지 업무에만 쓸 수 있는 것도 아니다. 24시간 안에는 시간을 운용할 주체의 생존과 생활을 위해 필요한 최소의 시간이 있다. 먹고 잠자고 휴식할 시간이 절대적으로 필요하고 이동하는 시간 역시 필수 소요 시간이다. 그런 시간들을 제외하고 나서 임의적으로 쓸 수 있는 시간을 가장 효율적으로 활용하는 것이 시간 관리이다. 주어진 업무를 위해 필요한 시간 가운데에는 사전 준비 시간과 사후 정리 시간도 필요하고 업무의 집중도와 효율성을 높이기 위해서는 적당한 휴식 시간도 주어져야 한다.

또한 과거의 산업화 시대에 쓸 수 있었던 시간과 현대의 디지털 시대, 정보화 시대에 사용할 수 있는 시간에는 약간의 개념상의 차이가 있다. 과거에 비해 현대에는 정보의 양이 비대해지고 업무의 양도 그에 비례해 늘어났지만 반면에 이메일, 스마트 기기 등의 활용으로 업무 처리 시간이 단축되었다. 또한 각종 디지털 기기 덕분에 이동 시간 중에도 업무 체크와 처리가 가능해져서 가용 시간이 늘어났다고 볼 수도 있다.

이렇듯 시간이라는 자원에 대해서는 충분한 숙고가 필요하다. 그런 뒤에 업무에 대한 집중도와 효율성을 극대화시킬 수 있는 방안으로 시간을 활용하는 것이 바로 시간 관리이다.

시간은 관리하는 것이 아니라 창조하는 것이라는 의미로 해석해야 효율적인 접근이 가능하다. 즉 정확한 업무 이해를 바탕으로 목표를 설정하여 시간을 관리해야 한다. 효율적인 시간 관리를 위한 핵심 조건에는 문서화와 시각화를 통한 목표 설정, 구체적인 목표와 현실적인 계획, 정확한 목록 작성, 필요성과 우선 순위의 정확한 판단, 집중과 균형 감각, 빠른 템포, 계획의 정기적인 확인 및 체크, 융통성의 발휘 등이 있다.

02
시간 연구와
작업 연구

목표 업무에 효율적으로 도달하기 위해서는 업무와 시간 사이의 상관 관계를 연구해야 하는데 이것을 시간 연구라고 한다. 담당자가 하루에 작업할 수 있는 업무를 과업이라 하고 그 과업을 달성하기 위해 필요한 노동을 표준 작업량으로 정하며 그에 소요되는 시간은 표준 작업 시간으로 정한다. 개개의 작업 공정 또는 작업 단위의 표준 작업 시간을 과학적으로 측정하고 설정하여 과업 혹은 표준 작업량을 결정하고, 나아가서 작업 전체를 계획적으로 수행하고자 하는 것이 시간 연구의 목적이다.

작업 연구는 작업을 수행하는 사람의 심신 기능에 적합한 작업 동작의 탐구, 작업 방법, 자재, 설비, 공구의 개선과 표준화, 표준 작업량과 표준 작업 시간의 결정, 작업자의 훈련 등에 대한 연구를 말한다. 작업 연구에서는 작업하기 위한 방법을 결정하고 복잡한 과정을 단순화하며 불필요한 동작 혹은 반복 동작들은 제거하거나 최소화한 뒤 필요한 동작을 가장 적합하게 결합함으로써 가장 이상적인 신속한 작업 방법을 결정한다.

또 작업을 위한 적정 시간을 표준화하고 실제 작업 시에 불가피한 지연, 중단, 준비, 고장 등을 대비한 여유 시간, 부가율을 결정한다. 신체적인 피로 회복을 위해 필요한 휴식 시간 등의 여유율을 결정하고 작업 시간의 길이와 휴식의 간격을 결정하는 것도 작업 연구의 영역이다.

개별적인 작업 연구를 하면 동일하거나 유사한 동작의 반복에 표준화된 방법과 시간을 적용하여 조합함으로써 작업을 계획화할 수 있다. 즉 이전의 작업 분석에 대한 데이터를 바탕으로 새로운 업무를 분석하고 해석해서 효율적인 작업 지시를 할 수 있다.

시간 역시 경영을 해야 하는 하나의 자산이므로 프로덕션 디자이너는 작업 연구를 통해서 어디에 언제 집중할지를 조율하는 역할을 해 주어야 한다. 프로덕션 디자인에서도 일정에 따라 프리 프로덕션 단계, 프로덕션 단계, 사후 단계에 해야 할 일이 있는데 프로덕션 디자이너는 시간, 인원 대비 어떻게 움직일지를 매니지먼트해야 한다.

03
일정표

정확한 목표를 설정했다면 수행해야 할 작업량과 인적 자원의 기술 수준, 인원수를 고려하여 여러 가지 리스크를 사전에 파악하고 분석한 후 적용시켜야 한다. 리스크란 불가피하게 발생하는 여러 가지 지연 요소나 문제 등을 말한다. 팀원들의 병가, 가정사, 능력 저하 등의 요인도 있을 수 있고 장소의 변동이나 환경 변화에 따른 문제 상황이 발생할 수도 있다. 주기적인 행사, 명절, 휴가, 파업, 약속 불이행 등으로 인한 목표의 수정이 생길 수도 있다.

프로덕션 디자이너는 이러한 리스크까지 예상하고 그것들을 포함시켜 계산할 줄 알아야 한다. 우선은 리스크 요인을 최소화해야 하고 리스크가 발생하면 문제를 파악하고 분석해서 목표를 수정하기도 해야 한다.

04
촬영
진행 관리

진행과 기록

촬영 진행 관리는 사전에 계획된 미술적 요소들이 실제 촬영에서 제대로 이행되는지를 점검하고, 점검된 결과물을 프로덕션 단계에서 원활하게 진행시키거나 극대화시키는 관리를 말한다. 촬영 진행 관리는 많은 부서들과의 협력, 조화, 소통이 관건이며, 촬영 준비 단계, 촬영 단계, 촬영 종료 단계로 구분하여 관리해야 한다.

촬영 진행 관리를 위해서는 도면을 해석할 수 있는 인문학적 능력, 영상 제작 과정의 지식, 촬영, 빛과 조명에 대한 지식, 형태, 조형, 재료에 관한 지식, 에이징(aging) 기법에 대한 지식, 색상의 특성과 배치에 대한 지식, 대상 연령, 성, 그룹별 특성 구별 지식 등이 필요하다.

촬영 준비 단계 – 프로덕션 디자인북

촬영 준비 단계에서는 프로덕션 디자인의 미술적 요소의 제작 계획에 근거하여 결과물인 세트, 세트 데코레이션, 소품 디자인, 의상 디자인, 분장, 헤어가 계획했던 대로 잘 이행되었는지 점검하고 관리, 감독해야 한다.

이때 프로덕션 디자인북을 만들어 작업하면 훨씬 효율적이다. 프로덕션 디자인북이란 촬영을 위한 콘티나 스토리보드처럼 현장 진행을 위해 미술적으로 준비하고 공유해야 하는 컨텐츠로, 일종의 현장 진행용 아트북 혹은 파일이다. 나의 경우 책이나 스프링북 형태로 묶어서 나누어 주기도 하고 때로는 파일 형태로 만들어 배포하기도 한다. 이것은 프리 프로덕션 데스크 작업의 결과물을 확인하고 공유하기 위한 것으로서, 모든 스태프가 동일한 목표를 향해 작업하고 있음을 확인하고 조율할 수 있는 좋은 지침서가 된다.

미술부가 아닌 연출부, 제작부 등에서도 미술적 부분에 대한 프로덕션 디자인 파트의 영화에 대한 디자인 콘셉트를 파악하고 이해함으로써 작업의 효율성을 높일 뿐만 아니라 소모적인 논쟁, 오해, 충돌 등을 방지할 수도 있다.

도면, 그림, 의상, 소품 등 미술 부분에 대한 요소들뿐만 아니라 촬영 일정표, 스케줄표, 스태프 연락처, 업체 연락처, 교통편, 터미널이나 병원의 위치 등 현장에서 필요한 사항들을 담은 프로덕션 디자인북의 활용은 오랜 현장 경험에서 터득한 노하우이기도 하다.

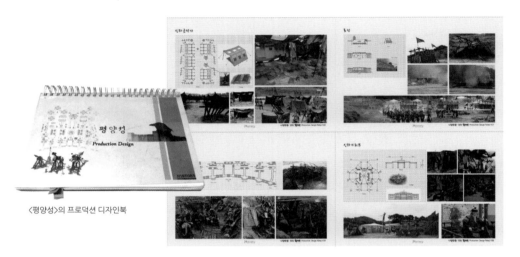

〈평양성〉의 프로덕션 디자인북

촬영 단계
원활한 촬영을 위하여 리허설을 진행하고, 현장의 조건을 점검한다.

촬영 진행 중에 영상을 모니터링하여 화면 구성을 효과적으로 표현할 수 있도록 영상 미술 작업을 진행한다.

촬영 종료 단계
촬영 종료 후 결과물에 대한 해체 및 원상 복구를 한다.

프리프로덕션 미술팀 7월 스케줄

	월	화	수	목	금	토	일
	1	2	3	4	5	6	7
S		이미지 리서치 및 공간 컨셉 디자인					
D		공간 데코 컨셉 및 이미지 리서치,					
P							
	8	9	10	11	12	13	14
S		주유소AB평면도작업					
D		공간리스트 1차 확인	리스트 수정및 경찰서 디자인및 배치 작업		1)리스트 수정 2)전당반 배치, 경찰서부작업		
P		props리스트 작성 (연출소품,상황소품,차량,장비,동물,식물,음식/캐릭터별소지도구)				props리스트완료(추가및 수정 사항포함)	
	15	16	17	18	19	20	21
S		땅굴ABCD작업					
D	경찰서 디자인 및 배치작업	1)경찰서 부착물 1차 완료 2)전당반 배치도수정	주유소 컨셉이미지 정리, 배치 및 디자인		1)주유소 컨셉이미지 2)배치도		
P	캐릭터 분석(주연,조연,단역,보출,특수복동 이미지서치)		캐릭터 분석 완료/소지도구 이미지 서치			소지도구 디자인 작업 정리	
	22	23	24	25	26	27	28
S		섬유공장/컨테이너작업					
D	주유소 배치 및 디자인	1)주유소 배치도 수정 2)디자인작업	주유소 배치 및 디자인		1)주유소 배치도 수정 2)디자인작업		
P	소지도구 디자인 작업 정리		연출 소품 서치(디자인 작업 정리)				
	29	30	31				
S		주유소,섬유공장,땅굴마무리	여름휴가				
D		주유소,경찰서 deco및 배치구도 마무리					
P	연출 소품 서치(디자인 작업 정리)완료						

〈파이프 라인〉의 프리프로덕션 스케줄

[사도] 촬영스케줄 0601

타이거 픽쳐스

S#	장소	세부 장소	촬영 장소	CUT	D/N M/D E/N	O/S/L	날씨	DAY	날짜	계절	내 용
	1회차	**7월 1일**	**화**								
013	창경궁 세자시강원	정각	남원 광한루		D				(1738.설정) 양1738.가을쯤	가을	(과거) 사치에 대해 얘기하는 어린 사도(4세)에 흐뭇한 영조(45세).
015	창경궁 세자시강원	정각	남원 광한루		D				(1738.설정) 양1738.가을쯤	가을	〈효경〉을 읽다 졸린 사도를 걱정하는 스승들. 서유기로 공부하고 싶다는 사도.
027	창경궁 세자시강원	정각	남원 광한루		D				양1744.02.28	겨울	영조 입시 하에 시험 치르는 사도. 사도의 시험 결과에 스승과 신하들을 질책하는 영조.
		7월 2일	**수**								
	2회차	**7월 3일**	**목**								
014	창경궁 인원왕후전	안	부안 교태전		D				(1738.설정) 양1738.가을쯤	가을	인원, 정성, 영빈 앞에서 요리를 흡입하며 애교 떠는 사도. 공부 할 시간이 되자 꾀병 부린다.
022A	창경궁 인원왕후전	안	부안 교태전		D				양1744.02.25	겨울	혜경궁에게 주상을 모실 때 유념할 점을 이르는 한숨 쉬는 왕실 여인들.
	3회차	**7월 4일**	**금**								
023	창경궁 빈궁전	안	부안 빈청		D				양1744.02.25	겨울	상석의 혜경궁에게 절 올리는 친정식구들. 그 앞에서 참았던 울음 터뜨리는 혜경궁.
024	창경궁 빈궁전	밖	부안 빈청		D				양1744.02.25	겨울	손오공 놀이를 하는 사도. 청나라 황제가 가례선물로 보낸 강아지를 건네 받는다.
025	창경궁 빈궁전	안	부안 빈청		D				양1744.02.25	겨울	흐느끼는 혜경궁에 난감한 친정식구들, 강아지를 안고 뛰어 들어오는 사도.
		7월 5일	**토**								
	4회차	**7월 6일**	**일**								
033A	창덕궁 인정전	안	부안 인정전		D				양1749.03. 다른날	봄	영조의 전위교서 철회를 요청하는 중신들. 그에 대리청정을 제안하는 영조.
033B	창덕궁 인정전	밖(앞)	부안 인정전		D				양1749.03. 다른날	봄	인정전 밖에서 석고대죄를 하고 있는 사도.
036	창덕궁 인정전	안	부안 인정전		D				양1749.03. 다른날	봄	영조의 용상 밑에 앉아 대리청정 하는 사도. 흐뭇하게 지켜보다 표정 변하는 영조.
	5회차	**7월 7일**	**월**								
040	창덕궁 인정전	밖(마당)	부안 인정전		D				양1749.03. 다른날	봄	사도의 대리청정을 비평하고 혼자 가버리는 영조, 쫓아가는 사도.
041	창덕궁 인정전	안	부안 인정전		D				양1749.03. 다른날	봄	영조의 눈치를 보며 대리청정하는 사도, 그런 사도를 비난하며 꾸짖는 영조.

〈사도〉의 촬영 스케줄

사도 일일촬영계획표

1회차	2014년 07월 08일 화요일			날 씨	흐림/비		최고		28℃	일출시각		05:24
				강수확률/시간/강수율	80% / 11시~16시 / 1~4mm		최저		24℃	일몰시각		19:52
	집합 장소			촬영 장소			현장 집합		촬영 종료	조감독 배태종		010-8399-6606
	남원 광한루원			남원 광한루			07:00		18:00	제작실장 허성진		010-8833-○○○○

S#	장소	CUT	D/N	날씨	시제	내용	영조	사도	정조	정순	영빈	혜경궁	인원	장녕	세손	홍대관	주요인물	비고
013	창경궁 세자시강원	13	D		1738 .09	(과거) 사치에 대해 얘기하는 어린 사도(4세)에 흐뭇한 영조(45세).	영조 (44)										4세 사도(4세), 대신1 ,대신2, 늙은 대신, 박내관, 최상궁, 이천보, 민백상, 이후	4세 사도 대필가 현장시접 필요
015	창경궁 세자시강원	10	D		1738 .09	<효경>을 읽다 졸던 사도를 걱정하는 스승들. 서유기로 공부하고 싶다는 사도.											4세 사도(4세), 이천보, 민백상, 이후, 박내관, 최상궁	
027	창경궁 세자시강원	28	D		1744 .02	영조 입시 하에 시험 치르는 사도. 사도의 시험 결과에 스승과 신하를 질책하는 영조.	영조 (50)										어린 사도(10세), 이천보, 민백상, 이후, 박내관	

						미리보는 다음 회차 <07월 11일 (금)>												
024	창경궁 빈궁전 - 밖	12	D		1744 .02	손오공 놀이를 하는 사도. 청나라 황제가 가례선물로 보낸 강아지를 건네 받는다.										혜내관	어린 사도(10세), 박내관, 나내관, 최상궁	
026	창경궁 빈궁전 - 밖	18	D		1744 .02	강아지를 안고 앉아 있는 혜경궁, 강아지 그림을 그리는 사도. 어느새 뒤에 서 있던 영조.	영조 (50)										혜내관	어린 사도(10세), 어린 혜경궁(10세), 박내관, 나내관, 최상궁	강아지 등 현장확보, 새끼용이
023	창경궁 빈궁전 - 안	9	D		1744 .02	상석의 혜경궁에게 절 올리는 친정식구들, 그 옆에서 참았던 울음 터뜨리는 혜경궁.												어린 혜경궁(10세), 홍봉한, 홍인한, 홍낙인, 친정어머니	어린 사도 소리
025	창경궁 빈궁전 - 안	4	D		1744 .02	흐느끼는 혜경궁에 난감한 친정식구들, 강아지 안고 뛰어 들어오는 사도.										혜내관	어린 사도(10세), 어린 혜경궁(10세), 홍봉한, 친정어머니, 홍인한, 홍낙인,	

	시간	장소	촬영지	세부 일정		비고	배역	이름	의상/분장 시작	의상/분장 종료	비고
전체 일정	07:00			스텝 현장집합 및 조식			민백상	이광일	04:00	05:30	의상/분장 후 식사
	09:30			#13 리허설			이후	정찬윤	04:00	05:30	의상/분장 후 식사
	10:00			#13 촬영시작			대신1	송형근	04:00	05:30	의상/분장 후 식사
	12:00	남원 광한루		중식			늙은대신	권범택	05:00	06:30	의상/분장 후 식사
	13:00			#15 촬영시작			대신2	최진영	05:00	06:30	의상/분장 후 식사
	15:00			#27 촬영시작			최상궁	김경원	05:00	06:30	의상/분장 후 식사
	18:00			촬영종료			이천보	조승연	06:00	07:30	의상/분장 후 식사
							박내관	차순배	06:00	07:30	의상/분장 후 식사
							4세사도	안정우	07:00	08:30	식사 후 진행
							영조	송강호	07:30	09:30	식사 후 진행
							어린사도	엄지성	13:00	14:30	식사 후 진행

	연출 / 제작	공 지		시간	배역	인원	설정
	* 4세 사도 붓글씨 선생님 07:30 현장 도착				세자시강원 번객 (#15 별감들)	10	40대/남
	* 제작팀 준비사항				시강원 관원	15	30대후반/남
	- 모니터용 케노피 1동 세팅	* 촬영종료 후 부안에서 숙박진행			서리	2	40대/남
	- 촬영시 공간 냉방기기 세팅	* 문화재 촬영시 인원 및 장비운영에 주의부탁드립니다.		05:30	상궁	2	40대/남
	- 관광객 인원 통제	* 현장은 금연구역입니다.			내관	1	40대/남
	- 의상,분장,식사진행 공간 세팅 및 진행	* 의상,분장실 및 식사 공간은 서문 주차장에서 진행합니다.					
	- 촬영장 진입 내부 약도 배포	* 조식 06:00 부터 진행					
	- 촬영종료 후 이동 숙박장소 약도 배포				총원		30
					의상/분장 후 식사 - 촬영전 마지막 의상 체크		

미술 / 소품	의상	분장 / 헤어
*시강원 기본 세팅 - 좌둥(8개), 문발, 문발걸이, 시강원 병풍, 사도, 세자시강원 3인(방석, 화문석, 경상), 관원들(방석, 화문석)	#13 (1738년) - 세자시강원 영조-용포,익선관 /홍내관-내관 /이천보-당상관 /민백상-당상관 /이후-당상관 /4세 사도(4세)-용포,익선관 /대신1-당상관 /대신2-당하관 /늙은 대신-당상관 /최상궁-당의 - 세자시강원 번객들(10)-당상관 /시강원 관원들(15)-당하관 서리들(2)/상궁(2)/내관(1)	#13 (1738년) - 세자시강원 영조-과거(40대후반) /홍내관-40대중반 /박내관-30대후반 /이천보-30대후반 /민백상-30대중반 /이후-30대중반 /4세 사도-4세 /대신1-50대초반 /대신2-50대초반 /늙은 대신-60대초반 /최상궁-40대.첩지.비녀 - 세자시강원 번객들(10)-당상관 /시강원 관원들(15)-당하관 서리들(2) / 상궁(2) / 내관(1)
#013 (1738년) - 세자시강원 영조(어좌, 여좌받침, 발/받침, 경상), 일월오봉병, 어린 사도 문방사우세트, 사도가 쓴 '사치' (완성본,미완성본), 서리 2인 (서안, 문방사우세트, 승정원일기)	#15 (1738년) - 세자시강원 4세 사도(4세)-용포 /이천보-당상관 /민백상-당상관 /이후-당상관 /박내관-내관 /최상궁-당의 - 세자시강원 번객들(10)-당상관 /시강원 관원들(15)-당하관 별감들(2)-외부 전경 촬영시 의상전환	#15 (1738년) - 세자시강원 4세 사도-4세 /이천보-30대후반 /민백상-30대중반 /이후-30대중반 박내관-30대후반 /최상궁-40대.첩지.비녀 - 세자시강원 번객들(10)-당상관 /시강원 관원들(15)-당하관 별감들(2)-외부 전경 촬영시 분장확인
#015 (1738년) - 세자시강원 사도 앞 "효경" 및 시강원 번객 고서적 28권, 별감 7인 (칼), 당하관 5인 (서적)	#27 (1744년) - 세자시강원 영조-용포,익선관 /내관복 /어린 사도(10세)-용포,익선관 이천보-당상관 /민백상-당상관 /이후-당상관 /최상궁-당의 /박내관-내관 - 세자시강원 번객들(10)-당상관 /시강원 관원들(15)-당하관 서리들(2)/상궁(2)/내관(1)	#27 (1744년) - 세자시강원 영조-과거(50대초반) /어린 사도-10세 /박내관-30대후반 이천보-30대후반 /민백상-30대중반 /이후-30대중반 /최상궁-40대.첩지.비녀 - 세자시강원 번객들(10)-당상관 /시강원 관원들(15)-당하관 서리들(2) / 상궁(2) / 내관(1)
#027 (1744년) - 세자시강원 영조(어좌, 여좌받침, 발/받침, 경상), 일월오봉병, 이천보 앞 강경패 4종류, 경서통), 서리 2인 (서안, 문방사우세트, 승정원일기)		

촬영 / 조명	무술 /특수효과	CG / 사운드
- 감독님 모니터 연출부 인계 (24" 2대) - 부감대 세팅 확인		- 세자시강원 전경 풀샷 (현판 및 전경)

<사도>의 촬영 스케줄

7. 사후 관리

사후 관리는 프로젝트 경영 계획에 대비한 미술적 결과 및 예산 계획에 대비한 결과물에 대하여 정산하고 집행의 효율성을 점검하는 과정이다. 프로덕션 디자이너는 자신이 참여한 영화에 대해 제작 경위 및 결과를 기록하고 체계화하여 포트폴리오를 제작하는 것이 좋다.

또한 영상 미술 결과물의 포트폴리오를 통하여 제작 전반을 점검하고 발전 방안을 수립할 수 있다.

사후 관리를 위한 세부 항목으로는 세법, 세무절차에 대한 법률적 해석, 초상권, 저작권 관련 법률 해석, 정산에 대한 회계적 해석, 영상 미술 프로세스에 대한 해석, 영상산업 표준 해석이 필요하다.

사후 관리를 위해서는 결과물 분석, 포트폴리오 작성, 회계 및 경리 업무, 회계 프로그램 활용, 계약서 검토, 컴퓨터 활용, 분쟁 처리를 해야 하며, 회계 업무에 대한 투명하고 정직한 태도와 논리적이고 종합적인 사고와 태도가 필요하다.

01
복구

촬영이 안전하게 종료되면 지금까지 진행한 모든 것을 원상태로 복구해야 한다. 세트나 세트 데코레이션, 소품, 의상, 분장, 헤어 등 촬영을 위해 동원되었던 모든 것들을 원래의 자리로 돌려놓아야 한다.

02
정산

촬영 및 제작이 끝나고 나면 예산으로 잡았던 사항들이 모두 결과물로 실현되었는지 확인하는 과정인 정산 작업 역시 꼭 필요한 과정이다.

03
포트폴리오

프로젝트 포트폴리오는 프로젝트의 전 과정을 보여 줄 수 있는 작품이나 관련 내용 등을 모아서 정리한 자료 수집철 또는 작품집이다. 포트폴리오는 프로젝트의 사전 단계에서 아이디어, 리서치, 콘셉트 디자인, 캐릭터 디자인, 세트 디자인, 세트 데코레이션, 소품 디자인 등의 계획과 설계, 제작의 전반의 과정을 기록하여 핵심적인 요소를 집약하며, 작업 과정에서의 장점과 단점을 파악한 뒤 향후 프로젝트를 진행할 때 장점은 부각시키고 단점은 보강할 수 있는 근거를 마련한다. 또한 충분한 점검을 통한 표준화의 기본 기초를 수립하기도 한다.

미술적 요소들의 제작의 관리, 운영을 통한 물적, 인적 자원의 활용에 대한 장단점을 파악하여 향후 프로젝트 운영에 표준 기반을 만들며, 촬영 진행에 있어 협력, 시스템, 업계 상호변화 등도 기록하여 지표로 삼는다. 또한 예산 운영에 있어 시장의 변화, 가격 변동, 새로운 소재 발견, 기술 개발을 통하여 프로덕션 디자인의 퀄리티를 높일 수 있는 근간을 삼는다.

기초 자료로는 디자인 결과물과 제작 결과물(콘셉트 아트, 캐릭터 일러스트, 공간 2D·3D 작업물, 설계도면, 세트 제작, 세트 데코레이션, 소품 운영, 의상, 분장, 헤어 등), 촬영 과정의 기록물(미술 제작 후와 촬영, 조명, 배우 세팅 전, 후, 리허설 등), 문서(시나리오, 분석리스트, 계약서, 협의, 협찬 관련 문서 내용) 등을 기록하고 기록의 방법은 파일, 진행 일지, 영상 기록(사진, 동영상) 등으로 결과를 축적한다.

포트폴리오의 내용은, 표지, 주제, 소재, 콘셉트, 과정(세트, 세트 데코레이션, 소품, 캐릭터) 등을 사진으로 표현하며, 스태프 연락처, 인력 구성표, 일정표 등으로 구성하는 것이 좋다.

포트폴리오는 프로젝트의 이력이나 경력 또는 실력 등을 알아볼 수 있도록 프로젝트의 전 과정을 기록해 두는 것이 좋다.

포트폴리오는 프로젝트의 실력을 보여 주기 위한 자료철이기 때문에 프로젝트의 독창성과 능력, 개성을 한눈에 알아볼 수 있도록 간단 명료하게 만들되, 미적인 조화를 보여 줄 수 있도록 디자인하면 좋다.

예전에는 바인더, 클리어파일, 스크랩북 등을 이용했는데 정보통신 기술의 발달로 현재는 데이터화해서 보관하거나 외장하드, USB 등을 이용한다.

〈황산벌〉, 〈구르믈 버서난 달처럼〉, 〈평양성〉의 포트폴리오들

최선을 다한다, 후회하지 않기 위해

나는 땅을 잘 본다. 어느 공간에 들어가면 본능적으로 어느 공간이 대장이 앉을 자리인지, 힘이 모이는 자리인지 보인다. 가구가 없어도 그렇다. 다른 사람들은 그에 대한 근거를 가지고 이것이 아버지 자리, 어머니 자리라고 하는데, 나는 오픈 세트에 서면 이미 자리가 보인다. 사람들이 이미 앉아 있는 것이 보인다. 영화 출연 배우들도 보이고 나와 같이 일하는 사람들도 보인다.

매일 빈 스튜디오에 들어갈 때는 물론이고 영화가 크랭크인하면 나는 매일 무사안녕을 기원하며 생수를 뿌린다. 미술팀은 소위 노가다 작업이어서 공사판과 똑같다. 안전제일이다. 매일 내가 제일 먼저 촬영장에 간다. 보통 스태프보다 두 시간 정도 이른 시간이다. 전 회차 모두 나간다. 제일 먼저 문을 열고, 스튜디오의 밤새 묵은 나쁜 공기를 신선한 공기로 바꾼다.

영화가 끝날 무렵이 되면 서서히 의식적으로 자연스럽게 정을 뗀다. 촬영이 끝난 세트는 한 바퀴 돌아보고 이런저런 고마움의 표시를 한다. 그 공간에 대해 나만큼 아는 사람은 없다. 구석구석까지 전부 아는 사람은 나뿐이다. 먼지 하나도 다 내 것이다. 쥐가 얼마나 왔다 갔는지도 안다.

과거의 세트를 영화 속에서 다시 볼 때는 기분이 묘하다. 드라마만큼의 히스토리가 다 기억난다. 유난히 정이 가는 작품도 있고, 싫어하는 작품도 있는데, 공통적인 것은 영화가 끝난 후 다시는 그 장소에 가지 않는다는 것이다.

매 영화마다 현장에 대해, 사람들에 대해 겸손함이 생긴다. 스스로 낮춰야만 되는 일이 영화다. 많은 사람들과 맞추고 소통하는 과정은 꽤 지난하다. 그래서 영화 한편이 끝나면 후회가 없다.

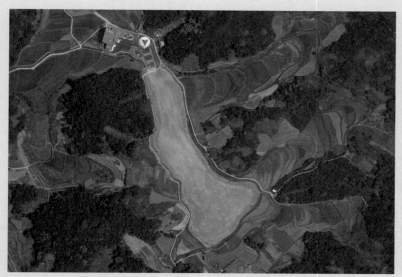

〈평양성〉의 로케이션 세트 작업을 위한 조사작업

제 5 장

커뮤니
케이터
Communicator

현대 사회의 모든 산업이 마찬가지겠지만 영화 산업 또한 막대한 자본과 시간, 사람이 모여서 고도화된 기술과 장비로 운영되고 관리되는 종합 예술 산업이다. 영화 산업은 그 탄생기부터 사람이 중심이 되어 각각의 고유 업무 영역을 담당하고 교류하고 소통하면서 작업해 온 극도의 아이디어와 노동력의 집약체이며 협의체이다. 그러므로 영화 산업은 절대적으로 혼자서는 가기 힘든 길이다. 그러므로 개인과 개인, 부서와 부서가 각각의 자율 통제와 자기 검열을 통해 서로의 업무와 역할을 이해하고 양보하며 협력하고 존중하는 소통 관계는 곧 영화의 완성도를 높이는 최고의 수단이다.

'제5장 커뮤니케이터'에서는 프로덕션 디자인에서 협조와 협력이 왜 필요하며 어떤 식으로 소통해야 하는지에 대해 살펴보려고 한다. 이것은 타 부서의 업무와 특징을 살펴보고 그에 대한 반응과 대응을 연구하는 데는 물론이고, 미술적 업무와 직접 관련이 없다 해도 영화 산업의 프로세스를 이해하기 위해서도 꼭 필요한 과정이다.

1. 소통의 단계

소통이 이루어지는 과정은 아이디어, 커뮤니케이션, 검토, 확정, 집행, 결산의 단계로 나누어 볼 수 있다. 각 단계에 대해 살펴보자.

01 아이디어

한 편의 영화는 아이디어에서 출발하여 시나리오라는 문자를 거쳐 막대한 자본과 인력, 시간을 통해 계획되고 설계되고 제작되어 그림과 소리, 즉 영상과 음악, 음향이라는 결과물로 도출된다. 그리고 그 결과물이 관객에게 전달됨으로써 그들의 시각과 청각을 자극하고 오감으로 느끼게 하여 감동을 선사한다.

그 과정에서 프로덕션 디자이너는 시나리오를 바탕으로 그것을 최초로 시각화하여 보여 주는 사람이다. 그리고 그것은 방법론적으로 누가, 언제, 어디서, 무엇을, 어떻게, 왜 하느냐에 대한 의문과 해석을 통해 미술적 요소를 창의적으로 분석하여 방향을 제시하는 것으로 시작한다.

영화를 만드는 데 참여하는 사람은 무수히 많지만 그 사람들 개개인의 생각과 경험의 결과는 한정적이며 그 역할 또한 분명히 다르다. 그 역할들이 서로 충돌하고 부딪히면서 이해와 지식을 나누기도 하고 나아가서는 창의적 사고를 확장시켜 새로운 세계를 만들기도 한다.

프로덕션 디자이너는 문자의 추상성을 이미지화하여 그 개개인들이 각각 자신의 상상을 마음껏 꺼내고 펼쳐 보일 수 있는 환경을 만들어 주어야 한다. 그러기 위해서는 시각을 자극하여 상상하게 하고 그것을 다시 언어화하여 토론 등을 통해 충분한 의견을 교류할 수 있도록 도와주어야 한다. 그 과정은 이미지로부터 시작된다.

이미지는 사진, 영상, 그림, 합성 등 여러 형태의 미술적 작업을 통해서 만들어 낼 수 있다. 그렇게 확대 재생산되는 이미지들이 스케치, 드로잉, 설계, 도면, 모델링의 과정을 거쳐서 현실적 재현까지 도달하게 되는 것이다. 그러므로 프로덕션 디자이너는 아이디어를 위한 적절한 이미지들을 던져 주고 그것들이 짧은 시간 안에 하나의 의견으로 모여 성과를 향해 갈 수 있도록 해야 한다.

02 커뮤니케이션

커뮤니케이션은 협의를 통하여 소통하는 과정이다. 프로덕션 과정에서는 어떤 문제나 상황에 대해 여러 가지 제안과 의견, 의견 충돌 등이 생길 수 있다. 간단하게는 개인과 개인의 대화부터 단순히 의견을 나누어 보는 토의, 여럿 가운데 하나의 결론을 이끌어 내는 협의 등 소통을 위한 방법과 단계는 여러 가지일 수 있지만 중요한 것은 서로 의견을 나누고 교류해야 한다는 것이다.

영화감독의 의도를 이해하고 공유하기 위해서도 커뮤니케이션이 필요하고 그에 대한 현실적 요소들을 점검해서 프로듀서가 최종 방안을 마련하기 위해서도 커뮤니케이션이 필요하다.

03 검토

검토는 커뮤니케이션에서 결과를 도출하는 것이다. 즉 대표의 콘셉트, 감독이나 제작자 등의 의도에 대해 충분한 커뮤니케이션을 통하여 하나의 타협을 형성하고 해결하는 것을 말한다.

영화 제작에서의 최종 심의 주체는 영화감독이며, 프로덕션 디자이너는 영화감독의 의도와 생각을 미술적인 작업을 통해 처음으로 제시하고 그에 대한 해결 방법을 모색하는 역할을 한다. 이 과정에서 주의할 것은 확정의 단계에 이르기 전에 모든 과정과 경우의 수에 대한 커뮤니케이션과 검토가 모든 부서에 걸쳐서 충분하게 이루어져야 한다는 것이다.

프로덕션 과정은 늘 비용과의 싸움, 시간과의 싸움이지만 비용이나 시간보다 중요한 것은 결국 작품 자체이다. 때로 시간 부족이나 효율성을 내세워 성급한 결론이나 일방적인 결과에 이르게 되면 결국 프로덕션 과정에서의 집중력을 저하시키게 되고 그것은 다시 영화의 퀄리티 저하로 이어질 수 있다.

04 확정

프로덕션 과정에서의 확정이란 동의와 승인의 의미이다. 확정이란 법적으로 인가의 성격, 허가의 성격 등 여러 가지 의미가 있을 수 있지만 중요한 것은 투자자가 제작사에게 권한을 위임했고 그것을 위임받은 프로듀서가 승인을 한다는 의미이다. 그 승인은 단순한 동의가 아니라 약속이며 그에 대해서는 분명한 책임이 주어지고 상호간의 신뢰가 필요하며 혹 약속이 제대로 이행되지 않았을 경우에 대한 법적인 요구와 책임이 뒤따를 수 있음을 명확하게 이해해야 한다.

05 집행

프로덕션 과정에서의 집행이란 각 부서의 맡은 업무와 책임이 실행되는 것을 말한다. 확정의 단계를 통해 내려진 결론대로 제작 파트, 연출 파트, 미술 파트 등은 각기 실행하고 해결해야 할 과제들을 안게 된다. 예상치 못했던 문제나 상황이 발생했을 때 그것을 해결하는 것을 포함해서 각자의 역할을 수행하는 것이 집행이다.

06
결산

결산은 프로젝트의 기간 내 손익을 산정하고, 재정 상태를 명확하게 하는 회계 절차이다. 결산의 방법으로는 경영 관리의 목적으로 매월 결산하는 월차 결산과 분기별 결산이 있지만 영화 작업에서는 월이나 분기별 결산 외에 유연성이 필요한 경우도 생긴다.

2. 소통의 도구

소통이란 의견의 교환이자 교류이며 소통을 위해서는 상대에게 나의 의견을 설명하거나 설득해야 한다. 소통을 위해서는 여러 형태의 대화와 도구가 필요한데 그 중 몇 가지 경우를 살펴보도록 하자.

01
프레젠테이션

상대에게 나의 계획을 설명할 때, 크리에이티브한 기획안을 제시할 때, 특정 문제에 대한 해결책을 제시할 때 등에 사용하는 것이 프레젠테이션이다. 프레젠테이션은 대상을 설득시키는 데 목적이 있다. 그러므로 일반적인 대화나 강연, 연설에서는 상대에게 꼭 자료를 제공할 필요가 없지만 프레젠테이션에서는 상대의 이해를 돕기 위해 자료를 준비한다.

프레젠테이션의 주제 및 방향이 결정되면 필요한 자료를 수집하고, 이를 바탕으로 전반적인 구성을 설계한 후 내용을 알기 쉽게 제작한다. 이때 시각적 보조 자료로 사용하는 대표적인 소프트웨어로 파워포인트(PPT)가 있다.

파워포인트는 프레젠테이션을 효과적으로 작성하고 발표할 수 있다는 장점이 있으며, 파워포인트를 사용해서 만든 화면을 스크린에 띄워 사용할 경우 프레젠테이션의 효과를 극대화할 수 있다. 파워포인트 화면에는 프레젠테이션하려는 내용과 어울리는 사진이나 이미지 등을 사용하며, 화려한 이미지보다는 깔끔하고 집중할 수 있는 이미지를 사용하는 것이 좋다. 배경은 어둡게 하고 글씨는 밝은 색으로 하여 가급적 일관성 있게 디자인을 구성하는 것이 집중력을 높일 수 있다.

02 회의

회의란 공동으로 당면한 문제를 해결하기 위해 두 사람 이상의 참여자들이 모여서 의제를 채택하고, 참여자들의 동의를 얻어 의제에 관련된 사항을 결정하는 과정을 말한다. 회의가 효과적으로 이루어지기 위해서는 명확한 목적, 면밀한 사전 준비, 참여자들의 적극적인 협조, 회의 규칙에 따른 원만한 운영 등이 전제되어야 한다.

03 시뮬레이션

실제의 상황을 간단하게 축소한 모형을 통해서 실험하고 그 실험 결과에 따라 행동이나 의사 결정을 하는 것을 시뮬레이션이라고 한다. 복잡한 문제를 해석하거나 해결하고, 비용과 시간을 절감하기 위하여 컴퓨터를 이용하여 가상으로 시스템을 수행해 보거나 실제와 비슷한 모형을 만들어 모의적으로 실험하여 그 특성과 문제점을 파악해 봄으로써 실제 상황에서의 결과를 예측하는 것이다.

어떤 복잡한 시스템에 대한 테스트가 필요할 때, 직접적인 방법으로 시스템을 실험하거나 분석해서 결과를 도출하는 것이 가장 바람직하지만 경제적, 시간적, 효율적 측면의 문제점들이 생길 경우에는 실제 시스템을 모형화하여 실험을 해 볼 수 있다. 그 모형을 통해서 실제와 유사한 여러 요인들을 동적으로 변화시켜서 시스템의 성격을 이해하거나 주어진 범위 내에서 여러 가지 실험을 실시해 본 후 그 결과를 가지고 대안들을 평가하기도 하고 시스템의 설계와 수정에 사용하기도 한다.

설계가 끝난 단계에서 완성 작품의 모형 혹은 미니어처를 만들어 테스트하는 방법도 있다. 석고나 플라스틱, 나무 등 테스트에 적당한 재질로 모형을 만들어 실제 상황을 예측해 본다. 미니어처 제작은 오픈 세트나 규모가 방대하고 구조가 유기적으로 복잡한 경우 세부를 확인해 볼 때 효과적이며 여러 각도의 쇼트들을 예측해 볼 수 있는 장점이 있다. 어떤 경우이든 가장 실재에 가까운 사전 점검이 될 수 있도록 제작하는 것이 중요하다.

04 답사

답사란 내력 있는 곳을 찾아가서 삶의 흔적을 더듬고 역사를 되새김으로써 그 지역의 자연, 역사, 문화를 종합적으로 이해하고 자신을 돌아보는 기회를 만드는 일이다. 먼저 답사의 성격과 의의를 이해하고 관련 인물 등에 대한 자료를 조사한다. 그리고 그 지역의 자연 지리, 역사 지리, 인문 지리 등 주민들의 삶의 내용에 대한 자료 등도 덧붙여 자료집을 준비한다.

답사할 때는 메모 이외에 카메라, 녹음기 등을 준비하는 것도 좋다. 경관 촬영, 설명, 인터뷰 내용 등의 음원을 수록하고 찾아가는 방법을 비롯해서 과정들을 일지로 기록해 두거나 답사 후 자료의 오류들을 수정해서 답사 후기를 작성하는 것도 좋은 방법이다.

답사에서는 실측을 하기도 한다. 측량을 시작하기 전에 측량 구역 전체를 실제로 걸어 보면서 경계나 지형을 조사하고, 측량 기기나 측량 방법을 모색하여 전반적인 작업 계획을 수립한 후 실측을 하는 것이 좋다.

05 피팅, 테스트, 리허설

피팅(fitting)은 의상의 가봉을 위해 배우에게 미리 입혀 보고 몸에 알맞도록 조절하는 것이다. 테스트(test)는 세트 데코레이션이나 소품 등의 상태나 작동 여부를 사전에 점검하는 것이다. 리허설(rehearsal)은 예행 연습이다. 촬영에 앞서 출연자의 행위 등을 미리 연습해 보는 것으로 제작진이 실제 촬영 때와 같은 행동을 취하면서 반복과 수정을 거듭한 뒤에 실제 촬영에 임하게 된다.

3. 소통의 대상

이제 프로덕션 디자이너가 커뮤니케이터로서 소통해야 할 구체적인 대상들에 대해 알아볼 차례이다. 우선 앞에서 설명했던 영화 산업의 구조와 영화 제작 단계에 대한 이해를 바탕으로 각 단계별 부서와 담당자의 역할을 알아야 한다. 수많은 사람들이 오랜 시간에 걸쳐 함께 작업하는 영화 제작 현장에서 누구보다도 많은 사람들과 소통해야 하는 사람이 프로덕션 디자이너이다. 프로덕션 디자이너는 자신이 총괄 지휘해야 하는 미술팀 이외에도 소통해야 할 대상이 많다. 각 단계별로 어떤 사람들과 어떤 소통을 해야 하는지 살펴보자.

01
투자 파트

투자자

영화가 다른 예술 장르들과 다른 가장 큰 특징은 바로 돈이 많이 든다는 점일 것이다. 상식적으로 생각해 봐도 그림 한 점을 그린다거나 소설 한 편을 쓰는 작업보다는 영화 한 편을 찍는 데 훨씬 더 많은 제작비가 필요하리라는 데는 이의가 없을 것이다. 그래서 영화를 만든다는 것은 어느 한 개인의 의지만으로 가능한 것이 아니다. 제작자나 감독이 스스로 제작비를 조달해서 영화를 만든다는 것은 그가 경제적 여유가 있거나 그 영화가 극도의 저예산 영화가 아니라면 불가능한 일이다.

모든 것은 제작사에서 시작되며 영화 제작사는 프로젝트를 계발하는 곳으로 그 결과물이 시나리오이다. 영화 제작비를 투자할 수 있는 투자사에 시나리오를 보내는 것이 제작의 1단계이지만 감독이나 배우의 인지도가 높을 경우 시나리오가 없어도 혹은 간단한 콘셉트만으로도 제작비를 확보할 수 있다. 그러나 이것이 일반적인 방식은 아니다.

프로젝트의 상업성을 인정받아 투자를 받는다는 것은 쉬운 일이 아니다. 이것은 영화라는 상품의 특성 때문이다. 많은 자본을 투자할수록 많은 이윤을 창출하는 것이 자본주의의 상식이지만, 영화는 예외이다. 영화에서 흥행이 보장된 아이템은 없다. 그래서 영화에 제작비를 투자하는 것은 투자와 투기의 중간에 있고 최종적으로 투자를 결정하기 위해 필요한 것은 용기이며, 성공은 용기에 대한 신의 선물이다. 물론 철저한 분석이 수반된 노력이 없는 용기는 만용이다.

수익 보장성이라는 면에서 아무리 리스크가 크다고 해도 영화 투자는 끊임없이 이루어진다. 하지만 제작비 전액을 한 회사나 개인이 투자하는 경우는 드물다. 한 곳의 메인 투자에 여러 곳의 공동 투자가 형성된다. 제작사가 메인 투자사에 프로젝트를 가져가면 투자사는 그 가능성에 대해 가늠을 하며, 메인 투자사가 전액 투자를 하는 것은 아니다. 일반적으로 절반을 투자하고 절반은 여러 창투사나 펀드를 통해 제작비를 마련하고 수익을 나누는 방식이다. 한국에는 CJ E&m, SHOW BOX, LOTTE Entertainment, NEW 등이 있으며, 창투, 펀드 등이 있다.

프로덕션 디자이너가 투자자를 직접 대면하는 것은 아니다. 그것은 제작자나 프로듀서의 역할이다. 프로덕션 디자이너는 제작자나 프로듀서가 투자자를 만나 그를 설득할 수 있도록 자료 준비와 아이디어 제공 등의 방법을 통해 간접적으로 투자자를 만난다.

02
제작 파트

제작자

제작자는 영화 제작을 위해 시나리오와 영화감독을 선정하고 제작비 투자 및 사용, 상영 극장 섭외 등 제작 및 영화 상영에 관한 업무를 총괄한다. 각종 소설 또는 시나리오를 검토하여 흥행에 성공할 수 있는 작품을 선정하여 작품에 적합한 영화감독과 제작진을 선정하고 출연 배우와 제작 일정을 관리한다.

일일 제작 상황을 검토하고 촬영 영상을 영화감독과 협의한다. 완성된 영화의 시사회를 개최하고 개봉일 및 극장 상영 일정을 확정한다. 각 매체를 통한 영화의 홍보 계획을 수립한다. 영화 제작, 홍보, 상영에 필요한 제반 비용을 지원한다. 경우에 따라서 영화감독이 제작자를 겸하기도 한다. 투자자에게 제작비를 받아야 한다.

기획자

영화 기획자는 영화의 기획에서부터 개봉에 이르는 전 과정에 대한 기획과 관리를 담당한다. 새로운 영화 소재 발굴을 위해 소설 또는 시나리오를 검토하고 흥행에 성공할 수 있는 작품을 선정한 다음 영화의 기본 시나리오와 인력, 소요 비용, 제작 기간 등에 대한 기획안을 작성한다.

기획안이 통과되어 영화화하기로 결정되면 영화감독, 출연 배우, 스태프 등을 섭외한다. 영화 촬영이 완료 된 후에는 영화 시장의 특성과 유통 구조를 잘 파악하여 개봉 시기와 개봉 상영관, 영화 홍보 계획 및 실행 업무를 담당한다.

영화 기획자는 영화를 좋아하고 영화계의 구조, 좋은 영화를 선택하는 안목, 영화 연출 등 영화 전반에 대한 지식을 가지고 있어야 한다. 새로운 작품을 기획하여 실행시키기 위한 추진력과 실험 정신, 모험심이 요구되며 기획한 영화를 흥행에 성공할 수 있도록 다양한 마케팅과 홍보 전략을 수립하고 실행할 수 있는 능력 역시 필요하다.

영화 작품의 평가와 흥행 여부, 사회에 미치는 영향 등을 관찰하고 분석할 수 있는 종합적 사고 능력과 판단력, 영화감독, 배우, 스태프들을 총괄적으로 관리하고 이끌 수 있는 리더십이 요구된다.

프로듀서

제작자와 기획자와 프로듀서의 역할을 정확하게 나누는 것이 현실적으로는 어렵다. 세 가지 역할을 하는 사람이 세 명일 수도 있지만 때로는 제작자 역할과 기획자 역할을 한 사람이 할 수도 있고 제작자, 기획자, 프로듀서의 역할을 프로듀서 혼자서 다 할 수도 있기 때문이다.

프로듀서(producer)는 영화 프로젝트의 이야기 구성부터 계발과 제작, 그리고 홍보와 개봉에 이르는 모든 과정에 직접 참여하는 사람이다. 프로듀서라면 프로젝트의 잠재적인 성공 가능성을 직감적으로 알아차려야 하며 적절한 감독과 배우를 선택하는 창조력 또한 갖추고 있어야 한다. 모든 제작과, 창조력을 필요로 하는 결정을 내릴 때 프로듀서의 판단은 절대적이다. 그러나 프로듀서가 프로덕션 매니저와 감독에게 적절한 권한을 위임했다면 이런 권력을 행사할 경우가 거의 없을 때도 있다. 이런 높은 프로젝트 관여도 덕분에 어떠한 프로젝트에 대해서라도 최상의 조사 자료 정보는 프로듀서로부터 나온다고 해도 과언이 아니다. 프로덕션 디자이너와 프로듀서의 관계 역시 그만큼 중요하다.

프로덕션 매니저

프로덕션 매니저(production manager)는 막대한 자금이 투입되는 예산을 잡고 지출을 관리하는 직책이다. 그러므로 각 파트가 어떻게 운영되는지에 대해 지대한 관심을 보인다. 미술 파트 역시 예외가 될 수 없다. 프로덕션 디자이너는 프로덕션 매니저에게 항상 지출 상황과 예상되는 지출에 대해 상세히 보고해야 한다. 일정 변경, 기후 악화, 촬영지 변경, 또는 대본 수정으로 인한 예산의 변경 또한 항시 보고할 준비가 되어 있어야 한다. 각 세트의 제작을 승인하는 사람이 바로 프로덕션 매니저이다.

프로덕션 코디네이터

프로덕션 코디네이터(prodution coordinator)는 모든 스태프가 신세를 지게 되는 사람으로 제작 사무실의 총괄 관리자이다. 전화 메시지, 서신, 출장 예약, 숙박 예약, 콜 시트, 출연진과 스태프 명단, 사무용품, 전화, 출근 카드, 외상 장부, 협상 메모, 프로덕션 커피가 바닥나지 않도록 신경 쓰는 잡무 등이 프로덕션 코데네이터가 처리하는 업무이다.

회계 담당

회계 담당(accountant)은 프로덕션 전체의 지출을 관리하는 책임자다. 효율적인 회계 담당은 제작 예산을 기준으로 현재 지출 내역을 일별로 알려 줄 수 있다. 미술 파트에서 지출을 담당하는 사람은 회계 담당과 늘 지출 내역을 서로 확인하고 검증해야 한다.

로케이션 매니저

로케이션 매니저(location manager)는 촬영지 소유주 및 지역 당국과 연락을 취하는 일을 한다. 촬영 팀에서 가장 분주한 인력이며 촬영지에 가장 먼저 출근하고 장치 장식 팀이 촬영 시작 전 촬영지에 들어갈 때 필요한 출입 열쇠를 유일하게 맡고 있는 관리자이다. 주말이나 심야 중 세트에 안전 조치가 필요하다면 로케이션 매니저에게 부탁해야 한다.

헌팅 매니저

헌팅 매니저(hunting manager)는 시나리오를 바탕으로 한 프로덕션 디자이너의 콘셉트 스케치를 기본으로 연출적인 요소와 프로덕션의 요소를 잘 소화하는 로케이션을 책임지는 사람이다. 헌팅 매니저는 로케이션을 리서치하여 현장을 확인하고 최종적으로 장소가 결정되면 프로덕션의 요소를 충족할 수 있는 환경, 계약, 법률 등을 조성해야 한다. 또한 촬영 종료 후 원상태로 복구하는 것도 책임져야 한다.

시나리오 작가

시나리오 작가(writer)는 영화의 대본인 시나리오를 직접 집필하는 사람이다. 시나리오 상에 나타나는 모든 것, 즉 작품의 내용에서부터 인물들의 묘사, 배경 등을 직접 글로 쓰는 작업을 하는 사람이다. 시나리오 작가는 방송 대본을 집필하는 작가와 역할이 동일하지만 방송 대본을 집필하는 작가는 일반적으로 스크립터라고 부르고 영화 대본을 집필하는 작가는 시나리오 작가라고 부른다. 영화에서 말하는 스크립터는 스크립트 수퍼바이저를 말한다.

시나리오 작가는 혼자서 독창적으로 집필하는 경우도 있지만 여러 사람이 공동으로 집필하기도 한다. 시나리오는 영화의 가장 핵심적이고 기초가 되는 작업이고, 영화의 흥행 여부와 밀접한 관련이 있다. 할리우드나 유럽에서는 영화 제작 시 감독 못지않게 시나리오 작가를 높이 평가해준다. 한국에서도 시나리오 작가들의 중요성이 점차 부각되고 있다.

03
연출 파트

영화감독

영화감독은 영화 제작 과정을 책임지고 때로는 영화 전체의 영상과 최종 마무리를 담당하는 사람이다. 영화감독은 제작자로부터 의뢰받은 시나리오를 토대로 등장 인물 캐스팅, 촬영 대본 작성, 제작 스태프 구성, 로케이션 헌팅 등의 준비를 거쳐 촬영 및 녹음, 편집을 하여 영화를 완성한다. 감독은 프로젝트 성격, 제작자와의 관계, 그 자신의 명성 등 처한 환경에 따라 그 역할이 매우 다른데 저예산 영화나 다큐멘터리에서는 제작자를 겸하는 경우가 많다. 영화의 전 과정을 통제하기도 하며 상업영화에서는 단순히 제작자에게 고용되어 영화를 기능적으로 완성하는 역할에 머무는 경우도 있다.

감독은 글로 이루어진 스토리만 존재할 뿐인 시나리오를 필름으로 옮기는 역할을 하며, 그 양상에 따라 완성도가 좌우되는 일이 비일비재하여 프로듀서와 함께 영화 제작의 가장 중요한 역할을 한다. 영화 제작에 가장 바람직한 것은 감독이 영화에 대한 자신의 입장, 예술적 효과, 매체에 대한 지식을 바탕으로 제작의 시작부터 끝까지 주도권을 쥐고 가는 것이다. 제작비와 배급 비용은 입장 수입 및 판권 수입으로 회수할 수밖에 없으므로 감독은 당연히 관객이 선호하는 영화를 만들어야 한다.

제작의 첫 번째 단계부터 감독은 시나리오를 집필하고 시나리오 작가와 호흡을 맞추어야 한다. 감독은 항상 제작자와 긴밀한 관계 속에 작업해야만 필요한 예산을 얻고 자신의 머릿속에 구상한 그대로를 영화에 담을 수 있게 된다. 감독은 캐스팅에 관여하고 프로덕션 디자이너나 미술감독과 함께 작업하며 어떤 작업을 야외에서 촬영할지 또는 스튜디오에서 작업할지 등의 문제를 결정한다.

감독은 촬영감독과 함께 조명, 쇼트, 효과 등을 계획하고 어떤 기법을 사용할지 연구한다. 어떤 경우에는 감독이 특수효과 촬영에 대한 해박한 지식을 갖추고, 특수효과팀과 함께 첨단 기술을 동원하여 장면을 연출해 내야만 한다.

감독은 배우들과 함께 등장인물을 해석하는 작업을 하며, 촬영의 경제적인 문제, 촬영 장소의 문제, 일정 문제 등을 결정한다. 프로덕션 일정은 여러 가지 사정으로 인해 순서에 차질이 생기는 일이 허다하므로 감독은 늘 영화를 전체적으로 바라보면서 적절하게 순서를 정하고 함께 작업하는 스태프와 연기자들에게 자신의 비전을 전달해야 한다. 촬영이 진행되는 동안에도 배우의 연기, 카메라와 조명, 수많은 세부 사항들에 대해서 항상 신경을 써야 한다. 그리고 전날 촬영한 시사용 프린트를 꼼꼼하게 살펴보고 나서 이후의 촬영 계획을 결정해야 한다.

촬영된 필름을 마무리하는 후반 제작 단계에서 감독은 편집자와 함께 작업에 들어가 있어야 하며 그 이후 편집, 사운드, 음악 등의 최종 마무리에 관여해야 한다. 영화는 많은 사람이 관여하는 분야이기 때문에 한 사람의 역할이 어디서부터 어디까지인가를 판별하고(업무 분장 파악이 중요) 영화는 또한 참여하는 사람들만큼 기술도 중요시되는 예술이다. 바로 이런 이유들 때문에 감독의 역할은 더욱 중요하다.

감독은 기술자이자 예술가인 동시에 모든 개별 요소를 디자인하고 그것에 통일성과 응집력을 부여하는 창조적인 인물이다. 영화를 찍고 영화에 정신과 의미를 부여하는 것은 바로 감독의 상상력과 감각이다.

영화감독 아래에는 감독을 도와 촬영 스케줄을 준비하며 제작진을 감독하는 스태프들로 제1조감독, 제2조감독, 제3조감독, 제4조감독, 제5조감독 등이 있다. 영화의 규모에 따라 조감독의 수와 역할이 약간씩 달라지는데 예를 들어 규모가 큰 액션 영화라면 조감독들의 역할을 다음과 같이 나눈다. 제1조감독은 전체 책임자, 제2조감독은 배우, 의상, 분장, 헤어 관리, 제3조감독은 세트, 세트 데코레이션, 소품 관리, 제4조감독은 VFX(특수효과) 및 액션 연출, 제5조감독은 현장 진행 및 슬레이트 관리를 한다. 조감독들의 역할을 조금만 더 살펴보자.

조감독(제1조감독)

조감독의 업무는 시나리오 작업 및 각색에 참여하고 주요 캐스팅 오디션, 로케이션 헌팅, 제작기획 회의에 관여하며, 촬영감독, 프로덕션 매니저와 함께 카메라 셋업 수 및 순서를 정하는 것이다.

또 리허설과 슈팅 상황을 진행하고 브레이크 다운 시트(breakdown sheet) 및 각종 양식을 작성하며 감독을 대행하여 액션, 컷을 수행하기도 한다. 배우의 시선 매칭을 수정하며, 엑스트라 통제 및 동선을 설정하고 프로덕션 매니저와 함께 단역 배우를 캐스팅하기도 한다. 촬영 진행 사항을 검토하고 수정하며 식사, 야식 시간을 조절하고 통제한다. 미술감독 및 소품 책임자와 소도구의 배치 설정을 구상하고 각 스태프 파트 담당자들과의 연결 고리 역할을 수행한다. 프로덕션 일지를 기록하며, 순서 편집 진행에 참여한다.

제1조감독은 직접 부딪치는 실무진들의 업무를 정확히 파악하고 있어

야 한다. 실무진들과의 관계가 유기적이어야 하고 각 업무에 대해 구체적이고 상세히 알아야 한다. 미술에도 조감독별로 각 담당자가 있다.

제2조감독
제2조감독은 촬영 세트 현장이나 야외촬영 장소에서 제1조감독의 일을 돕는 역할을 한다. 시나리오 각색 작업에 참여하며 의상, 분장, 소품 구분표를 작성하고 배우의 의상, 장신구, 분장, 헤어 연결을 담당한다. 스크립트 수퍼바이저(script supervisor, 연출 스크립트)를 보조하고 소품팀과 각종 소도구의 배치를 협조하며, 보조 연기자를 관리하고 통제한다. 스태프, 배우의 콜시트를 작성하고 배포한다. 촬영 인원의 숙박과 식사를 준비하며, 영화 촬영에 관여하는 여러 부서 간의 연락 업무를 수행한다.

제3조감독
제3조감독은 감독과 스태프의 사이의 각종 촬영 현장 업무를 수행하는데 주로 감독과 조감독 간의 연락 업무를 담당한다. 연출부의 비품을 관리하며 각종 연출부 양식의 작성을 보조하며, 다양한 촬영 현장 상황에서 필요한 잡무를 처리한다. 제작부와 프로덕션 어시스턴트와 협조하며 제2조감독과 함께 보조 연기자 관리 및 통제를 하며, 연출에 필요한 리서치 업무를 수행한다.

스크립트 수퍼바이저
스크립트 수퍼바이저(script supervisor)는 보통 스크립터라고 부르는데, 영화 촬영 현장에서 각 장면들의 연결과 촬영시 필름과 사운드에 기록되는 사항을 기록한다. 촬영 분량과 필름 잔량, 촬영 진행되기 전에 준비된 콘티를 확인한다. 매 컷이 넘어갈 때 슬레이트에 기록된 컷 번호와 콘티의 컷 번호, 스크립트 페이퍼에 기록되는 컷 번호가 같은지 확인하고 변동이 있으면 기록한다. 카메라 매거진에 쓰여진 롤 번호를 확인하고 어느 컷이 어느 롤에 위치하는지 기록한다. 연결되는 각각의 쇼트가 영상 구성에 있어 이해하기 쉽고 부드럽게 하나의 흐름을 유지하도록 배우의 연기 동작, 방향, 의상, 소품 등을 기록한다. 촬영이 다음 회차로 넘어가거나 장소 이동, 시간 변화가 있을 때에는 촬영의 연속성을 위해 연기자의 의상, 분장, 소품 세트 장치를 디지털 카메라 또는 비디오 카메라로 기록해 둔다.

촬영 현장에 현장편집기사가 없는 경우 대신 비디오를 복사하고 감독이나 촬영감독이 컷의 연결을 확인하고자 할 때 제시하는 일도 스크립터의 몫이다. 모든 촬영 회차별 스크립트 용지를 보관하고 결속하여 편집실에 전달하며, 촬영 중 배우가 즉흥연기로 시나리오에 없는 대사를 말할 경우에는 이를 기록해 두었다가 포스트 프로덕션에서 녹음 대본에 기입하여 사용한다.

편집기사가 쇼트의 배열 순서를 잡는 데 협력하며, 스크립트 용지를 촬영 순서가 아닌 영화 진행 순서로 다시 배열하고 편집에 사용될 컷이 어느 테이크를 사용했는지 녹음 대본에 기록하며 연출부가 믹싱 작업 전에 녹음 대본을 만들 때 대사 부분을 작성한다. 최종 녹음 대본을 토대로 심의 대본을 만든다.

현장편집기사

영화 제작 현장에서 녹화한 필름을 즉시 확인하여 컷을 붙이고 자르는 등의 편집을 한다. 시나리오 검토 후 영화감독과 촬영방향 및 콘티에 대해서 논의한다. 제작 현장에서 각 장면의 녹화가 끝나면 신속하게 편집 소프트웨어를 이용해 각 컷을 순서대로 붙인다. 자연스러운 장면 연결을 위해 장면 전환시 배우들의 의상 및 분장 등이 일관적이고 통일성이 있는지 확인한다. 영화감독과 함께 부족한 장면이 있는지 검토한다.

스토리보드 작가

스토리보드 작가는 영화감독의 표현 구상과 영화적 상황을 그림으로 형상화하는 일을 한다. 한국 영화 현장에서는 스토리보드와 콘티가 혼용되는 경우가 많기 때문에 콘티 작가라고도 한다.

스토리보드는 시나리오를 대충 시각화해서 피사체와 카메라 움직임의 골격만을 표현한 러프 보드, 프레젠테이션용 스토리보드, 실제로 촬영 현장에서 콘티로 사용하는 스토리보드의 세 가지로 나눌 수 있다. 스토리보드 작가는 시나리오를 이해하고 로케이션 및 세트 설계도, 헌팅 이미지를 확인하여 스토리보드를 구성하며 감독과 협의하여 표현하고자 하는 주요 장면, 특수효과, 불꽃 장면, 군중 신, 액션 신, 복잡한 카메라의 움직임, 몽타주 시퀀스, 오프닝 신과 마감 신 등의 우선순위를 정하고 순서대로 작업한다. 종이와 연필, 목탄, 잉크 등을 사용하여 드로잉하거나 사진, 비디오, 컴퓨터 그래픽 프로그램을 이용한다.

스토리보드 작가는 영화감독과 함께 스토리보드의 교정 작업을 하며 스토리보드 작업을 완료하여 콘티 북 즉 촬영 현장의 가이드 북을 완성하여 사용한다.

캐스팅 디렉터

오디션을 통하여 신인 배우를 선발하거나 활동하고 있는 배우를 선정하여 영화의 주연 및 조연 배역에 가장 적합한 배우를 섭외한다.

시나리오를 바탕으로 등장인물의 성격을 분석하여 각 배역에 적합한 배우를 섭외하기 위해 배우들의 대한 정보를 분석한다. 신인 배우를 발탁하기 위하여 공개 오디션을 주최하고 배역 후보를 선정한다.

확정된 배우의 작품 계약을 대행하며 배우의 스케줄을 관리, 조정하며, 영화 제작자, 영화감독, 시나리오 작가 등과 진행 사항에 대하여 협의한다.

배우

배우에는 주연 배우, 조연 배우, 단역 배우, 보조 연기자 등이 있다. 프로덕션 디자인 분야 가운데 캐릭터 디자인과 관련된 의상, 분장, 헤어는 배우와의 커뮤니케이션이 매우 중요하다. 배우가 분석하고 설정한 캐릭터 이미지가 미술 파트의 작업에 영향을 미치며 그 반대의 경우도 물론 많다.

04 촬영 파트

촬영감독

촬영감독은 촬영의 총책임자로서 촬영 세트와 야외의 촬영 현장 조명, 화면 구도, 이미지 색상, 카메라 선택부터 렌즈, 필터, 필름 선택, 카메라의 위치, 카메라 움직임, 특수효과 완성 등의 역할을 한다. 더불어 필름의 현상과 프린터 작업에도 관여한다.

촬영감독은 한편의 영화에서 영상의 균형과 통일성을 책임져야 하기 때문에 각각의 장면을 촬영할 때 조명과 색상에 신경을 써야만 한다.

촬영감독은 일반적으로 영화의 촬영 전 준비 단계부터 참여를 하는데 감독이 원하는 이미지에 대하여 서로 의견을 나누고 그가 할 수 있는 일은 무엇이고, 그것을 어떻게 할 수 있는지를 설명하는 등 영화의 시각적 개념을 구축하는 데 도움을 준다.

촬영감독은 영화 세트의 배열에 관하여 프로덕션 디자이너와 상의해야 하는데 세트 구조가 카메라 움직임과 밀접한 관계가 있기 때문이다. 아울러 화면의 구성, 색상은 물론이고 배우의 의상까지 촬영감독의 의견이 반영된다. 물론 감독이 영화의 전반적인 모든 책임을 지고 권한을 행사하지만 스크린에 비치는 화면에 대한 최종적인 책임은 촬영감독 자신만의 스타일과 독특한 독창성을 이루기도 한다. 촬영감독은 감독과 영화 제작의 두 축으로 둘 사이의 의사 소통이 영화 작품의 완성도에 심대한 영향을 미친다. 촬영은 수중 촬영, 항공 촬영, 스테디 캠, 헬리 캠 등이 있다.

촬영조수

촬영 인력 구성을 보면 카메라 오퍼레이터와 포커스 풀러를 하는 제1조수, 클래퍼 돈러 제2조수 등이 한 팀을 이루며 그 외에 여러 담당자들이 그를 조력하는데, 촬영조수는 촬영감독을 도와 촬영 현장에서 촬영 장비의 설치 및 작동, 필름 장전, 초점 맞추기, 렌즈 교환 등의 업무를 수행한다.

촬영조수는 카메라와 관련된 장비들이 손상되지 않도록 관리하고 책임지며, 카메라 본체와 액세서리들이 목록과 일치하는지 확인하며, 본체의 게이트 마스크, 마운트 등에 문제가 없는지 확인한다. 카메라의 움직임에 이상이 없는지 확인하며, 매거진이나 카메라 본체 안쪽에 마모된 부분이나 스크래치가 있는지 확인하며, 카메라가 정상적인 스피드 24프레임으로 돌아가는지 테스트한다. 트라이포드에 카메라를 장착하고 안전성을 확인한다. 카메라를 놓지 않고 슈팅 시간이 아닐지라도 한 손에 카메라를 잡고 있는다. 포커스는 움직임에 맞게 포커스 이동(focus follow)을 해 준다.

줌 인과 줌 아웃이 필요할 때 감독이 원하는 속도대로 맞추어 주며, 슈팅 도중에 조리개 수치를 바꾸어 주는 역할을 한다. 촬영에 필요한 모든 필터의 교체 및 관리를 담당한다. 매거진과 카메라 사이 카메라 게이트에 불순물이나 필름 자투리 등이 남았는지 필름을 새롭게 바꿀 때마다 확인한다. 배터리가 충분히 충전되었는지 확인하며, 다음 쇼트에 필요한 필름이 충분히 매거진에 남아 있는지 계산하고 확인하며, 필름이 매거진에 얼마 남지 않아 두세 번 셋 업 뒤 새 필름으로 교체해야 하는 경우에 미리 영화 조감독에게 알린다.

리코딩이 되고 다시 촬영할 수 있는 여건이 되었을 때에도 조감독에게 알려 촬영이 신속히 재개될 수 있도록 한다. 모든 카메라 부원에게 다음 번 촬영 콜 타임 시간과 장소를 전달하며 카메라를 여러 대 동원할 때는 카메라 작동을 담당한다.

촬영과 미술 파트와의 관련은 굳이 설명할 필요조차 없다. 장면을 카메라 앵글 안에 담는 것이 촬영 파트의 업무라면 그 앵글 안에서 보여지는 모든 것에 관여해야 하는 것이 미술이기 때문이다.

데이터 매니저

1989년 소니는 최초로 필름 없이 전자 메커니즘에 의존하는 새로운 종류의 카메라 아비카(Avica)를 발명했다. 1990년대 이래 디지털 카메라 시대의 도래는 셀룰로이드 필름의 종말을 가져왔고, 독일의 아그파 필름, 미국의 코닥 필름, 일본의 후지 필름 등 디지털 시대에 조응하지 못한 주요 필름 제작사들이 문을 닫게 되었다.

디지털 카메라는 필름 대신 이미지 센서를 이용해 영상을 기록한다. 디지털 카메라는 입력장치로서 렌즈를 지닌 컴퓨터이며 빛은 수치적 계산을 통해 이미지 픽셀로 변환된다. 디지털 데이터는 메모리 카드나 하드 디스크에 저장되는데 필름이라는 화학 물질은 디지털 파일로 대체되고 현상과 인화를 거치는 필름의 복잡한 화학적 과정은 소멸한다.

디지털 카메라를 통해 반복 촬영의 부담이 줄어들고 값싸고 편리한 제작이 가능해졌다. 디지털 카메라는 즉각적이고 쌍방향적인 피드백이 가능하며 촬영된 디지털 데이터는 컴퓨터 소프트웨어를 통해 편집된다. 디지털 카메라는 화질의 손상 없이 무제한 복제가 가능하며 디지털 편집은 때로 촬영의 한계를 극복하기도 한다. 필름의 소멸과 디지털로의 전환은 컴퓨터 합성의 미학을 가능하게 한다. 이런 디지털의 사용으로 탄생하는 데이터를 백업, 저장하거나 관리하는 책임자가 데이터 매니저다.

데이터 매니저가 촬영된 화면들의 상태를 검토해서 최종적으로 문제 없다는 사인이 떨어져야만 사실상 모든 것이 끝날 수 있다. 만에 하나 열심히 촬영한 결과물이 데이터 상으로 문제가 생겼다면 재촬영이 불가피할 수도 있다.

그립

그립(grip)의 의미는 본래 감독의 지시를 따르는 스태프를 뜻하는데 그 가운데 달리(dolly) 즉 이동 촬영을 위한 차량을 다루는 사람을 달리 그립(dolly grip)이라고 칭하고 그 가운데 팀장을 키 그립(key grip)이라고 한다.

달리, 즉 이동차는 장비 자체가 복잡하고 전문성이 필요하며 촬영 중에 그 움직임이 중요하기 때문에 대규모 촬영의 경우 달리만 전문적으로 책임지는 달리 그립을 두는 경우가 많다. 달리 그립은 달리를 조립하거나 분해하고 촬영 시에는 진동 없이 달리를 움직이며 달리 트랙의 정확한 지점에서 달리를 멈추는 일 등을 한다.

미술 파트와 그립이 작업 과정에서 직접 소통하는 일은 많지 않다고 볼 수 있지만 그립은 촬영 파트와 함께 작업하기 때문에 상황에 따라 협조가 필요할 수 있다.

05
조명 파트

조명 파트는 영화 촬영을 위해 조명 장치를 설치·조절하며, 시나리오의 분석을 통해 작품의 내용, 제작 의도, 성격을 파악한 후 공간이나 장소의 기본 설계를 파악하고 조명 계획을 세운다. 촬영 현장에 따라 축전지 또는 발전기의 사용 여부를 결정하고 투광 조명기, 반사판, 집중 조명 등의 조명 장비를 설치한다. 촬영에 필요한 전반적인 조명 상태를 점검하고, 일정한 주기로 전등을 교체하며, 축전지의 충전 장치에 발전기를 넣고, 출연자의 동선에 따라 조명 설비를 조직하고 조도, 시간, 색상을 조절한다.

조명감독

조명감독(lighting director, gaffer)은 조명 디자인을 계획하기 위해 촬영감독과 협의하며, 세트 규모, 인원, 카메라의 위치, 분위기 등을 파악하여 조명의 연출 방법, 시간, 조합 순서 등을 계획한다. 조도, 색 온도, 조명 효과 등을 확인하며 조명 관련 종사원의 업무를 할당한다. 조명 기구의 설치를 감독하며 조명 기술을 개발하고 조명 장비를 관리한다.

조명 파트는 조명 팀원들 외에 조명 스크립터, 발전 기사, 크레인 기사의 조력을 받는다.

조명 팀원

조명 팀원은 조명감독의 조력자로서 조명과 전기 관련 업무를 맡아 줄 사람들로 선발해서 운영한다. 촬영 전에 조명 기자재를 점검하고 조명감독에게 보고하며 조명 팀의 일지를 작성하고 정리한다.

조명 스크립터

조명 스크립터는 촬영 중인 쇼트와 조명 세팅 장면을 사진으로 기록하며, 노출 값, 렌즈, 필름 값 등의 기본적인 수치를 기록하며 조명의 설치 상태, 촬영 상황 등을 기록한다. 촬영 회차, 신(scene) 장면에 대한 설명과 노출, 감도, 렌즈 치수, 카메라 워킹, 반사 노출, 조명 기구의 전면에 대한 정보도 기록한다.

발전 기사

발전 기사는 촬영 현장의 전력 공급을 하기 위한 발전기 또는 발전 차량을 운행하고 관리하는 책임자이다. 현장의 조명 관련 전력 공급을 기본으로 모든 전기 사용 장치의 전력을 적절하게 공급하고 관리해야 한다.

06
녹음 파트

동시녹음 기사

동시녹음 기사는 현장 사운드 녹음, 마이킹의 책임자이며, 영화 촬영 현장에서 배우의 대사, 주변 소리를 녹음한다. 시나리오를 바탕으로 장면, 등장인물의 성격, 배우의 특징 등을 파악하고 분석한다.

동시녹음 기사는 시나리오 콘티를 검토하고 영화감독과 함께 제작 현장 녹음을 위한 계획과 촬영 과정에 대해 논의한다. 현장의 주변 상황을 살펴본 후 흡음재, 붐 마이크 및 와이어리스 마이크 사용 여부를 결정한다. 녹음 장비를 이용하여 배우들의 대화 및 현장 주변의 소리를 녹음한다. 촬영이 종료된 후 배경 소리를 따로 녹음하기도 한다. 녹음이 끝나면 녹음 기록장에 녹음과 관련된 내용을 기록하며, 현장 녹음 관련 종사원의 업무를 감독하고 조정한다.

동시녹음은 로케이션 현장에서의 잡음 통제에 한계가 있고 세트 촬영 중에는 카메라, 조명 장비, 발전 장비 등에서 미세한 잡음이 새어 나와 음질을 떨어뜨리는 단점이 있기 때문에 현대 영화에서는 동시녹음에 후시녹음을 보완하는 방법을 쓰며, 한국에서는 대사는 동시녹음으로 채록하고 내레이션, 효과음, 배경음 등은 후시녹음으로 작업하는 방법을 쓴다. 조력자로서 붐 오퍼레이터와 붐 어시스턴트가 있다.

촬영 현장에서 녹음 파트와 미술 파트의 협력도 자주 필요하다. 예를 들면 문에서 필요 없는 잡음이 들릴 경우 미술 파트의 수정이 필요하고, 배우의 대사와 소품의 효과음이 중첩될 경우 조정이 필요한 경우도 많이 생긴다. 미술적 요소 가운데 소리가 생길 수 있는 것들, 혹은 소리가 필요한 것들에 대해 사전에 녹음 파트와 상세한 상의와 계획을 해야 한다.

07
특수효과 파트

특수효과는 상상이나 허구의 사건을 영상으로 가공해 내기 위해 이용되는 특별한 기법들을 총칭하는 것으로 SFX(special effects)라고도 한다. 특수효과는 크게 광학 효과와 기계적 효과로 구분된다. 광학 효과는 촬영 기술을 통해 이미지를 창조하는 기술로 다중노출이나 매트 기법을 사용해 촬영 중에 카메라 자체에 효과를 만들어 내는 방법과 후반 작업 과정에서 광학 프린트를 이용해 효과를 만들어 내는 방법 모두를 포함한다. 그리고 기계적 효과는 일반적으로 실사 촬영을 통해 구현되는 것으로 기계화된 소품, 특수분장, 화공효과, 각종 기상 효과를 포함한다.

특수효과는 90년대 이후 CGI(computer generated imagery) 기술이 발전하고 디지털화되면서 거의 모든 영화에서 비교적 쉽게 쓰이고 있으며, CGI 덕분에 영화 제작에서 더욱 안전하고 확실하게 더 많은 특수효과를 만들어 낼 수 있는 자유가 주어졌다.

특수효과의 사용 여부와 범위는 미술 작업과 관련이 많다. 예를 들어 비오는 장면을 찍을 때는 얼마만큼의 비를 어디까지 오게 할지 파악한 뒤 사전에 방수 처리를 하는 등의 조치를 해 두어야 하기 때문이다.

08 액션 파트

무술감독

액션 장면이 많은 영화에서는 특별히 무술 감독과 스턴트 맨이 투입된다. 무술감독은 영화에 출연하는 배우나 연기자에게 무술 연기를 지시하며 영화감독과 무술 촬영에 대해 협의한다. 또 시나리오를 분석하고 배역이 결정되면 그 배역의 신체와 비슷한 스턴트 맨을 선정한다.

무술 촬영 현장의 세트 디자인을 검토하고 촬영 계획을 세우고 무술 촬영 현장 및 준비 과정을 확인하는 것 역시 무술감독의 일이다. 대본을 토대로 연기자에게 무술 장면을 지시하고 필요하면 연기자에게 무술 지도를 한다. 촬영 장면을 확인하고 필요하면 재 촬영을 유도한다.

스턴트 맨

스턴트 맨은 무술감독의 지시 하에 영화의 특정 상황에 맞는 복장이나 분장을 하고 주연 배우를 대신하여 자동차나 말에서 뛰어내리는 등의 위험하거나 특수한 연기를 한다. 연기의 특성상 고강도 체력 훈련이 필수적이며 액션, 카 스턴트, 대역 등의 역할이 있다.

미술 파트와 액션 파트의 커뮤니케이션 역시 매우 다양하고 중요하다. 무술 촬영 현장의 세트 디자인이나 의상, 분장, 소품 관련해서 접점이 많기 때문에 상호 원만한 협조 관계를 유지하도록 노력해야 한다.

09 편집 파트

촬영 이후의 필름 편집을 책임지는 편집 감독, 즉 필름 에디터(film editor)는 촬영한 영상이나 음향 중에서 선별한 장면과 컷을 배열하는 일을 한다. 촬영된 영상을 재구성하고 편집하고 네거티브 필름을 자르고 연결하여 최종 필름을 완성한다. 시나리오를 확인하고 영화 촬영 시에 작성한 촬영 기록을 검토한다. 영화감독과 협의하여 영화의 목적에 맞게 편집 방향을 설정한다. 베타 테이프 및 동시 녹음 테이프를 편집기에 입력시켜 화면 및 소리를 동기화시킨다. 영상을 재구성하고 영상의 순서를 정하는 순서 편집을 한다. 영화감독과 협의하여 본 편집을 한 후 최종적으로 필름을 편집한다. 컴퓨터 그래픽 영상 효과, 자막 등을 삽입한다. 최종 필름을 만들기 위해 네거티브 필름의 불필요한 부분을 스플라이서를 이용해 자르고 필름을 순서대로 연결한다.

10 음악 파트

음악감독

음악감독은 영화에 사용될 음악을 선정하거나 작곡 및 편곡을 한다. 시나리오를 보고 영화감독과 함께 영화의 성격 및 진행 흐름에 대해서 협의한다. 음악이 삽입될 장면 및 상황에 들어갈 음악을 선정한다. 선정한 곡을 편곡하거나 새로운 곡을 작곡한다. 앨범을 제작할 경우 가수, 세션 맨 등을 선정하기도 한다.

11 사운드 파트

현장에서 녹음된 대사, 후시 녹음 ADR을 통해 녹음된 대사, 폴리 사운드, 다른 효과음, 음악 등이 모여 영화의 사운드 트랙이 완성된다. 분리된 수많은 채널로 녹음된 사운드들은 믹싱 보드에서의 조절에 의해 소리의 크기나 성격 등이 조절된다. 영화를 볼 때 자연스럽게 받아들였던 소리들의 이면에는 우리가 미처 알지 못했던 사운드의 섬세한 조율이 있다.

음향 효과

음향 효과(sound effect)를 담당하는 녹음 기사는 녹음 장치를 이용하여 영화 제작에 사용되는 소리, 음악, 목소리 등을 녹음한다. 영화감독과 함께 녹음해야 할 대상, 대본 등을 확인하고 녹음 절차 및 방법을 논의한다. 녹음기 및 녹음 장비를 조작하여 녹음할 대상을 각각 녹음한다. 또한 믹싱 장비 믹서를 조작하여 각기 녹음 전 대사, 음악, 효과음 등을 믹싱하거나 노래, 악기, 연주음 등의 트랙을 믹싱하여 하나의 소리로 통합한다. 완성된 녹음 내용을 수정하여 DAT(digital audio tape), CD나 파일로 저장하며, 촬영된 배우의 대사, 음향 효과, 음악 등을 믹싱하는 일도 담당한다.

폴리

폴리(foley sound)는 사운드 스튜디오에서 다양한 소도구와 장비를 이용해 소리를 만들어 내는 작업이다. 촬영 때 미처 잡아 내지 못했거나, 잡아 냈더라도 미진했던 소리를 채우는 것인데 폴리 사운드의 기본적인 기능은 영화 속 액션에 적절한 소리를 매치시키는 것이다. 어떤 장면에서의 배경 소리, 발자국 소리, 문 여닫는 소리 등 여러 가지가 있으며 현장의 동시 녹음 시에는 배우의 대사에 집중하느라 소홀하게 녹음되었던 소리들을 폴리 사운드에 녹음시켜 완성한다.

12
그 외 스태프들

메이킹 필름

메이킹 필름(making film)은 영화 제작의 뒷얘기를 다큐멘터리로 엮는 일인데 근래에는 메이킹 필름 제작이 점차 활발해져서 케이블 TV나 비디오 등을 통해 선보이고 있다. 영화 선진국에서는 영화 팬 서비스와 해외 판매 홍보 차원에서 완성도 높은 메이킹 필름 제작에 심혈을 기울여 왔다. 영화 제작에서 기획부터 촬영 현장, 제작자들의 고민 등 한 편의 영화가 탄생하기까지의 모든 과정을 담는다. 메이킹 필름의 기능은 기록과 홍보이다. 영화 제작 전 과정을 기록해 둠과 동시에 마케팅이나 홍보에 쓰기도 한다.

메이킹 필름을 위해서 세트를 찍기 위해 미술 파트에 협조를 요청할 경우도 있고 세트나 의상, 소품 관련한 인터뷰 요청을 할 때도 있는데, 당연히 성의껏 응해 주는 것이 좋다.

현장 스틸 맨

스틸 맨(still man)은 영화를 제작하는 동안 장면, 인물 등의 사진을 촬영한다. 영화의 홍보 및 보도용 사진을 촬영하기 위해 영화 제작 현장에서 카메라를 조작하는데 영화 기획사의 마케팅 관련 담당자와 협의하여 스틸 사진 촬영 계획을 세운 뒤 작업한다. 촬영한 사진의 NG, OK 컷을 선별하고 편집 프로그램을 이용하여 사진을 수정한다. 장면별, 촬영일별로 구분하여 파일로 저장한다.

시각 효과 수퍼바이저

시각 효과 수퍼바이저(computer graphic supervisor)는 미학적 결정, 기술적 솔루션 결정, 소프트웨어 선택, 그리고 3D 작업의 제작 과정 전체에 대한 책임을 진다. 3D 작가팀을 리드하고 그 팀에서 창조한 3D 요소들의 지속성과 품질에 대해 책임을 진다.

컴퓨터 그래픽

CG(computer graphic)는 컴퓨터를 이용하여 그림을 그리는 작업이다. 키보드 및 입력 장치를 이용하여 도형을 형성하는 데이터를 기억시킨 다음 매개 변수를 바꾸어 가면서 도형을 임의로 그려 낼 수 있다. 컴퓨터 그래픽은 3차원 물체를 표현하는 것은 물론 사람의 눈으로 확인할 수 없는 우주의 구조나 미지의 세계에 대한 형상, 상상의 세계를 표현할 수 있어 영화 및 애니메이션 분야에 광범위하게 이용되고 있다.

현상

디지털 촬영에서는 현상 작업이 필요 없다. 하지만 영화인으로서, 촬영된 필름을 현상하는 과정에 대한 기초적인 이해 정도는 하고 있어야 한다. 간단하게만 살펴보자.

현상(developing)이란 빛에 노출되었으나 아직 보이지 않는 이미지, 즉 잠상을 드러나게 하는 작업이다. 보통은 정착(fixing), 수세(washing), 건조(drying)를 포함하는 프로세싱을 뜻하지만 좁은 의미로는 노광된 필름을 현상액에 의해 가시상으로 처리하는 것을 뜻하고 정착 이후의 처리는 포함되지 않는다.

1) 네거티브 필름의 현상 과정은 다음과 같다. 우선 유제층의 실버 핼라이드 크리스털(silver halide crysyal)이 광선에 노출되면 화학 작용에 의해 잠상을 가진 은입자로 바뀐다. 여기에 현상액 처리를 하면 잠상을 가진 은입자는 불투명한 메탈릭 실버가 된다. 그 결과 빛에 노출된 유제층 부분은 메탈릭 실버를 갖게 되어 빛을 비추면 어둡게 나타난다. 반면 빛에 거의 노출되지 않은 부분은 메탈릭 실버를 덜 갖게 되어 상대적으로 투명한 부분으로 나타난다. 빛에 노출된 부분은 실제로는 밝은 부분인데 이것이 현상에서는 불투명하게 나타나 어둡게 보이고 노출되지 않은 부분은 투명하게 보이는데 이것이 바로 네거티브이다.

2) 리버설 필름의 현상은 다음과 같다. 먼저 빛에 노출된 잠상을 현상액으로 잠상의 은입자를 메탈릭 실버로 바꾸어 놓은 다음 이를 표백 현상하면 메탈릭 실버가 제거되고 대신 빛에 노출되지 않아 아직 빛에 감광될 수 있는 은입자를 유제층에 남겨 놓는다. 이에 균일한 노출을 주어 은입자를 감광시킨 후 다시 현상액과 정착액 처리를 하면 실제 밝았던 부분이 메탈릭 실버에 의해 어둡게 나타나는데 이 메탈릭 실버를 제거함으로써 이 부분이 투명하게 나타나게 된다. 즉 네거티브와는 반대로 실제 밝은 부분이 필름에 밝게, 실제 어두운 부분이 필름에 어둡게 나타난다.

3) 청색, 녹색, 적색에만 반응하는 3개의 유제층을 가진 컬러 필름의 경우는 특정한 유제층이 빛에 더 많이 반응할수록 메탈릭 실버가 증가하는데 현상을 거치면서 메탈릭 실버가 제거되고 각 유제층은 보색 삼원색의

색 염료로 나타나게 된다.

색 보정

색 보정(D.I. digital ingermediatr, color compensation)은 채색 보정기를 조작하여 현상된 네거 필름(negative flim)의 색을 보정하는 것을 말한다. 러시 필름 촬영 후 편집이 안 된 필름을 제작하기 위하여 현상된 네거 필름을 색 보정기에 장착한다. 색 보정기를 조작하여 모니터상에 나오는 영상의 색도를 조정한다. 색 보정을 위해 편집이 끝난 필름을 육안으로 검사하거나 클리닝 기계를 이용하여 필름의 잡티를 제거한다. 수 차례 수정 작업을 거쳐 색을 재 보정한다. 텔레시네(telecine) 필름에서 텔레시네 장치를 거쳐 비디오테이프로 전환 작업을 수행할 수 있도록 리드를 잘라 내고 필름을 연결한다.

이상에서 언급된 스태프 이외에 프로덕션 서비스가 있다. 프로덕션 서비스에는 케이터링 식당차, 분장차 등이 있고 번역, 통역, 가이드, 자문, 고문 등이 있다.

13
홍보 파트

프로덕션 디자이너는 영화의 존재를 소비자에게 알리는 일을 하는 홍보 파트와도 커뮤니케이션이 필요하다. 영화 홍보는 크게 매스미디어를 대상으로 한 PR과 광고로 대별된다. 영화 제작에 대한 정보는 매스미디어의 취재 대상이므로 이를 효과적으로 이용하면 별다른 비용 없이 영화에 대한 정보를 충분히 알릴 기회가 된다. 광고는 개봉을 전후하여 개봉 날짜와 개봉 장소 등을 고지하는 것 이외에도 영화의 성격을 명확히 하여 관객의 관람을 유도하는 역할을 한다.

영화는 일반 소비재보다 상대적으로 입소문 효과가 크게 작용한다. 사람들의 입에서 입으로 전해지는 정보는 통상 소집단의 의사소통 형태를 띠고 있어 수신자에게 미치는 영향력이 크고 취득한 정보를 다른 사람에게 재전달하므로 증폭의 효과도 있다. 그러므로 구전 정보를 호의적으로 유지시키기 위한 활동이 필요한데 이를테면 작품성이 높은 영화를 개봉할 때 이를 선호하는 오피니언 리더를 대상으로 사전 시사회를 개최하여 긍정적인 입 소문을 전파하는 방법이 한 예이다.

미술 작업이 특이한 경우이거나 영화 제작에서 차지하는 비중이 많을 경우, 프로덕션 디자이너는 그에 관련해서 하고 싶은 이야기를 프로듀서에게 미리 간략하게 정리해서 전달해 두는 것이 좋다.

홍보 활동 가운데 포스터 제작 같은 경우 미술 파트와의 연계가 큰 작업이다. 포스터는 기둥을 뜻하는 포스트(post)에서 유래된 것으로 게시물을 기둥에 붙인 데서 나온 말이다. 포스터는 자유로운 표현과 강렬한 색채 효과 등 조형적인 아름다움과 시각적인 강한 소구력을 가지고 있으며 게시 장소가 다양하고 장시간 부착될 뿐 아니라 보존 가치도 있어 전달 매체로서 중요한 부분을 차지한다. 영화 포스터는 전체적으로 영화의 콘셉트, 즉 영화가 주장하는 내용이 반영되어 있는데 대체로 영화의 주된 분위기를 알려 주는 비주얼을 등장인물의 모습으로 표현한다. 여기에 영화 제목과 캐스트, 주요 제작진 크레디트 등의 정보를 추가한다.

포스터는 영화 촬영 중의 현장 사진을 사용하기도 하지만 일반적으로 영화의 콘셉트를 파악하여 사진작가가 세부 콘셉트를 정해서 독자적으로 촬영하기도 한다. 포스터도 중요한 마케팅 지점이므로 미술 파트는 포스터를 촬영하는 사진작가와의 커뮤니케이션이 반드시 필요하다. 포스터용 사진 촬영 시 촬영의 전반적인 세트, 세트 데코레이션, 소품, 의상, 분장, 헤어 등을 사용하여 촬영하는 경우가 많기 때문에 미술 파트에서는 촬영에 사용되었던 미술적 요소들을 잘 보관하여 협조를 해야 한다.

호통으로 되는 일은 없다

30여 편의 영화 미술을 맡으며 많은 사람들과 일했다. 내가 무엇을 잘해서라기보다 나와 일했던 사람들이 그만큼 내가 작업에 몰두할 수 있도록 도와준 덕분이다. 반추해 보면 나는 많은 시간을 완벽함을 추구하는 데 사용했던 것 같다. 그리고 그것의 중요성 때문에, 같이 참여하는 사람들의 다양성이나 시너지를 소홀히 하지 않았나 반성하곤 한다.

완벽이 앞서서 그들을 사람보다 역할로 보았던 시간이 아니었을까? 내가 재미있을 때, 그들도 재미있었을까? 내가 정한 선에 그들은 그냥 맞추었던 것 아닐까?

같이 일했던 후배들 가운데 이정우, 정은정, 하상호, 채경선 등 뛰어난 미술 감독이 배출된 것을 기쁘게 생각한다. 그들은 내 요구에 따라 나의 눈높이에 맞춰 훌륭한 작업을 해 주었다.

한번은 내가 〈연가시〉 현장에 있을 때, 후배가 옆 세트에서 작업을 하고 있었다. 작업에 방해가 될까봐 말없이 스튜디오에 가서 앉아 있었다. 그런데 학교 제자이기도 한 후배의 작업 현장을 보면서 적지 않게 놀랐다. 스태프들을 세워놓고 호통치며 나무라는데, 내가 옛날에 했던 것과 똑같이 하고 있지 않은가!

미안함이 밀려왔다. 한 시간 정도 지나 조용히 스튜디오를 나왔다. 호통으로 되는 일이 없다는 것을 나는 그때 왜 몰랐을까?

처음처럼......
강주용

부 록

프로덕션 디자인의 용어 적용 범위 및 해석

* 부록으로 첨부한 프로덕션 디자인 용어와 관련 서류는 프로덕션 디자인 작업의 순서에 입각해서 나열한 것이다.

텍스트 _ 시나리오, 트리트먼트, 시놉시스 등과 같은 구호, 문어적 대상과 기호·영상을 포함해서 적극적으로 분석하고 해석해야 되는 대상을 말한다.

시간적, 공간적 배경 _ 주어진 텍스트의 당대 배경과 문화적 환경을 말한다.

미술 콘셉트 _ 영화의 제작 방향을 계획하고 명확하게 하려는 미술적 개념으로서 디자인의 주된 아이디어의 기반을 둔다.

미술 작업 범위 _ 제작자가 산정한 예산 범위, 물리적 환경 등을 고려하여 가장 효율적인 영화 미술의 표현 방법을 산정할 수 있어야 한다.

시각화 _ 문자로 된 텍스트를 이미지 스케치로 간략하게 표현하는 작업을 말한다.

설계 개요 _ 설계 개요에 의한 초안은 세트의 위치와 방위, 축척, 각부의 치수, 면적, 인접된 환경 등을 검토하는 것이다.

스케일링 _ 스케치한 도면을 구체적인 도면으로 상세화하기 위해 축척을 정하여 수치나 기호를 통하여 표현하는 것이다.

배치도 _ 세트의 전체 규모와 배치를 나타내며 세트가 세워지는 위치와 방위, 주변 상황 및 지형, 조경, 인근 주요 매립시설과 위치 등을 이해하기 쉽게 표현하는 도면이다.

평면도 _ 연출자 및 모든 스태프로 하여금 연기의 동선을 파악하고 제작에 관한 모든 정보를 이해할 수 있도록 공간의 배치, 창문, 출입구, 계단의 위치, 바닥의 패턴 표시와 재료 기입, 인테리어 소품과 설비의 배치 등을 표현하는 도면이다.

입면도 _ 평면도를 기본으로 하여 각 구조물의 입면을 묘사하며, 세트의 전반적인 분위기를 파악할 수 있도록 창문과 출입구의 모양, 지붕의 모양, 벽면이나 기둥의 패턴 표시와 재료기입 등을 표현하는 도면이다.

단면도 _ 기초, 바닥, 기둥, 천장, 지붕의 구조, 주요구조부의 높이, 마감재료 등을 표현하는 도면이다.

2D _ 평면, 입면, 단면을 2차원적으로 표현하는 것으로 수작업이나 대부분은 컴퓨터 프로그램인 CAD(Computer Aided Design)를 이용한다.

3D _ 세트의 상세를 전체적으로 가장 쉽게 설명할 수 있으며 치수는 표시되지 않으나 실재감 있게 묘사되므로 평면도나 입면도에 비해 세트의 이해가 쉽다.
컴퓨터 그래픽으로 표현되어 기획한 디자인이 설치에 무리가 없는지, 구조적인 결함이 없는지 등의 구체적인 확인을 할 수 있고 문제점을 사전에 보완함으로써 비용 절감의 차원에서도 효과가 있다.

제작도 _ 세트를 실제 제작하는 데 필요한 세부 도면으로 목공, 마감, 특수제작 등으로 구분하여 제작자가 도면을 통하여 디자이너의 의도를 파악하고 의문 사항이 없도록 상세히 표현하며, 세부를 확대하여 설명하여야 할 경우 부분 상세도를 작성하기도 한다.
각 세트의 직능별 제작자들은 제작도를 기본으로 작업을 하게 되므로 디자이너는 명확한 도면을 제공하여야 한다.

공정표 _ 각 공사마다 착공에서 완성까지 작업 기간, 작업량 등 시공 계획을 미리 예상하여 표시한 관리 도표로 공정 관리의 내용을 기초로 만드는 것이다.
공사를 순탄하게 진행하고, 공사에 사용하는 모든 장비 등을 관리하여 공사를 완성도 있게 마무리하기 위한 것이며, 작업간의 연락 조정, 안전 점검 계획의 수립, 작업 표준에 의한 작업 등도 공정표에 의거하여 실시된다.

시방서 specification _ 설계, 제조, 시공 등 도면으로 나타낼 수 없는 사항을 문서로 적어서 규정한 것으로서 사양서라고도 한다. 일반적으로 사용 재료의 재질, 품질, 치수 등 제조, 시공상의 방법과 정도, 제품, 공사 등의 성능, 특정한 재료, 제조, 공법 등의 지정, 완성 후의 기술적 및 외관상의 요구, 일반 총칙 사항이 표시된다.

회계 및 경리 업무 이해 _ 회계는 금전의 수입과 지출, 채무나 인건비, 자재비의 정산과 프로젝트 경영에 따른 경제 활동 상황을 회계의 일정한 계산 방법으로 기록하고 정보화하는 것이다.
경리는 프로젝트 경영에 있어서 물자의 관리나 금전의 출납과 계약 등의 업무를 말한다.

일정 관리에 따른 업무 전반의 이해 _ 프로젝트의 원활한 수행을 목적으로 효과적으로 실현하기 위하여 인적, 물적, 시간, 계절, 기후 등 여러 요소를 적절히 결합하여 그 운영을 지도, 조정하는 기능 또는 그 작용이다.

의사 소통의 원활성 유지 _ 의사 소통은 공통적으로 나누어 갖는다는 의미이며, 언어와 같은 공통적으로 이해되는 소통의 수단에 의해 행해지는 개념의 교환 과정을 말한다. 이는 프로젝트 형태의 인간 관계 및 조직 관계를 형성, 유지시키는 활동이라고도 할 수 있다.

협력 관계 및 상호 업무 교류 유지 _ 협력은 서로 힘을 합하여 서로 돕는 관계이며, 개인과 개인, 집단과 집단이 서로 업무를 이해하고 협력, 교류하면서 상호 시너지 효과를 유도하는 것이다.

새로운 정보, 정책에 유연성 _ 내·외부 환경 변화에 대해 인적 자원, 물적 자원, 기술 등을 신속하고도 효율적으로 배분, 또는 재분배하는 시장 대처 능력이다.

관리와 운영의 분리 _ 프로젝트 관리자와 프로젝트 리더가 분명히 구분되어야 한다. 프로젝트 수행에서 경영의 중요성이 점차 중대해짐에 따라 프로젝트 관리자는 경영의 시점에 입각한 관리 능력을 발휘해야 한다. 반면 프로젝트 리더, 즉 운영자는 고도의 기술 지식에 집중하고 전문적 업무에서 의사 결정 부분을 관리해야 한다.

효율적 업무 수행 연구 _ 프로젝트라는 한시적인 일을 수행하는 데 있어서 관리 방법론으로 통합, 범위, 시간, 원가, 품질, 인력, 의사 소통, 위험, 조달 관리에 따라 가장 효율적으로 추진하는 것이다.

재 분석과 해체 작업을 통한 예산 근거 _ 프로젝트 예산 근거는 일 대 일의 경제 원리를 가지지만, 엄밀히 따지면 공동된 요소들로 구성되어 있다. 그래서 프로젝트 예산은 각 미술적인 요소를 통합하여 공동의 요소를 산출하고 산출된 요소를 기본으로 소비와 소모량을 따져 예산 근거를 산출하는 것이다.

영상미술 작업 아트워크 _ 아트워크란 미술가들이 손으로 작업한 미술 작품, 배경, 콘셉트 디자인, 소품 디자인, 캐릭터 디자인, 컴퓨터 그래픽스, 레이아웃 등의 그림을 말한다.

영상산업표준 _ 영상 산업 인력의 근로, 보상, 보험, 복지, 방식 등을 서술한 것으로 가장 합리적이고, 리스크를 최소한 줄일 수 있도록 강구한 내용을 제작자협회와 근로 당사자 간에 협약한 것이다.

모니터링 _ 지금까지 영상프로세스에서 거쳐 온 과정은 카메라에 가장 효과적으로 촬영하기 위한 것들이었다. 그러므로 촬영을 통하여 미술적 결과물이 카메라에 잘 담기느냐는 촬영 시 최종 판가름 난다.
촬영시 카메라에 입력되는 영상은 모니터를 통하여 확인할 수 있는데, 모니터의 화면 안에서 미장센으로서의 미술적 요소는 매우 중요한 부분을 차지하게 된다. 미술팀은 화면 구도의 대도구, 소도구, 소지도구의 의도된 표현의 방식, 기능적인 요소의 사실성 등을 관찰하여, 사전 준비 단계와 제작 과정을 통해서 나온 미술의 결과물이 의도대로 촬영되는지를 세밀하게 운영하여야 하는 것으로, 색상, 구도, 질감 등을 파악하고, 빛과의 조화, 인물의 연기와 동선의 조화 등을 운영하며, 혹 부족한 부분이 발생하면 즉각 조치를 하여 최상의 결과물이 나올 수 있도록 해야 한다. 또한, 촬영 완료된 필름이나, 테이터는 러시 또는 테이터 입력을 최종으로 확인하는 것으로 촬영 진행의 미술적 임무는 끝이 난다.

화면 구성 _ 카메라 앵글 안에 구성되는 모든 미술적 결과물을 색, 구도 등을 고려하여 시나리오의 원래의 이야기를 잘 전달할 수 있는 최종 작업의 과정으로서, 의도를 잘 파악하고 의도에 맞는 앵글 사이즈, 동선, 조명, 분위기를 연출하는 것이며, 촬영, 조명, 배우, 리허설 등을 통해 가장 효과적인 구성으로 화면에 담아야 한다.

영상 미술 작업 _ 프로덕션 디자인의 결과물과 제작의 결과물, 즉 콘셉트 아트, 캐릭터 일러스트, 공간 2D, 3D 작업물, 설계도면 등을 통해 제작된, 로케이션, 세트 제작, 세트 드레싱, 소품, 의상, 분장, 헤어 등의 미술 제작후, 촬영 과정의 촬영, 조명, 배우 세팅 전·후, 리허설 등을 통해 가장 효과적인 구성으로 화면에 담는 과정이다.

포트폴리오 Portfolio _ 프로젝트의 전 과정을 보여 줄 수 있는 작품이나 관련 내용 등을 집약한 자료 수집철 또는 작품집이다.

영상 미술 결과물 _ 프로덕션 디자인 과정의 콘셉트 아트, 캐릭터 일러스트, 공간 2D, 3D 작업물, 설계 도면을 통해 제작된 로케이션, 세트, 세트 데코레이션, 소품, 의상, 분장, 헤어 등, 촬영 과정에서의 기록물, 미술 제작 후와 촬영, 조명, 배우 세팅 전, 후, 리허설 등, 문서, 시나리오, 분석 리스트, 계약서, 협의, 협찬 관련 문서 내용 등을 말하며, 그 결과의 기록물은 파일, 진행 일지, 영상 기록 사진, 동영상 등으로 관리·보관한다.

- 시나리오
- 스토리 보드, 콘티북
- 리서치 자료, 이미지, 사진, 동영상, 문서,
- 제작 기획서, 제작 예산서, 마케팅 관련 자료
- 캐릭터 분석 자료
- 공간 구분표, 장면 구분표, 미술 구분표, 소품 구분표, 의상 구분표, 분장 구분표,
- 콘셉트 드로잉 자료
- 캐릭터 디자인 자료
- 로케이션 자료, 사전 조사, 헌팅, 실측, 제작 전·후, 원상 복구
- 세트 디자인, 설계, 진행 기록, 제작 완료, 철거, 원상 복구
- 세트 데코레이션 자료, 각종 도구, 조달 방법, 세팅 완료, 원상 복구
- 소품 디자인 자료, 각종 도구, 연출 소품, 소지 도구, 현장 진행, 원상 복구
- 의상 디자인 설계, 제작, 대여, 구입, 협찬 자료, 피팅, 캐릭터 완성 전·후 자료
- 분장 및 헤어 디자인 자료
- 인력 관리 관련 자료, 구성원의 프로필, 계약서, 연락처
- 재무회계 자료, 시장 조사 근거, 원가 산출 근거, 예산 출금, 정산, 부가가치세
- 재료 및 전문 기술 자료
- 유통 및 운송 관련 자료
- 근로 노동 복지법 관련 자료
- 건축 설계 및 건축 시공 관련 법규
- 실내 건축 및 실내 건축 시공 관련 법규
- 소방 관련 법규
- 안전사고 규칙 및 관련 법규
- 산업재해 및 보험 관련 법규

- 컴퓨터 및 주변기기(복사기, 프린터, 모니터, 스캐너, 빔 프로젝트, 외장하드 등)
- 컴퓨터 그래픽 소프트웨어
- 프레젠테이션 소프트웨어
- 문서 작성 프로그램
- 카메라
- 문구류(보드, 접착제)
- 드로잉 도구
- 도면 수작업 도구(제도판, 삼각자, 삼각스케일, 홀더, 지우개, 지우개판, 템플릿, 운형자, 접착테이프, 휴지, 수건)
- 2D, 3D 소프트웨어
- 측정 도구(줄자, 철자, 직각자, 축척자, 버니어캘리퍼스, 마이크로미터, 하이트 게이지)
- 절단 도구(니퍼, 아트나이프, 공작용칼, 아크릴 칼, 쇠톱, 실톱, 톱)
- 모형 가공 장비(회전톱, 평면 조각기, 스카시톱, 띠톱기계, 머시닝 센터, 열선커터기, 휴대용 전기 드릴, 탁상용 드릴링 머신, 디스크 샌더, 벨트 샌더, 핸드 그라인드, 원형톱, 스프레이건, 콤퓨레샤)
- 일러스트 도구
- 목공 장비(테이블 쏘, 슬라이딩 쏘, 목공 선반, 집진기, 샌딩기, 각끌기, 드릴프레스, 컴프레셔)
- 도색 장비(컴퓨레셔, 에어건, 에어호스, 칠 도구)
- 의상 장비(미싱, 자, 가위, 염색 도구 등)
- 분장 장비(가발, 분장 용품, 분장 도구 등)
- 기타 공구(라디오 펜치, 핀셋, 드라이버, 펜치, 줄, 대패, 망치, 조임쇠, 접착 재료)
- 공구(그라인더, 전기드릴(+, -))
- 미술 용품
- 에이징 재료
- 회계 업무 프로그램(재무 회계 원리, 원가 회계 원리, 부가가치세, 전산 회계)

영화산업 스태프 표준근로계약서

　사용자(이하 '갑') _____ (대표 　　　　)와 근로자(이하 '을') _____는
아래와 같이 근로계약을 체결한다.

　제1조(계약의 목적) 본 계약은 근로조건에 관한 기준과 양 당사자 간의 권
리·의무를 명확히 정하기 위함이다.

　제2조(계약의 대상) ① 본 계약의 대상이 되는 영화(이하 '본 건 영화'라 함)의
정보는 다음 각 호와 같다.

　　1. 영화제목 :

　　2. 감　독 :

　　3. 런닝타임 :

　　4. 화　면 :

　　5. 사 운 드 :

　　6. (예상)회차 :

　　7. (예상)제작기간 : 20.　　.　　. ～ 20　　.　　.　　.

프리프로덕션	프로덕션	포스트프로덕션
～	～	～

　　8. 본 건 영화의 주요 촬영지역 :

　② 전항의 제6호 내지 제8호가 변경되는 경우 '갑'은 '을'에게 사전 고지하
여야 한다.

　제3조(계약의 기간) 본 건 영화 제작을 위한 '갑'과 '을'의 계약기간은
20　년　월　일부터 20　년　월　일까지로 한다. '갑'의 계약연장 또
는 갱신의 통지가 없는 한 계약기간 만료로 이 계약에 기초한 근로관계는 종
료된 것으로 본다.

제4조('을'의 종사업무) ① '갑'과 '을'은 본건 영화에 필요한 '을'의 소속부서(직위) 및 담당업무에 관하여 다음 각 호와 같이 정한다.

    1. 소속부서 :

    2. 직   위 :

    3. 담당업무 :

② '갑'은 각 제작단계별 '을'의 세부업무에 관하여 다음 각 호와 같이 정한다.

    1. 프리프로덕션 단계 (   )

    2. 프로덕션 단계 (   )

    3. 포스트프로덕션 단계 (   )

제5조(임금) ① '갑'과 '을'은 다음 각 호와 같이 임금에 관한 사항을 정한다. 월 기본급은 당사자 간 약정한 매월 회차 또는 근로일수를 기준으로 산정하고, 초과근무수당은 월별 약정한 회차 또는 근로일수를 초과하는 경우 지급한다. 다만 실제 월별 회차(또는 근로일수)가 약정한 회차(또는 근로일수)에 미달하더라도 이를 이유로 월 기본급을 감액할 수 없다.

    1. 월 기본급 액 : 금   원

    2. 월 기본급 산정기준 : 월   회차(또는 근로일수)

    3. 초과근무수당 계산방법 : 일회(일급)액 × 당월 초과된 회차(근로일)

② 제1항에도 불구하고, '갑'과 '을'이 월 기본급 및 그 산정기준을 기간별로 달리 정하는 경우 그 합의사항을 아래 표와 같이 기재한다.

[기간별 월 기본급 및 산정기준 표]

기 간	월 기본급	산정기준(회차 또는 일)
20 . . . ~ 20 . . .		
20 . . . ~ 20 . . .		
20 . . . ~ 20 . . .		
20 . . . ~ 20 . . .		

③ '갑'은 월 급여(월 기본급, 초과근무수당)에서 근로소득세 및 사회보험료(국민연금, 건강보험, 고용보험)중 근로자 부담 분을 공제한 후, 아래 '을'의 계좌로 매월 (   )일에 지급한다(휴일의 경우는 전일 지급). 다만 '을'의 요청 시 지급방법을 별도로 정할 수 있다.

　　[※ 입금계좌 :　　　　　 은행 / 계좌번호　　　　　　　　　　　　　]

제6조(실비변상) '갑'은 '을'이 제4조에서 정한 업무수행과 관련하여 부대적으로 지출한 진행비 등 기타 비용에 대하여 영수증을 제출한 날로부터 (   )일 이내에 지급한다. 다만 증빙서류의 범위에 관해서는 '갑'과 '을'상호간에 협의한다.

제7조(근로시간 및 휴게) ① 근로기준법상 근로시간(1주간 40시간제)을 준수하되, '갑'은 '을'의 동의하에 주 40시간을 초과하여 12시간을 한도로 연장근로를 시행할 수 있다.

② '갑'은 '을'에게 근로시간이 4시간인 경우에는 30분 이상, 8시간인 경우에는 1시간 이상의 휴게시간을 근로시간 도중에 주어야 한다.

③ '갑'은 본 건 영화제작을 위하여 직접 채용한 스태프(근로자)들 중에서 선출된 '스태프(근로자)대표'와 서면합의를 한 경우에는 근로기준법 제59조에 따라 제1항에 따른 주 12시간을 초과하여 연장근로를 하게 하거나 제2항에 따른 휴게시간을 변경할 수 있으며, '을'은 특별한 사정이 없는 한 서면합의에 대하여 이의를 제기할 수 없다.

제8조(휴일 및 휴가) ① '갑'은 '을'에게 매주 정기적으로 주휴일을 부여하여야 한다. 다만 부득이한 사정으로 주휴일을 변경하고자 하는 경우 '갑'과 '을'이 합의하여 결정하되, 주휴일간의 간격은 7일을 원칙으로 한다.

② '갑'은 '을'에게 1개월 개근 시 1일의 유급휴가를 주어야 한다.

제9조(안전배려) ① '갑'은 위험한 장면 촬영 등 작업안전상 위해요소 발견이 예상되는 경우 '을'에 대한 안전배려의무를 다해야 하며, '을'은 안전보건조치에 관한 '갑'의 제반 지시를 성실히 따라야 한다.

② '갑'은 작업 및 출퇴근 시 사고예방을 위하여 근로종료 후 연속하여 '을'에게 연속하여 8시간 이상의 휴식시간을 보장해주어야 한다. 다만 천재지변

등 불가항력적인 사정으로 8시간 이상의 휴식시간 제공이 어려운 경우 '스태프(근로자)대표'에게 이를 사전에 고지하고, '스태프(근로자)대표'와 협의하여 집합시간을 결정한다.

제10조(업무상 재해시 조치) '갑'은 '을'이 업무상 재해를 입은 경우 산업재해보상보험법에 따라 보상받을 수 있도록 관련 업무처리에 성실히 협조한다.

제11조(4대 보험 가입) ① '갑'은 본 근로계약에 따라 '을'에 대한 4대 보험 취득신고를 하며 관련 업무를 차질 없이 이행하도록 한다.

② '갑'은 '을'이 자신의 4대 보험 가입정보에 관한 확인을 요청할 경우 이에 응한다.

제12조('을'의 의무) ① '을'은 본 건 영화제작이 원활하게 진행될 수 있도록 업무수행에 최선을 다하여야 한다.

② '을'은 업무와 관련하여 '갑'또는 '갑'이 위임한 상급자의 지시를 따라야 한다.

③ '을'은 '갑'의 동의가 없는 한 근로계약기간 중 관련업에 겸직하거나 제3자와 거래할 수 없으며, '갑'의 경영상 이익에 반하는 행위를 하지 않는다.

④ '을'은 업무수행 중 습득한 모든 정보에 대해 기밀로 유지하여야 하며, 계약기간 만료 후에도 '갑'의 동의 없이 관련정보를 유출해서는 안 된다.

⑤ '을'은 일신상의 사유로 사직하는 경우 사직일로부터 30일 이전에 사직의 의사를 '갑'에게 서면으로 통지하고, 사직일 까지 성실히 근무하며 업무 인수인계를 완료한다.

⑥ '을'은 한국영화계의 일반적인 제작 및 배급방식에 따라 진행되는 메이킹필름의 제작, DVD 등의 제작, 영화의 홍보 및 광고물의 제작 등을 위하여 필요한 촬영 및 코멘터리 작업 등을 위한 '갑'의 협조요청에 응한다.

제13조(계약기간의 연장) '갑'은 제3조의 계약기간을 연장하고자 하는 경우 계약 만료일로부터 14일 이전에 '을'에게 고지하며, 계약서를 별도로 작성하도록 한다.

제14조(징계와 손해배상책임) ① '갑'은 '을'이 제12조의 의무를 다하지 않은

경우 그 경중에 따라 경고·감봉·해고 등의 징계를 할 수 있다. 다만 '갑'은 징계처분 이전에 스태프(근로자) 대표가 참여하는 징계위원회를 열어 '을'에게 소명의 기회를 부여하여야 한다.

② 전항에서 1회의 감봉 액은 '을'의 '일회 또는 일급 액의 2분의 1'을, 총 감봉 액은 '월 급여 액의 10분의 1'을 초과하지 못한다.

③ '갑'은 '을'을 해고하고자 하는 경우 해고일로부터 30일 전에 '을'에게 그 의사를 서면 통지해야 한다. 다만 '을'이 고의로 사업에 막대한 지장을 초래하거나 재산상 손해를 끼친 경우에는 그러하지 아니하다.

④ '을'의 고의 또는 중과실로 인하여 '갑'에게 재산상 손해가 발생한 경우 '을'은 제1항의 징계조치와 별도로 손해배상책임을 부담한다. 다만 '을'의 업무의 특성상 손해발생의 위험이 상존하는 경우이거나 손해발생의 원인이 업무와 관련된 정당한 행위로 인한 것이라면 그 책임이 감면될 수 있다.

제15조(계약의 해지) ① '갑'이 제5조에 명시된 임금액을 정해진 기일에 전액지급하지 않은 경우 '을'은 '갑'에게 14일 이내에 의무를 이행할 것을 최고하고, 그 기간 내에 이행되지 않으면 '을'은 계약을 해지할 수 있다.

② '갑'은 회사의 사실상의 도산, 촬영한 필름의 망실, 주요 배우 및 주요 스태프의 사망 또는 질병, 기타 천재지변 등 불가항력적인 여건으로 인하여 본건 영화의 제작이 더 이상 불가능 할 때 계약을 해지할 수 있다.

③ 위 제1항, 제2항의 계약해지의 효력은 제12조 및 제14조에도 불구하고, 상대방이 계약해지 통보서를 받은 즉시 발생한다.

제16조(금품청산) ① '갑'은 계약기간이 만료되었거나 본 계약이 해지된 경우 그 만료일 또는 해지일로 부터 14일 이내에 '을'에게 임금 등 일체의 금품을 지급하여야 한다. 다만 계약기간 연장 등 특별한 사정이 있는 경우에는 청산기일에 관하여 당사자 간의 합의하에 별도로 정할 수 있다.

② 계약기간 도중 계약이 해지된 경우 급여는 당사자 간 약정한 '회차 또는 근로일'을 기준으로 일할 계산하여 지급한다.

제17조(계약의 전속) ① '을'은 본인의 근로제공을 '갑'의 동의 없이 제3자에

게 대리·대행케 할 수 없다.

② '갑'은 '을'의 동의 없이 본 계약상 사용자의 지위를 제3자에게 이전하지 않는다.

제18조(크레딧 명기) ① '갑'은 본 건 영화의 극장상영 프린트를 포함한 모든 제작물에 '을'의 소속부서, 직위와 성명을 명기한다. 계약기간 도중에 계약이 해지된 경우에는 '을'의 근로제공기간을 고려하여 '갑'과 '을'이 협의하여 결정한다. 다만 제14조 제3항 단서에 의거 징계 해고된 경우에는 그러하지 아니하다.

② 크레딧 표기의 크기, 위치, 표시방법은 한국영화계의 관례에 따라 '갑'이 결정한다.

제19조(권리의 귀속) ① 본 건 영화와 관련하여 '을'이 제공한 모든 근로의 결과물은 '갑'에게 영구적으로 귀속된다. '갑'은 국내외를 포함하여 본 건 영화의 극장 상영 및 재상영, 홈비디오, 공중파 TV 및 유료·무료를 불문한 케이블 TV, 위성방송의 방영, 비디오CD, DVD, OST 음반의 제작 및 배포, 인터넷 전송, 모바일 서비스, 게임, DMB 전송, 도서의 출판, 캐릭터의 사용, 속편의 제작, 리메이크권을 포함한 2차적 저작권의 작성권, 해외 수출 등 본 건 영화로부터 발생 및 파생 가능한 직간접적인 모든 지적재산권의 유일하고 독점적인 권리자가 된다.

② '갑'은 본 건 영화의 배급, 개봉, 홍보를 위하여 '을'의 이름, 목소리, 초상, 자전적 자료 등을 사용할 수 있다.

제20조(신의성실과 사정변경) '갑'과 '을'은 이 계약에서 정한 바를 성실하게 이행할 의무가 있다. 다만 사정변경에 의하여 계약기간 도중 임금 기타 근로조건의 변경이 필요한 경우에는 '갑'과 '을'이 합의하여 정한다.

제21조(분쟁의 해결) 본 계약과 관련하여 '갑'과 '을'사이에 발생한 분쟁에 대해서는 우선 '영화인신문고(영화인고충처리신고센터)'를 통한 해결을 모색하도록 한다. 다만 부득이하게 민사소송이 제기된 경우 서울중앙지방법원을 전속 관할법원으로 한다.

제22조(준용) 본 계약서에서 명시되지 아니한 사항은 '갑'의 취업규칙, 단체협약 및 노동관계법령, 민법 등 기타법령 그리고 한국영화계의 관행에 의한다.

상기 계약의 성립을 증명하기 위하여 '갑'과 '을'은 본 계약서를 2부 작성하여 각각 서명 또는 날인한 후 각 1부씩 보관한다.

20 년 월 일

[갑] 사업체명
　　대　　표
　　소 재 지
　　전　　화

[을] 성　　명
　　주민번호
　　주　　소
　　전　　화

참고문헌과 자료

『매스컴대사전』 한국언론연구원(1993), 한국언론진흥재단

『분장』, 공연예술총서(1990), 출판사 예니

『스토리보드와 영상제작』(From word to image and filmmaking process;), Begleiter Marcie 저(2001),
　　이지은 외 역(2003), 조형사

『시나리오 어떻게 쓸 것인가』, Mckee Robert 저(1997), 고영범 역(2002), 민음인

『시나리오란 무엇인가』, Syd Field 저(1994), 유지나 역(2001), 민음사

『연극사전』, 한상철 외(1981), 한국문화예술진흥원

『영화 미술감독의 세계』(What an Art Director Does), Ward Preston 저, 박재현 역(2009),
　　영화진흥위원회 · 도서출판 책과길

『영화 연출』, 송낙원(2012), 커뮤니케이션북스

『영화 연출부 매뉴얼』, 송낙원(2007), 커뮤니케이션북스

『영화 연출부를 위한 필수 문서 양식 65』, 송낙원(2007), 커뮤니케이션북스

『영화 의상』, 김유선(2013), 커뮤니케이션북스

『영화 의상 디자인』, 김유선(2009), 커뮤니케이션북스

『영화 · 비디오를 위한 아트 디렉션』(Art Direction for Film and Video), Robert L, Olson 저,
　　최병근 역(2000), 도서출판 책과길

『영화사전』, propaganda(2004), Propagnda

『영화의 이해』, 루이스 자네티 저, 김진해 역(1999), 현암사

『영화의 탄생』, 앙마뉘엘 툴레 저, 김희균 역(1999), 시공사

『프로덕션 디자인』(The Filmmaker's Guide to Production Design), 빈센트 로브루트 저,
　　최병근 역(2008), 커뮤니케이션북스

『프로덕션 디자인의 이해』, 이현승, 배윤호, 신보경(2002), 도서출판 소도

『한국건축사』, 윤장섭(1972), 대한건축학회

『한국건축양식론』, 정인국(1978), 일지사

『한국목조건축』, 김정기(1980), 일지사

『한국민족문화대백과사전』, http://encykorea.aks.ac.kr, 한국학중앙연구원 저(1991)

『한국주택건축』, 주남철(1980), 일지사

『한국형 시나리오 쓰기』, 심산(2004), 해냄

"네이버무비QnA-프로덕션 디자인은 무엇인가요?", 김형석(2009) www.naver.com

"두산백과 doopedia", 마케팅 부분 참조

한국영화미술감독조합 미술감독님들의 응원(가나다 순)

축하드립니다. 좋은 책 기대하겠습니다. _미술감독 강소영

한국 영화 미술계의 교과서가 나왔네요. 영화 미술에 새 장을 여는 책이기를 기대합니다. 감독님, 축하드려요.
_미술감독 김민오

감독님, 언제나 큰 산 같은 존경스러운 선배님으로, 멀리서 바라보며 작품으로 배우며 늘 공부하고 있습니다. 감독님의
행보가 후배들에게 미래를 보여 주고, 또 다른 기회를 꿈꿀 수 있게 해 줍니다. 감사합니다. _미술감독 김지아

축하드려요. 오랫동안 준비하셨던 책이 드디어 나왔네요. 수고 많으셨습니다. _미술감독 김효신

축하합니다. _미술감독 류성희

축하드립니다. _미술감독 박일현

미술감독이 되고자 하는 후배들을 포함해서, 같이 영화 일을 하는 다른 스태프들도 이 책으로 영화 미술 분야에 대해
더 많이 이해하고 중요성을 느낄 수 있기를 바랍니다. 축하드립니다. _미술감독 박지현

축하드립니다. _미술감독 백경인

축하드립니다. _미술감독 이승한

축하합니다. _미술감독 이종건

한국에서 영화미술감독이 하는 일이나 그 의미를 대부분의 사람들이 알지 못하는데, 이 책이 그걸 이해시키는 데 중요한
역할을 해 줄 것이라고 기대합니다. _미술감독 이종필

아주, 힘든 일을 하셨다고 생각합니다. 이 멋진 출간을 진심으로 축하드리고 미술감독의 길을 꿈꾸는 후배들뿐만 아니라
저에게도 아주 좋은 자극제가 될 것이라고 생각합니다. _미술감독 이하준

'프로덕션 디자인'에 대한 강의를 하면서 이론서 같은 교재가 있었으면 좋겠다고 늘 생각했는데…… 영화 미술을 시작하는
후배들에게는 입문서로, 기존 미술팀에게는 학습서로 좋은 교과서가 될 것 같네요. 축하드리고, 수고 많으셨습니다.
_미술감독 이현주

부족한 한국 영화 미술 관련 책을 만들어 주신 데 대해 축하와 감사를 드립니다.
한국 영화 미술의 큰 축을 담당하고 있는 미술감독조합에 큰 귀감이 되어 주셔서 감사합니다. 수고 많으셨습니다. 영화
미술 관련 책들이 많이 만들어지는 계기가 되기를 진심으로 바랍니다. 영화미술조합 파이팅입니다. _미술감독 전인한

먼저 〈프로덕션 디자이너〉의 출간을 진심으로 축하하고 응원합니다.
한국 영화 발전의 중심에서 영화 미술 역할의 중요성을 외치다! 한국 영화 미술의 전반적인 역할과 영화에서의 책임감,
보다 전문적인 영화 미술인의 교두보가 되는 책이 되기를 바라고, 이 책이 한 사람 한 사람 미술감독이 되고자 하는
후배들의 꿈을 키울 수 있기를 바랍니다. _미술감독 조화성

영화 미술이 '프로덕션 디자인'이라는 개념으로 유입된 지 어느덧 20년……
아직도 부족하지만, 현장의 목소리를 책으로 잘 담아내신 강승용 미술감독님에게 1세대 미술감독과
한국영화미술감독조합원의 이름으로 감사와 축하의 인사를 드립니다. 지금 함께 이 땅의 영화 미술을 가꿔 가고 있는
후배들에게 좋은 청사진이 되기를 기원합니다. _미술감독 황인준